Norwegen
Der Süden

Zeit für das Beste!

HIGHLIGHTS | GEHEIMTIPPS | WOHLFÜHLADRESSEN

»Die Reize dieser Landschaft sind in ihrer
fortwährenden Abwechslung nicht zu beschreiben.
[...] Ich sagte es auch zu Ibsen: Alle Kinder
müssten in Norwegen aufwachsen.«

Christian Morgenstern in einem Brief an
M. Goettling vom 20.01.1899

BRUCKMANN

Norwegen
Der Süden

Zeit für das Beste!

Hans-Joachim Spitzenberger
Petra Woebke

 BRUCKMANN

INHALT

An der Radhus Brygge in Oslo. Die Festung Akershus im Hintergrund ist ein Wahrzeichen der Stadt.

Seite 1: Die Kirche in Stavern war
Norwegens erste Marinekirche.
Seite 2/3: Am stillen Holsfjorden

Idyllische Halbinsel Justøya

MEHR WISSEN

Im Sommer sitzt es sich gemütlich an der Promenade von Kragerø.

MEHR ERLEBEN

DAS LANDESINNERE

Links: Kneipenschild in Bergens Altstadt
hinter der Hollendergate
Rechte Seite: Immer frischen Fisch
gibt's direkt am Hafen

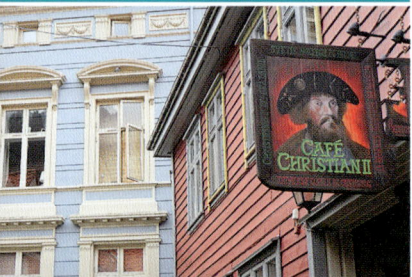

DER NORDWESTEN

REISEINFOS

DAS SOLLTEN SIE SICH NICHT ENTGEHEN LASSEN

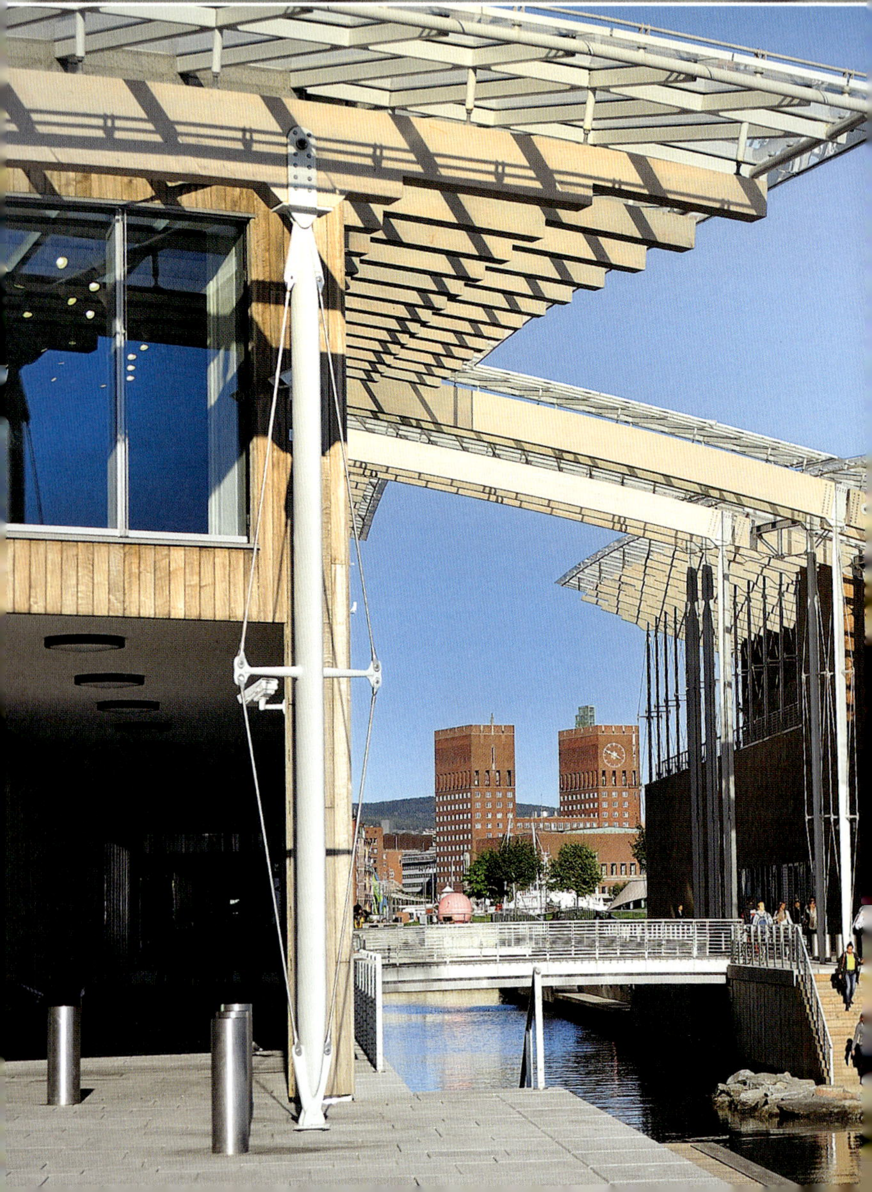

❶ Oslo (S. 30)

Oslo ist eine Stadt, die den Vergleich mit den ungleich größeren Metropolen Europas oder Amerikas nicht scheuen muss. Sie ist Regierungssitz, Kulturzentrum, Universitätsstadt, Handelsplatz, Hafenstadt, Sportmetropole, Touristenmagnet und vieles mehr. In eine wunderschöne Landschaft eingebettet ist Oslo die »Einstiegsdroge«, die norwegensüchtig macht.

❷ Die Kathedrale aus Holz (S. 74)

Die »gotische Kathedrale aus Holz«, wie die Kirche Heddal auch genannt wird, ist eine der wenigen Stabkirchen Norwegens, die auch heute noch für Gottesdienste, Trauungen und Taufen genutzt wird. Mit ihren kunstvollen Schnitzereien und ihrer langen Geschichte ist sie eines der schönsten Gotteshäuser des Landes.

❸ Bergen (S. 132)

Hier sind Kultur und Natur, Geschichte und Kunst, Tradition und Moderne eng miteinander verwoben. Auf weniger als einem Kilometer Fußweg von der Festung Bergenhus in die Innenstadt macht der Besucher der Stadt eine Zeitreise aus dem Mittelalter bis in die Neuzeit. Von bewaldeten Hügeln umgeben erlebt man auf der einen Seite die pulsierende Stadt, auf der anderen Seite knapp außerhalb nahezu unberührte Natur. Auch wenn

Links: Astrup Fearnley Museum in Oslo

Der Geirangerfjord gehört seit 2005 zum UNESCO-Weltkulturerbe.

Bergen die »Stadt des flüssigen Sonnenscheins« ist, sie bietet zu jeder Zeit und bei jedem Wetter eindrucksvolle Erlebnisse.

④ Fjordnorwegen à la carte (S. 152)
Der Sognefjord mit seinen Nebenarmen Fjærlandsfjord, Aurlandsfjord, Nærøyfjord, Lærdalsfjord, Årdalsfjord und Lustrafjord ist das Synonym für Fjordnorwegen, das Norwegen der Urlaubskataloge mit tief in das Land führenden Fjorden und unzähligen Wasserfällen, die von steilen Felswänden in die Tiefe stürzen.

⑤ Ålesund: Jugendstil bewahrt – Moderne integriert (S. 168)
Es ist nicht die Tragödie im Jahr 1903, als Ålesund ein Raub der Flammen wurde,

die das Besondere der Stadt ausmacht. Es ist vielmehr das, was nach dem Brand aus der Asche wieder aufgebaut wurde und bis heute lebendig ist: eine charmante Stadt, die nicht in Nostalgie versinkt, sondern sowohl das Alte bewahrt, als auch Neuem gegenüber offen ist.

⑥ Weltnaturerbe Geirangerfjord (S. 180)
Es gibt viel Negatives über den Geirangerfjord zu sagen, z. B. dass er in der Sommersaison überlaufen ist und der Ort Geiranger im Souvenirkitsch versinkt. Das ändert aber nichts daran, dass der Fjord landschaftlich zum Schönsten gehört, was Norwegen zu bieten hat. Nicht umsonst steht er auf der Liste der UNESCO-Weltnaturerbestätten – und

auf der Liste unserer Orte, die Sie sich nicht entgehen lassen sollten.

7 Ein Hauch von Arktis in der Hardangervidda (S. 190)

Auf der Hardangervidda fühlt sich der Besucher schon fast in die Arktis versetzt. Viele arktische Pflanzen und Tiere haben hier ihre südliche Verbreitungsgrenze. Fauna und Flora sind ungeheuer artenreich, 450 verschiedene Pflanzen- und 24 Säugetierarten sind heimisch. Eine große Anzahl an Wanderwegen macht die vielfältige Natur erlebbar.

8 Natur pur im Rondane- und im Dovrefjell-Sunndalsfjella-Nationalpark (S. 226)

Moschusochsen, Rentiere, Braunbären, Steinadler, Schnee-Eulen und Kraniche sind die prominentesten Vertreter der reichhaltigen Fauna dieser Regionen. Botanisch sind die Gebiete aber ebenso interessant, denn mehr als 400 Pflanzenarten sind hier schon gefunden worden.

9 Urwalderlebnisse im Gutulia-Nationalpark (S. 246)

Dieser Nationalpark bietet urwüchsige Natur. Keine Straße führt in das Gebiet hinein, wer es erkunden will, muss es erwandern. Neben Seen, Mooren und Sümpfen ist im Gutulia-Nationalpark der letzte Urwald Norwegens erhalten geblieben. Kein Förster hat je Hand an ihn gelegt.

10 Trondheim (S. 260)

Die alte Königsstadt hat gegenüber Bergen und Oslo an Bedeutung, nicht aber an Anziehungskraft verloren. Es sind nicht nur der beeindruckende Nidaros-Dom, die Bischofsresidenz und das alte Speicherhausquartier, die den besonderen Reiz der Stadt ausmachen. Es ist die Vielfalt historischer und moderner Sehenswürdigkeiten, die auf engem Raum geballt sind.

11 Mjøsa-See (S. 60)

Dass der Mjøsa-See der größte See Norwegens ist, stellt für sich noch keine besondere Qualität dar. Vielmehr ist es die ungeheure landschaftliche, geschichtliche und kulturelle Vielfalt, die den Reiz des Sees und seines Umlands ausmacht. Die Region ist ein Muss für jeden Norwegenurlauber, angefangen mit der sie auch heute noch prägenden Landwirtschaft über den Bergbau, der zeitweise Reichtum an den See brachte, die politische Bedeutung als Geburtsort der norwegischen Verfassung bis hin zu ihrer Bedeutung für Wintersport und Tourismus.

Blühende Landschaften im Landesinneren

WILLKOMMEN IN
Norwegen

Auf den ersten Blick bedient Norwegen alle Klischees: Grandiose Landschaften, Rentiere und Elche, fischreiche Seen und Küstengewässer, Sandstrände und bunte Holzhäuschen. Das alles gibt es tatsächlich, aber wer Norwegen wirklich kennenlernen will, der muss sich aus alten Schablonen lösen. Norwegen ist ein modernes, in die Zukunft gerichtetes Land, das es verstanden hat, Tradition und Moderne, Natur und Kultur in Einklang zu bringen.

Norwegen ist ein Land der Gegensätze. Neben Städten mit internationalem Flair und reichen kulturellen Angeboten gibt es auch authentische, malerische Gemeinden entlang der Küste, die bis heute vom Fischfang leben. Die nahe gelegenen Offshore-Förderplattformen, die Erdgas und Erdöl, das »Schwarze Gold« der Neu-zeit, fördern und entscheidend zum Wohlstand des Landes beitragen, gehören ebenso zu Norwegen wie die immer noch traditionell lebenden samischen Rentierzüchter. Der Tourismus boomt und doch findet man, oft nur wenige Minuten von den touristischen Zentren entfernt, nahezu unberührte Natur: Küstengewässer, in

Die markanten Felsen des Lysefjord, von Oanes aus gesehen

denen Wale und Robben nach Plankton und Fischen jagen. Felsinseln, auf denen Tausende von Seevögeln brüten. Tief ins Land einschneidende Fjorde mit steil aufragenden Felswänden, von denen unzählige Wasserfälle stürzen. Fjelle, Berge oberhalb der Nadelwaldgrenze, auf denen auch heute noch Bär, Wolf, Vielfraß, Moschusochse und Elch in intakten Ökosystemen zu finden sind. Wälder und Tundren mit ihrer bunten Vegetation, Blütenmeere in der sagenhaften Fjordwelt Südnorwegens, gewaltige Gletscher und Moränenlandschaften, Zeugen der letzten Eiszeit.

Fischer am Hafen von Kristiansund

Die Qual der Wahl

Aus dieser Vielfalt 50 Highlights auszuwählen gleicht der Quadratur des Kreises, denn so ein Querschnitt kann niemals den Anspruch der Vollständigkeit erheben, soll aber repräsentativ sein. Und so werden hier 50 Ziele beschrieben, die auf einer Reise durch alle Landesteile Südnorwegens wichtige Facetten dieses faszinierenden Landes darstellen. Mit dem Süden im Fokus versuchen wir weder Norwegen als Ganzes darzustellen, noch eine wertende Auflistung der schönsten oder interessantesten Städte, Sehenswürdigkeiten oder Landschaften zu geben. Neben den bekannten Orten, die man nicht versäumen sollte, rücken auch die kleinen Dinge ins Blickfeld, an denen der Besucher oft unwissend oder achtlos vorbeigeht, obwohl sie untrennbar mit dem Land verbunden sind. Einiges mag fehlen, anderes überflüssig erscheinen, im Gesamtbild jedoch sollen die Naturschönheiten, malerische Dörfer und Städte zwischen Bergen und Meer, Fjorden und Wäldern, ihren Platz finden und die archäologischen und historischen Orte nicht unerwähnt bleiben.

Reise durch das Land

Der Süden Norwegens ist das beliebteste Reiseziel in Skandinavien. Der Süden, das sind die Provinzen (in Norwegen *Fylke* genannt) Vest-Agder, Aust-Agder, Rogaland, Telemark, Vestfold, Østfold, Buskerud, Akershus, Oslo, Hordaland, Hedmark, Opland, Sogn og Fjordane, Møre og Romsdal und Sør-Trøndelag.

Am Skagenkaien in Stavanger, der viertgrößten Stadt Norwegens

Entlang einer imaginären Reiseroute, die im Osten des Landes beginnt und in Trondheim im Norden endet, gibt es viel Gegensätzliches, Erstaunliches und Spannendes zu entdecken: Die pulsierende Hauptstadt Oslo ist Ausgangspunkt des Abenteuers Südnorwegen. Von dort geht es zunächst in Richtung Südosten in die *Fylke* Østfold, um der Festung Fredriksten einen Besuch abzustatten, die einst als Bollwerk gegen die Schweden errichtet wurde. Die nächsten Ziele, der Mjøsa-See und die als Wintersportregion berühmte Gegend um Lillehammer, liegen nördlich von Oslo im Dreieck der Provinzen Akershus, Oppland und Hedmark.

Nach einem Abstecher zur Stabkirche Heddal in der Provinz Telemark setzt sich die Reise entlang der Südküste fort, d. h. an der Skagerrak-Küste, auch als »Nor-

wegische Riviera« bekannt, mit ihren wunderschönen Stränden, die sich bis zum Südkap ziehen, und weiter bis nach Stavanger, der »Ölhauptstadt« Norwegens. Dort folgt ein Abstecher ins Hinterland zur historischen Setesdalbahn. Von Stavanger ist es dann nicht weit zum Lysefjord mit der spektakulären Felskanzel Preikestolen, der sich 40 Kilometer weit in das Rogaland eingegraben hat.

Der Atlantikküste nach Norden folgend, gelangt man ins Hordaland mit dem Hardangerfjord und der Kulturmetropole Bergen. Bei der Gelegenheit kann man dem berühmten norwegischen Komponisten Edvard Grieg in seiner Villa Troldhaugen die Ehre erweisen. Die nördlich anschließende Provinz Sogn og Fjordane wurde als Verwaltungseinheit erst 1919 ins Leben gerufen. Gleichwohl hat die

Region eine lange Geschichte. Sie besteht aus dem Herrschaftsbereich des frühen Wikingerkönigreiches Sygnafylki und dem Sognefjordgebiet. Stationen der Reise sind mit dem namengebenden Sognefjord der längste und tiefste Fjord Europas und seine Nebenarme, die ebenfalls mit Superlativen aufwarten können. Ein wenig tiefer ins Landesinnere führt ein Abstecher zum landschaftlich beeindruckenden Gamle Strynefjellsvegen, der über 100 Jahre alten, zunächst als Schotterpiste angelegten Straße über das Strynefjell, die auf der Trasse eines uralten Saumpfades erbaut wurde. Zurück an der Küste, liegt fernab ausgetretener Pfade der westlichste Punkt des norwegischen Festlands, das Vestkapp, auch als »Kap Hoorn« des Nordens bekannt. Vielen Schiffen wurde es bereits zum Verhängnis. Von Seeleuten immer noch gefürchtet, ist es heute bei Surfern ein beliebtes Revier.

Es folgt ein Ausflug aufs Meer zur Vogelinsel Runde mit Tausenden von Seevögeln. Sie gehört schon zur benachbarten *Fylke* Møre og Romsdal, ebenso wie die Jugendstilstadt Ålesund, die gleichzeitig ein lebendes Museum und eine moderne Kultur- und Hafenmetropole ist. Ålesund ist auch Ausgangspunkt für eine Exkursion zum Weltnaturerbe Geirangerfjord, der neben dem Nordkap der meistbesuchte Ort Norwegens ist. Das nächste Ziel ist der Atlanterhavsveien. Die gut acht Kilometer lange Straßenverbindung zwischen dem Festland und der Insel Averøy ist ein spektakuläres technisches Bauwerk, das sich nicht nur als Verkehrsweg und Touristenattraktion etabliert

hat, sondern auch ein beliebter Angelplatz der Norweger geworden ist.

Von dort aus geht es dann wieder landeinwärts weiter in die karge Welt der Fjelle und Gletscher. Über die drei *Fylke* Hordaland, Buskerud und Telemark erstreckt sich die von der letzten Eiszeit geformte Hochebene Hardangervidda mit dem größten Nationalpark und der größten wild lebenden Rentierpopulation Norwegens. Nordöstlich des Nationalparks befindet sich Geilo, neben Lille-

Der Leuchtturm am Kap Lindesnes wurde 1915 errichtet.

hammer das bekannteste Wintersportparadies Norwegens. Kein Wunder, denn hier herrscht schon subarktisches Klima mit nur zwei Monaten im Jahr, in denen die Durchschnittstemperatur über zehn Grad liegt. Aber auch im Sommer gibt es eine Fülle von sportlichen Aktivitäten in der Region.

In die Zeit der Christianisierung der Wikinger im 12. und 13. Jahrhundert führt die Besichtigung zweier berühmter Stabkirchen in die *Fylke* Sogn og Fjordane – zu der am besten erhaltenen Kirche in Borgund und der vermutlich ältesten in Urnes, die zum Weltkulturerbe zählt. Anschließend geht es zurück in die Natur zum größten Plateaugletscher Kontinentaleuropas, dem Jostedalsbreen, dessen

haushohe Eismassen entgegen der Erderwärmungsprognosen seit den 1980er-Jahren stetig anwachsen (bis zu 500 Meter nehmen sie inzwischen ein). 28 Gletscherzungen ziehen sich von seinem Plateau bis zum Tal hinunter. Die größte ist der Bøyabreen, das »Rennpferd« unter den norwegischen Gletschern, der mit einer Geschwindigkeit von zwei Metern pro Tag fließt.

Nach elf Haarnadelkurven, 405 Höhenmeter Differenz bei zwölf Prozent Steigung und einer Menge Angstschweiß angesichts der schmalen Straße ist ein wunderbarer Aussichtspunkt am Ende des Trollstigen, der Troll-Leiter, erreicht. Von dort ist es nicht weit zur höchsten Felswand Europas, der 1000 Meter hohen

Der Folgefonna ist der drittgrößte Festlandsgletscher Norwegens.

In den Nationalparks leben noch einige Populationen wilder Rentiere.

Trollwand. Aber es geht noch höher, nämlich wieder nach Sogn og Fjordane und Oppland, in das Jotunheimen, das Heim der Riesen und gleichzeitig das höchste Gebirge Skandinaviens. Nur vereinzelte Moorbirken und Nadelbäume können in der ansonsten von Moosen, Flechten und kargen Kräutern dominierten Landschaft gedeihen. Ein großer Teil des Gebiets ist als Nationalpark ausgewiesen. Überragt wird das Jotunheimen von den höchsten Bergen Skandinaviens, dem Galdhøpiggen und dem Glittertind, Relikten eines Gebirges, das vor langer Zeit mehr als 10 000 Meter hoch war.

Ebenfalls im Hochgebirge liegt nordöstlich des Jotunheimen der Rondane-Nationalpark in der *Fylke* Oppland. Er wurde 1962 der erste norwegische National-

park. Hier sind noch Braunbären, Wölfe, Vielfraße, Elche und eine große Population wilder Rentiere beheimatet. Moschusochsen gibt es hier nicht mehr, aber im unmittelbar benachbarten Dovrefjell-Sunndalsfjella-Nationalpark leben heute wieder etwa 80 dieser zottigen Tiere, deren Wolle mit der von Kaschmirziegen um das Attribut »wärmste Wolle der Welt« konkurriert.

Ganz im Osten der *Fylke* Hedmark liegt die zum UNESCO-Weltkulturerbe zählende Bergbaustadt Røros, in der mehr als 300 Jahre lang bis in die 1970er-Jahre des 20. Jahrhunderts Kupfer gefördert wurde. Sie liegt in der faszinierenden Landschaft der Femundsmarka, in der die südlichsten Sámi Norwegens anzutreffen sind, die ihrem Heimatraum treu geblie-

Blick über die Schärenlandschaft bei Mostranda am Tønsbergfjord

ben sind. Eingebettet in die Landschaft sind der Femundsmaka- und Gutulia-Nationalpark an der Grenze zu Schweden.

Zum Abschluss der Reise führt der Weg zurück an die Küste in die *Fylke* Møre og Romsdal zu den Städten Molde und Kristiansund und von dort weiter nach Trondheim in Sør Trøndelag. Molde ist als Rosenstadt und Zentrum des norwegischen Jazz bekannt geworden. Kristiansund blickt auf eine mehr als 9000-jährige Besiedlungsgeschichte zurück. Fischfang und Bootsbau sicherten den Lebensunterhalt ihrer Einwohner. Die größte Stadt und Hauptstadt der *Fylke* Sør Trøndelag ist Trondheim. Sie war die erste Hauptstadt Norwegens, die als Nidaros, »Stadt in der Mündung des Flusses Nid«, die Wiege des norwegischen Königtums wurde. Hier endet die Reise durch Südnorwegen.

Das Klima

Kein anderes Land in diesen Breiten auf der nördlichen Halbkugel hat ein so mildes Klima wie Norwegen. Der südlichste Punkt Norwegens am Kap Lindesnes liegt bei 57°58′N. Trotz dieser vergleichsweise hohen Breite gibt es hier lediglich im Januar Nachttemperaturen mit leichtem Frost bei durchschnittlich minus einem Grad. Auf gleicher Höhe im Norden Labradors an der nordamerikanischen Ostküste ist es zur gleichen Zeit minus 23,1 Grad kalt. Nur in den Monaten Mai bis Oktober steigen die Tagestemperaturen dort über den Gefrierpunkt mit einem Maximum von 15,6 Grad, während es im Süden Norwegens mit durchschnittlich 18 Grad im Hochsommer angenehm warm ist und auch im kältesten Winter das Quecksilber nur selten unter den Gefrierpunkt gerät. Auch Trondheim als nördlichster Punkt unserer Reise hat ein sehr mildes Klima. Es liegt auf dem gleichen Breitengrad wie Iqaluit, die Hauptstadt der kanadischen Provinz Nunavut, in der schon arktische Verhältnisse herrschen. Verantwortlich für dieses norwegische Klima ist der Golfstrom, eine warme Meeresströmung, die ihren Ursprung im Golf von Mexiko hat. Einer seiner Ausläufer fließt an der norwegischen Küste nach Norden. Sein Einfluss ist so stark, dass selbst das weit nördlich des Polarkreises an der Kola-Halbinsel gelegene Murmansk einen eisfreien Hafen besitzt.

Das milde Klima wird zumindest an der Westküste Norwegens mit hohen Regenmengen »erkauft«. Die nahezu ständig von Westen anrollenden Tiefdruckgebiete regnen sich an den quer zur Windrichtung verlaufenden Gebirgsketten Norwegens ab und brachten der Stadt Bergen das Attribut »Regenhauptstadt Europas« ein. Sie bringt es auf 2250 Millimeter Niederschlag im Jahr, das allermeiste davon als Regen. Im Vergleich dazu nimmt sich das als »Schietwetterstadt« verschriene Hamburg in Norddeutschland mit 773 Millimeter recht bescheiden aus. Doch gerade die Hauptreisemonate Mai bis August sind die regenärmsten des Jahres, sodass die Chancen gut sind, Bergen zu dieser Zeit bei gutem Wetter und Sonnenschein erkunden zu können. Das gilt im Übrigen für die gesamte Westküste. Die Ostküste Norwegens liegt dagegen im Regenschatten der Berge. Demzufolge liegen hier die Niederschläge deutlich niedriger als im Westen und die Zahl der Sonnenstunden nimmt im glei-

chen Maße zu. Nicht umsonst wird die Skagerrak-Küste als die »Riviera Norwegens« bezeichnet.

Die inneren Bereiche der Fjorde haben ebenfalls ein sehr spezielles Klima. Sie sind vor den ständigen Westwinden gut geschützt und die Sonne wärmt die Täler schon früh im Jahr so stark auf, dass dort sogar Obstanbau mit Äpfeln und Kirschen möglich ist. Die angrenzenden *Fjelle* Hardangervidda, Jotunheimen und Dovrefjell dagegen sind auch im Sommer kühl, aber wesentlich trockener und sonniger als die Westküstenregionen. Im Winter sind sie tief verschneit und es kann bitterkalt werden.

Beste Reisezeiten

Ob Frühling, Sommer, Herbst oder Winter, Norwegen ist zu jeder Jahreszeit ein attraktives Urlaubsland. Der Frühling, der in Südnorwegen um die Monatswende

Kronsbeeren am Røldalsvatnet-See

19

Sámi-Frau Eva

in Norwegen genießen möchte, sollte sich darüber im Klaren sein, dass dann auch die Norweger Ferien haben und der Andrang entsprechend groß sein wird. Ganz abgesehen davon, dass auch die ohnehin schon hohen Preise dann noch einmal deutlich anziehen.

Der Sommer bietet die angenehmsten Temperaturen und die besten Bade-, Surf- und Tauchmöglichkeiten, aber auch den größten Andrang an den Stränden, auf Campingplätzen und Ferienhütten. Die Sommerferien in Norwegen beginnen Mitte Juni und enden Mitte August, je nach Region einige Tage früher oder später. Wer es einrichten kann, sollte nach oder gegen Ende der Ferien nach Norwegen reisen. Der Sommer dauert dann immer noch an, auch wenn die Temperaturen nicht mehr ganz so hoch sind. Mit den sinkenden Temperaturen gehen als positiver Nebeneffekt auch die Preise zurück. Dies ist zudem die beste Zeit für Wanderer, nicht nur auf den *Fjellen*, sondern auch auf den »normalen« einfachen Wanderrouten rund um die jeweiligen Urlaubsorte.

April/Mai beginnt, beschert viel Sonne und wenig Regen bei schon angenehmen Temperaturen, die jedoch noch nicht zum Baden einladen; da sind die Sommermonate Juni bis August besser geeignet. Für Wanderungen durch die erwachende Natur mit dem ersten Grün der Bäume und vielen blühenden Frühlingsblumen ist diese Zeit jedoch ideal und das bei bis zu 20 Stunden Tageslicht! Bergwanderer sollten sich allerdings noch ein wenig bis in den Sommer gedulden, wenn die Wanderrouten besser zugänglich sind.

Es ist im Übrigen nicht nur die Natur, die im Frühling erwacht. Auch Museen, Freizeiteinrichtungen und Touristeninformationsstellen haben ihren Winterschlaf beendet und nehmen den vollen Betrieb wieder auf. Außerdem sind dann die während des Winters gesperrten Straßen über das Sognefjellet, der Trollstigen und der Gamle Strynefjellsvegen wieder frei befahrbar. Wer den Frühling über Ostern

Der Herbst ist kurz und in den höheren Lagen ist bereits ab Ende September mit dem ersten Schnee zu rechnen. Das ist gleichzeitig das Zeichen dafür, etliche Straßen bis zum nächsten Frühling zu sperren, sodass nicht mehr alle Regionen auf diesem Weg erreichbar sind. Für Wanderer sind die Möglichkeiten auch jetzt noch gut, vorausgesetzt, sie sind auf wechselnde Wetterverhältnisse eingestellt. Wassersportaktivitäten sind dagegen nicht mehr uneingeschränkt zu empfehlen. Erfahrene und risikobereite Surfer können die jetzt sehr viel heftiger anrollenden Wellen genießen, es muss aber an der Küste immer mit heftigen Stürmen gerechnet werden.

Norwegen wird traditionell mit Wintersport in Verbindung gebracht und tatsächlich gibt es eine Fülle von Angeboten nicht nur in den bekannten Wintersportzentren Holmenkollen, Lillehammer oder Geilo. Die Saison beginnt im Februar, wenn die Tage wieder länger werden und die Winterstürme, die vorwiegend im Oktober, November und Dezember wüten, ruhigem Spätwinterwetter gewichen sind. Angeboten wird alles, was im Wintersport möglich ist, von Rodeln über Langlauf und Abfahrt bis zum

Snowboarden. Ganz Mutige können sich auf einigen Sprungschanzen als Adler versuchen. Bis Ende März sind die Wintersportbedingungen in der Regel gut bis sehr gut, in höher gelegenen Regionen sogar bis in den Mai hinein.

Kleidung für jedes Wetter

Auf dem Weg von der Küste auf die *Fjelle* kann man selbst im Sommer an einem Tag alle vier Jahreszeiten erleben: Sonne und Temperaturen bis 30 Grad an der Küste, Regen und Sturm an den Berghängen, Nebel auf den *Fjellen* und Schnee bei einer Bergwanderung. Jeder Besucher ist daher gut beraten, für alle diese Bedingungen gerüstet zu sein. Wie in vielen anderen Gebieten, in denen das Wetter sehr unbeständig sein kann, ist

Diese Schafe im Ulevavatnet scheinen ein nasses Abenteuer vor sich zu haben.

Die Insel Furuholmen vor Mandal liegt malerisch-geschützt im Schärengürtel.

das »Zwiebelschalenprinzip« zu empfehlen. Mehrere leichte Kleidungsstücke übereinander getragen machen es möglich, sich unterschiedlichen Temperaturen anzupassen. Als letzte Schicht sollte immer regenfeste und winddichte Kleidung vorhanden sein. Verschiedene Hersteller überbieten sich gegenseitig mit immer besseren und atmungsaktiveren Produkten.

Sonnenschutzmittel mit einem hohen Lichtschutzfaktor (mindestens 25) sollte im Reisegepäck nicht fehlen, denn selbst bei bedecktem Himmel dringt das schädliche UV-Licht bis an die Erdoberfläche und kann Sonnenbrand auslösen. Und das sowohl an der Küste, wo das Meer die Sonnenstrahlen zusätzlich reflektiert, als auch im Gebirge, wo die Strahlung eine geringere Luftschicht durchdringen muss.

Auf die mögliche Stechmücken-, Gnitzen- und Kriebelmückenplage vor allem im Binnenland an Seen, Teichen und Bächen sollte jeder Besucher Norwegens vorbereitet sein. Es gibt eine große Zahl von Insektenabwehrmitteln, sogenannte Repellents, die durchaus wirksam sind. Zu empfehlen sind Mittel, die es nicht nur zum Auftragen auf die Haut gibt, sondern auch als Spray zum Imprägnieren der Kleidung, insbesondere Socken, T-Shirts und Hemden. Manche Plagegeister stechen nämlich auch durch dünne Kleidung hindurch. Die Imprägnierung übersteht nach Angaben der Hersteller bis zu drei Wäschen. Als passiver Schutz gegen Stechmücken und ähnliche lästige Insekten haben sich lange Hosen, langärmelige Hemden oder T-Shirts und Mückennetze bewährt. Die einheimische Bevölkerung belächelt die so ausgestatteten Besucher gelegentlich als »Imker«, dieser Spott ist aber gemessen an dem Plus an Wohlbefinden, das damit verbunden ist, leicht zu ertragen. Für den Fall, dass man trotzdem gestochen wurde, gibt es weitere Mittel, die das unangenehme Jucken unterdrücken. Wer auf Insektenstiche allergisch reagiert, sollte sich vor Antritt der Reise von seinem Arzt beraten lassen, welches Antiallergikum für ihn geeignet ist.

Feste und Bräuche

Die meisten Feste in Norwegen unterscheiden sich nicht wesentlich von denen im übrigen Europa. Ostern, Christi Himmelfahrt, Pfingsten und Weihnachten werden als kirchliche Feste meist mit dem obligatorischen Kirchgang begangen. Ansonsten herrschen in Norwegen wie anderswo auch weltliche Genüsse, vom ausgiebigen Festessen bis zu rauschenden Familienfeiern, vor.

Das Osterfest nimmt dabei eine Sonderstellung ein. Für viele Norweger beginnt es schon am Palmsonntag, dem letzten Sonntag vor Ostern. Er läutet die in Norwegen »Stille Woche« genannte Karwoche ein. Da nicht nur Karfreitag und die beiden Ostertage, sondern auch bereits der Gründonnerstag ein Feiertag sind, wird die Karwoche mit den Ostertagen traditionell für einen Ski-Urlaub mit der Familie genutzt. Regelmäßig zu Ostern setzt ein wahrer Exodus aus den Städten und Dörfern auf die Berge ein. Entsprechend ausgebucht sind Hotels und Ferienhäuser.

Es ist ganz gleichgültig, wo man sich in Norwegen befindet, am 23. Juni jeden Jahres wird überall gefeiert. Der 24. Juni ist der Geburtstag von Johannes dem Täufer. Dieses Datum wurde aus dem Lukasevangelium abgeleitet, wonach Johannes sechs Monate vor Jesus geboren wurde. Daher feiern die Norweger den »Sankt-Hans-Abend« als christliches Fest am Vorabend des Johannistages erst zwei Tage nach der astronomischen Sonnenwende. Große Johannisfeuer werden angezündet und bis spät in die Nacht wird getanzt, gesungen, gegessen und natürlich getrunken. Das hat eine lange Tradition. Schon in vorchristlicher Zeit sollten bei den Sonnenwendfeiern Dämonen und böse Geister mit Feuer abgewehrt werden. Ab dem 12. Jahrhundert sind die christlich geprägten Johannisfeuer belegt. Für jeden, der sich am 23. Juni in Norwegen aufhält, ist die Teilnahme an den Festen Pflicht. Auskunft erteilen jeder Norweger oder die örtlichen Touristenbüros.

Der wichtigste Tag des Weihnachtsfestes ist Heiligabend, in Norwegen *Julaften* genannt. Der Weihnachtsbaum spielt eine ähnliche Rolle wie in Deutschland,

Gehört mit zur Tracht: ein bunter Blumenkranz

Alle versammeln sich um das funkensprühende Johannisfeuer zur Sommersonnenwende.

allerdings ist es Brauch, sich an den Händen zu nehmen, einen Kreis um den Baum zu bilden und, während man um den Baum herumgeht, Weihnachtslieder zu singen. Zum Festessen gehören entweder *Lutefisk*, in einer Lauge aus Wasser und Birkenasche gewässerter Stockfisch, oder *Fårikål*, ein Gericht mit Lamm- oder Hammelfleisch und Kohl.

Kaum ist Weihnachten vorbei, wird zur Jahreswende Silvester gefeiert. Trotz der exorbitant hohen Preise wird mit sehr viel Alkohol und Pyrotechnik das neue Jahr begrüßt, nicht anders als in Deutschland.

Ein Fest ohne christlichen Hintergrund ist der Nationalfeiertag am 17. Mai. Er erinnert an die Verabschiedung der norwegischen Verfassung im Jahr 1814, mit der die seit 1380 bestehende Herrschaft der Dänen über Norwegen beendet wurde. Nicht Politiker, sondern Kinder stehen bei diesem Feiertag im Mittelpunkt. Sie ziehen in traditionellen Trachten mit Fahnen durch die von Zuschauern gesäumten Straßen und singen, unterstützt von Blaskapellen, die Nationalhymne *Ja, vi elsker dette landet* (*Ja, wir lieben dieses Land*). Die Umzüge gehen auf den Dichter und Literaturnobelpreisträger von 1903, Bjørnstjerne Bjørnson, und den Schulleiter Peter Quam zurück, die erstmals im Jahr 1870 einen Umzug von 2000 Schülern organisierten. In Oslo findet der größte Schülerumzug statt, der auch am Schloss vorbeiführt, von dessen Balkon der König die Kinder begrüßt. Diese Tradition wird seit 1906 gepflegt. Mit Ausnahme der deutschen Besatzungszeit während des Zweiten Weltkrieges hat es noch kein König versäumt, die Kinder zu begrüßen.

Steckbrief Norwegen

Lage und Geografie: Skandinavische Halbinsel. Norwegen grenzt an Schweden (1630 km), Finnland (736 km) und Russland (196 km).

Fläche: 323 787 km² (ohne Svalbard und Jan Mayen)

Südlichster Punkt: Pysen (Kap Lindesnes), 57° 57' 31" N; **nördlichster Punkt:** Kinnarodden, 71° 11' 09" N; **westlichster Punkt:** Holmebåen, 04° 29' 57" O; **östlichster Punkt:** Hornøya, 31° 10' 07" O

Küstenlänge Festland: 25 148 km
Küstenlänge der Inseln: 58 133 km
Längste Entfernung Kap Lindesnes-Kinnarodden: 1752 km (Luftlinie)

Höchste Erhebung: Galdhøppigen, 2469 m
Größter Gletscher: Jostedalsbreen, 487 km²
Längster Fjord: Sognefjord, 204 km

Zeitzone: GMT/UTC (Weltzeit) + 1 Std., DST (Sommerzeit) + 2 Std., Normalzeit (Winter) + 1 Std.
Zwischen Deutschland und Norwegen gibt es keinen Zeitunterschied.

Hauptstadt: Oslo

Flagge:

Staatsform: Konstitutionelle Monarchie. Das Parlament heißt Storting. Staatsoberhaupt ist König Harald V.

Nationalfeiertag: 17. Mai, in Erinnerung an die Verabschiedung der Verfassung am 17.05.1814

Währung: Norwegische Krone (NOK)

Verwaltung: Norwegen ist in 19 Provinzen (Fylke) gegliedert.

Amtssprachen: Bokmål, 85–90 % der Bevölkerung; Nynorsk, 10–15 % der Bevölkerung; Samisch, in sechs Kommunen

Einwohnerzahl: 5 137 679 Einwohner, davon 13,1 % Einwanderer (Stand 01.07.2014)

Religion: Lutherische Staatskirche 82 %; andere protestantische Kirchen 3,7 %; Muslime 1,6 %; Katholiken 1,1 %

Tourismus: Die Deutschen bilden mit mehr als 1,6 Mio. Besuchern die größte ausländische Gruppe, gefolgt von Schweden mit knapp 1 Mio., Dänemark (ca. 850 000), Niederlande (ca. 750 000) und Großbritannien (ca. 500 000). Das Schlusslicht bildet Japan (rund 100 000) hinter Italien und Russland.

Wirtschaft: Die größten Beiträge zum Bruttoinlandsprodukt leisten folgende Wirtschaftszweige:
Erdöl/Erdgas: 9,7 %
Öffentl. Dienstleistungen: 17 %
Gewerbl. Dienstleistungen: 9,1 %
Industrie: 7 %
Warenhandel: 6,4 %
Land- und Forstwirtschaft: 0,6 %
Fischfang und -aufzucht: 0,9 %

Geschichte im Überblick

13 000–7000 v. Chr. Mit dem Ende der Eiszeit beginnt die Besiedlungsgeschichte Norwegens. Es sind nomadisierende steinzeitliche Jäger und Fischer, die dem abschmelzenden Eis folgen und so neue Jagdgründe erobern. Die ältesten menschlichen Artefakte sind 12 500 Jahre alt. Sie wurden in Blomvåg im Hordaland gefunden.

7000–1800 v. Chr. Es sind zunächst Fischer, die in dauerhaften Siedlungen leben, während die im Inland vorwiegend von der Jagd lebenden Menschen erst später beginnen, auch Ackerbau zu betreiben. Bereits vorher sind sie jedoch künstlerisch tätig und haben Felsritzungen gezeichnet, die Szenen aus ihrem Leben darstellen. Meerestiere wie Wale, Fische und Robben werden dabei ebenso erkennbar wie Rentiere, Elche, Boote und Menschen. Allein in Alta im Norden des Landes sind rund 4000 solcher Felsritzungen selbst heute noch sichtbar. Aber auch im Süden Norwegens finden sich welche, so beispielsweise in der Gegend um Lillehammer oder entlang des Oldtidsveien zwischen Frederikstad und Skjeberg.

1800–500 v. Chr. Die allmähliche Abkehr von den bis zu dieser Zeit benutzten Steinwerkzeugen und die Hinwendung zu Gebrauchsgegenständen und Waffen aus Bronze beginnen in Norwegen vor etwa 3800 Jahren. Aus dieser Phase sind Funde vorwiegend aus dem Südwesten Norwegens bekannt.

500 v. Chr. Beginn der Eisenzeit.

1. Jh. n. Chr. Allmählich nehmen Handelskontakte zu und um die Zeitenwende wird Norwegen auch durch die römische Kultur beeinflusst. Waren aus Norditalien erreichen in größerem Umfang das Land. Der »Nordweg« von der Südspitze Norwegens an der Küste entlang bis weit nach Norden wird zur Hauptverkehrsader. Ein neuer Herrschertyp entsteht. Hatten bisher durch ihre Abstammung bestimmte Häuptlinge über ein ausgewähltes Gebiet geherrscht, so etablieren sich nun Könige, die über eine eigene Mannschaft verfügen oder für bestimmte Unternehmungen die Befehlsgewalt haben. Wenn man so will, waren diese Könige die Vorläufer der späteren Wikingerfürsten, die mit ihren Schiffen die Küsten Europas unsicher machten.

900 Harald Schönhaar (852–933) wird der erste König über den größten Teil Norwegens. Er vereint die zum Teil verfeindeten Kleinkönigreiche und gilt daher als Begründer des Wikingerreiches, obwohl der Beginn der Wikingerzeit schon früher mit dem Überfall auf die an der Nordostküste Englands gelegene Insel Lindisfarne datiert wird. Mit der Schlacht von Hastings 1066 endet die Ära der kämpferischen Seefahrer, deren Ruf schlechter ist als sie selbst, denn sie waren auch – und möglicherweise in erster Linie – Händler. Sie eroberten die Shetland- und Orkney-Inseln, plünderten Paris, entdeckten so ganz nebenbei Island, Grönland und Neufundland und waren damit 500 Jahre früher in Amerika als Kolumbus.

1380–1523 Danach verliert Norwegen seine Unabhängigkeit. Ab 1380 wird es mit Dänemark und Schweden in der sogenannten Kalmarer Union vereint, aus der Schweden aber schon 1523 wieder ausscheidet.

1814 Ende der Kalmarer Union. Nach den Napoleonischen Kriegen muss Dänemark sich aus Norwegen wieder zurückziehen und das Land wird dem Königreich Schweden einverleibt.

17.05.1814 Der Tag wird bis heute als norwegischer Nationalfeiertag gefeiert, weil an diesem Tag die eigenständige norwegische Verfassung verabschiedet wird. Dadurch wird Norwegen formal mit Schweden gleichberechtigt, lediglich die Außenpolitik wird allein von Schweden bestimmt.

13.08.1905 Die Union mit Schweden wird aufgelöst und Norwegen wieder ein vollständig souveränes Königreich. Ein Problem ist jedoch noch zu klären. Die Monarchie ist in der Verfassung festgeschrieben, es gibt jedoch keinen norwegischen Adel. Die Norweger machen deshalb eine Anleihe im dänischen Königshaus und wählen den Prinzen Carl aus dem dänischen Hause Glücksburg zu ihrem König.

1914–1945 Obwohl Norwegen gemeinsam mit Schweden und Dänemark in beiden Weltkriegen seine Neutralität erklärt, wird im Ersten Weltkrieg nahezu die Hälfte der norwegischen Handelsflotte von deutschen U-Booten versenkt, weil sie Waren für die deutschen Kriegsgegner England, Frankreich und Russ-

land transportieren. Im Zweiten Weltkrieg wird Norwegen 1940 von der deutschen Wehrmacht besetzt, um den britischen Nachschub von Eisenerz aus Schweden über den Hafen von Narvik zu unterbinden.

1945 Norwegen gehört zu den Gründungsmitgliedern der UNO und stellt mit Trygve Lie den ersten Generalsekretär. In den Folgejahren tritt Norwegen dem Nordischen Rat und der Freihandelszone EFTA bei.

24.10.1969 Erschließung der ersten nutzbaren Erdölquelle in der Nordsee.

1972/1994 In zwei Abstimmungen entscheiden sich die Norweger gegen einen Beitritt zur EU. Wirtschaflich steht Norwegen sehr gut da. Das Pro-Kopf-Einkommen zählt zu den höchsten der Welt.

2003 Als erstes Land führt Norwegen eine Geschlechterquote ein, die (seit 2008) einen weiblichen Anteil von 40 Prozent in den Aufsichtsräten börsenorientierter Unternehmen vorschreibt.

22.07.2011 Der Anschlag eines rechtsextremen Attentäters auf das Osloer Regierungsviertel sowie dessen anschließender Amoklauf auf der Insel Utøya erschüttern die Welt. Bei der schlimmsten Katastrophe der norwegischen Nachkriegsgeschichte sterben 77 Menschen – überwiegend junge Teilnehmer am Zeltlager einer sozialdemokratischen Jugendorganisation.

DER SÜDOSTEN

Seite 28/29: Der Fischereihafen ist längst auch eine beliebte Marina geworden.
Mitte: Das 1950 fertiggestellte Rathaus von Oslo ist eines der Wahrzeichen der Stadt.
Unten: Der Uhrenturm liegt nahe dem Szene-Stadtteil Aker Brygge.

1 Oslo
Metropole mit Geschichte

Verglichen mit anderen Hauptstädten Europas erscheint die Bezeichnung Metropole für Oslo auf den ersten Blick übertrieben. Wälder, Parks und Grünanlagen unterbrechen immer wieder das Siedlungsgebiet, das eher kleinstädtischen Charakter zu haben scheint. Bei genauerem Hinsehen wird jedoch deutlich, dass die Hauptstadt Norwegens alles hat, was eine Weltstadt auszeichnet, wenn auch die Dimensionen etwas kleiner sind.

Oslo ist schon für sich allein eine Reise wert, aber die Stadt ist auch der ideale Ausgangspunkt für Reisen ins Innere Norwegens. Nicht ohne Grund wurde die mit Schiffen gut zu erreichende Stadt am geschützten Nordende des 100 Kilometer langen Oslofjordes angelegt. Auch die guten Landverbindungen in den Osten Norwegens bewogen der Sage nach König Harald III. (1015–1066) dazu, die Stadt im Jahr 1048 an dieser Stelle zu gründen. Heute kommen Besucher vorzugsweise mit der Fähre von Kiel oder Kopenhagen, um ab Oslo mit dem eigenen Auto weiterzureisen. Auch Kreuzfahrtschiffe legen regelmäßig im Hafen an. Über den Flughafen Gardermoen bestehen Flugverbindungen zu vielen internationalen und nationalen Flughäfen. Mit dem Zug ist Oslo von Göteborg, Stockholm und Kopenhagen aus zu erreichen. Im Inland führen Bahnverbindungen von Oslo nach Stavanger, Bergen, Kristiansand und Trondheim.

Um die 627 000 Einwohner leben in der Hauptstadt, die eine Universität, mehrere Hochschulen, 54 Museen und mehr als ein Dutzend Theater beherbergt. Mit dem Regierungssitz, dem Parlament

Straßenmusikanten in Gamle Oslo

Einfach gut!

und dem königlichen Schloss unterstreicht Oslo seine Bedeutung als wissenschaftliches, kulturelles und politisches Zentrum Norwegens. Das alles ist auf 154 Quadratkilometern Siedlungsfläche, knapp 34 Prozent der 454 Quadratkilometer umfassenden Stadtfläche, untergebracht. Die verbleibenden 300 Quadratkilometer werden von Wäldern (242 km²), Parks und Sportanlagen (8 km²) sowie Binnengewässern und Inseln eingenommen.

Ein Blick in die Geschichte

Nicht ohne Stolz sehen die Bürger Oslos auf die lange Geschichte der Stadt zurück; da die Norweger auch gerne feiern, wurde die Saga von der Gründung der Stadt für bare Münze genommen und im Jahr 1950 ihr 900-jähriges Bestehen gefeiert. Später durchgeführte archäologische Untersuchungen brachten aber christliche Gräber zutage, die bereits auf das Jahr 1000 datiert wurden. Es musste also schon früher eine Siedlung gegeben haben. Ganz pragmatisch – typisch norwegisch – wurde die Geschichte Oslos diesen Befunden angepasst und bereits im Jahr 2000 das 1000-jährige Bestehen der Stadt begangen. 1299 hatte Oslo eine so hohe wirt-

EINMAL ZAHLEN, ALLES SEHEN – DER OSLO-PASS

Der Oslo-Pass ist *die* Eintrittskarte zur Stadt! Damit kann man alle öffentlichen Verkehrsmittel kostenlos benutzen. Er bietet freien Eintritt in 39 Museen und Sehenswürdigkeiten, kostenloses Parken auf öffentlichen Parkplätzen sowie Ermäßigungen auf Stadtrundfahrten, Auto- und Schlittschuhverleih, den Freizeitpark Tusenfryd, Restaurants und vieles mehr. Der Oslo-Pass ist an den Touristeninformationen am Rathaus oder am Hauptbahnhof erhältlich. Beim Kauf wird er mit Datum und Uhrzeit gestempelt und gilt dann für 24, 48 oder 72 Stunden. Die Kosten liegen je nach Gültigkeit zwischen 395 und 745 NOK für Erwachsene, für Kinder von 4 bis 15 Jahren zwischen 210 und 370 NOK. Rentner zahlen zwischen 315 und 595 NOK.

Touristeninformation. Hauptbahnhof, Jernbanetorget 1, Tel. 81 53 05 55, www.visitoslo.com

OSLO MIT DEM FAHRRAD

Einfach gut!

Wer Oslo fußläufig erkunden will, muss viel Zeit mitbringen. Nicht alle 450 Quadratkilometer der Stadt sind gleich interessant, aber ein wenig mehr als das Zentrum sollte man schon gesehen haben. Was liegt da näher, als die Stadt mit dem Fahrrad im Sinne des Wortes zu »erfahren«? Dazu gibt es zwei Angebote. Nicht nur, aber auch für Touristen gibt es die städtischen *Oslo Bysykkel*. Die Nutzung der Fahrräder ist kostenlos, es muss jedoch eine Kaution von 250 NOK hinterlegt werden. Speziell auf Touristen ausgelegt ist die Agentur Viking Biking. Sie verleiht ihre Fahrräder gegen Gebühr, mit dem Fahrrad bekommt der Mieter aber ausführliches Informationsmaterial und Karten, um sich zurechtzufinden. Wer das nicht allein kann oder will, hat die Möglichkeit, an geführten Touren durch die Stadt teilzunehmen.

Touristeninformation. Fridtjof Nansens plass 5, Tel. 81 50 02 50, www.bysykler.no
Viking Biking. Nedre Slottsgate 4, Tel. 41 26 64 96, www.vikingbikingoslo.com

schaftliche und politische Bedeutung, dass König Håkon V. (1270–1319) mitsamt seinem Hofstaat von Bergen nach Oslo umsiedelte und die Stadt zur Hauptstadt von Norwegen machte. Zu dieser Zeit hatte Oslo etwa 3000 Einwohner. Um standesgemäß und vor allem sicher zu wohnen, ließ Håkon V. die Festung Akershus bauen, die mit etlichen Um- und Erweiterungsbauten bis heute erhalten ist. Heute ist in der Festung Akershus unter anderem das Widerstandsmuseum untergebracht, das an den norwegischen Widerstand gegen die deutsche Besetzung des Landes im Zweiten Weltkrieg erinnert.

In den folgenden Jahrhunderten wurde Oslo mehrfach geplündert und niedergebrannt, aber immer wieder am selben Ort aufgebaut – bis zum Jahr 1624. Nachdem die Holzhäuser wieder einmal Feuer gefangen hatten und die Stadt weitgehend zerstört wurde, ließ König Christian IV. (1577–1648) die Stadt näher an die Festung Akershus verlegen. Sie erhielt nun den Namen Christiania, den sie bis 1877 behalten sollte. Die neu aufgebaute Stadt wurde nach dem Idealbild der Renaissance mit rechteckigen Quartieren und breiten Straßen errichtet und erhielt eine Festungsanlage mit Bastionen. Der Stadtteil zwischen Akershus Schloss, dem Dom, der Øvre Vollgate und der Skippergate heißt Kvadraturen und entspricht immer noch dem damals angelegten Straßennetz. Hier sind noch viele Gebäude aus dem 17. Jahrhundert gut erhalten, denn um die Entstehung und Ausbreitung von Bränden zu verhindern, wurden die Häuser von nun an aus Steinen gebaut. Das alte, abgebrannte Oslo, das nun außerhalb der Stadtmauern lag, sollte nicht wieder besiedelt werden, aber diejenigen, die sich das teure Leben in der neuen Stadt nicht leisten konnten, widersetzten sich dem Verbot des Königs und bauten das »Gamle Oslo« wieder auf.

Oslo

Nach den Napoleonischen Kriegen musste Dänemark, das bis dahin in Personalunion mit Norwegen verbunden war, Norwegen an Schweden abtreten. Unter dem schwedischen König Oscar II. (1829–1907) wurde die Schreibweise Christiania 1877 offiziell in Kristiania geändert. Erst 20 Jahre nach der Unabhängigkeit Norwegens erhielt die Stadt 1925 ihren Namen Oslo zurück.

Weltstadt mit Tradition

Heute ist Oslo eine Metropole, die den Vergleich mit anderen Hauptstädten nicht scheuen muss. Längst sind nicht mehr nur die Ufer des Fjordes besiedelt. Über 40 Inseln gehören zur Stadt und das 1624 abgebrannte »Gamle Oslo« liegt nun wieder im Zentrum der Stadt.

Überhaupt begegnet man der Geschichte der Stadt auf Schritt und Tritt. Es beginnt schon mit dem Stadtwappen, das den Heiligen Hallvard, den Schutzpatron Oslos, zeigt. Der Sage zufolge wollte Hallvard im Jahre 1043 in einem Boot über den Drammensfjord rudern, als eine Frau ihn bat, sie mitzunehmen. Sie sei unschuldig des Diebstahls bezichtigt worden und nun vor drei Männern auf der Flucht. Hallvard glaubte ihr und als die Verfolger das Boot erreichten, weigerte er sich, die Frau auszuliefern. Daraufhin töteten sie ihn mit einem Pfeilschuss in den Hals. Danach erschlugen sie die Frau und versenkten Hallvard mit einem Mühlstein an den Hals gebunden im Fjord. Nach kurzer Zeit geschah jedoch ein Wunder: Hallvard trieb mit dem Stein um den Hals wieder an die Wasseroberfläche, was zu seiner Heiligsprechung führte. Seine letzte Ruhestätte soll er in der Marienkirche in Oslo gefunden haben, von der jedoch nur eine Ruine im »Middelalderparken« übrig geblieben ist. Traditionell ist auch die Staatsform Norwegens,

Nicht verpassen

OSLO FÜR GOURMETS

Vier Restaurants in Oslo können sich der prestigebehafteten Michelin-Sterne rühmen. Zur Auswahl stehen die Restaurants »Bagatelle«, »Stadtholdergaarden« und »Feinschmecker« (s. S. 36) mit je einem Stern. Das »Bagatelle« ist für seine exzellente französische Küche bekannt, es werden aber auch norwegischer Hummer und Steinbutt serviert. Geheimtipp: Das Restaurant »Eik« im Hotel Savoy im Zentrum ist weit über die Grenzen Oslos bekannt. Die hier arbeitenden norwegischen Köche haben Weltklasse. Der Gast hat die Wahl zwischen traditioneller Hausmannskost, ausgezeichneten Fisch-, Elch- oder Rentiergerichten oder interessanten Kreationen aus allen Teilen der Welt.

Bagatelle. Mi–Sa 18–23 Uhr, Bygdøy allé 2, Tel. 22 44 40 40, www.bagatelle.no
Eik im Savoy Hotel. Di–Sa 18–23 Uhr, Tel. 22 36 07 10, Universitetsgata 11, www.restauranteik.no

Die ältesten Teile der Festung Akershus reichen bis in das 14. Jahrhundert zurück.

eine Monarchie, jedoch mit parlamentarischen Strukturen seit 1814; die gegenwärtige Dynastie ist also noch relativ jung. Ausdruck dieses Traditionsbewusstseins ist der 1848 fertiggestellte Königspalast im Slottsparken, der in Teilen der Öffentlichkeit zugänglich ist. Inbegriff des neuen Selbstbewusstseins nach der Unabhängigkeit von Schweden im Jahr 1905 ist das Rathaus der Stadt. Es hat lange gedauert, um es zu errichten. Erst der achte Entwurf der Architekten von 1930 wurde für gut befunden. Der Grundstein wurde im Herbst 1931 gelegt, die endgültige Fertigstellung des Gebäudes verzögerte sich jedoch durch den Zweiten Weltkrieg, sodass die Einweihung erst 1950 stattfand. Hier wird jedes Jahr am 10. Dezember der Friedensnobelpreis verliehen.

Skisport, Fußball, Mountainbike & Co.

Nur wenige Kilometer vom Zentrum entfernt befindet sich mit dem legendären Holmenkollen das Mekka des Skisports. Hier steht die älteste Skisprungschanze der Welt, auf der alljährlich das Holmenkollen-Ski-Festival und der Ski-Weltcup veranstaltet werden. Auch im Sommer gibt es ein reichhaltiges Sportangebot. Hier soll nur der Norwegen-Cup, das weltgrößte Fußballturnier für Kinder, erwähnt werden. Ein Tipp ist der Oslo Sommerpark nördlich des Holmenkollen auf dem Tryvanns-Høgda. In diesem Park können nicht nur kleine Abenteurer nach Herzenslust zwischen Baumwipfeln an Seilen klettern oder in schwindelnder Höhe über schwankende Seilbrücken laufen. Auch für Mountainbiker ist eine halsbrecherische Downhill-Bahn eingerichtet worden. Wer es etwas ruhiger will, kann innerhalb der Stadt durch die vielen Parks schlendern oder auf 1200 Kilometer markierten Wanderwegen rund um Osko die Natur genießen.

Oben: Das königliche Schloss liegt nicht weit vom Stadtzentrum entfernt im Slottgarden.
Unten: Oslo ist bekannt für die überall zu findenden Skulpturen – wie hier auf der Aker Brygge.

Rundgang durch die City

Unser Rundweg beginnt am **A** **Hauptbahnhof** an der **Touristeninformation**. Hier ist nicht nur Material vom Stadtplan bis zum Veranstaltungskalender erhältlich, sondern auch der unentbehrliche Oslo-Pass (s. S. 31). So ausgerüstet, führt der Weg vorbei an der Tigerstatue und dem Uhrenturm auf dem Bahnhofsvorplatz über die Strandgata in Richtung Hafen. An der Kreuzung mit der Tollbugata liegt links das **B** **Zollmuseum** (s. S. 36), rechts die **C** **Börse**. Das in das Hafenbecken hineingebaute, einem Eisberg nachempfundene **D** **Opernhaus** (s. S. 36 u. 41) und die monumentale **Skulptur Hun ligger**, die übereinander geschobene Eisschollen darstellt, werden auf der linken Seite sichtbar. Auf der Tollbukaia geht es weiter in Richtung Fährterminal von **E** **Stena-Line DFDS**. Die Tollbukaia führt auf die Straße Akershusstranda mit dem **F** **Militärgeschichtlichen Museum Forsvaretsmuseer** (s. S. 36). Um die Landzunge herum gelangen wir nun zur **G** **Festung Akershus**. Der Wasserlinie weiter folgend, wird der Rathausplatz erreicht. Eine Um-

rundung des **H** **Rathauses** und Besichtigung des auf der anderen Seite liegenden Fridtjof Nansens plass lohnt sich. Zurück am Rathausplatz, geht es am **I** **Nobel-Friedenszentrum** (s. S. 40f.) vorbei zum Stadtteil **J** **Aker Brygge**. Einstmals Werftgelände, ist es heute zum Szene-Stadtteil mit Designerläden, Restaurants und Kneipen avanciert. Über die Straße Beddingen kommen wir rechts zum Torget, dem Marktplatz. Von dort führt der Weg über Holmensgate, Dockveien und Brynjulf Bulls plass zur Olav Vs gate und direkt zum **K** **Nationaltheater**. Daran links vorbei erreichen wir die Karl Johans gate, die Shopping- und Flaniermeile Oslos. Zunächst wenden wir uns aber nach links und statten dem **L** **königlichen Schloss** einen Besuch ab. Danach kehren wir zur Karl Johans gate zurück und bewegen uns in Richtung Hauptbahnhof, vorbei am Nationaltheater, der **M** **Universität**, dem **N** **Storting** und dem **O** **Einkaufsparadies Karl Johans gate**. Ein Stopp sollte am **P** **Dom** eingelegt werden, bevor unser Ausgangspunkt wieder erreicht wird.

Infos und Adressen

Der Musentempel Oslos: das Nationaltheater

SEHENSWÜRDIGKEITEN

Akershus – Festung. Das Wahrzeichen der Stadt auf der Halbinsel Akersneset liegt direkt am Ufer des Oslofjords.

Forsvarets museer. Das militärgeschichtliche Museum befindet sich in der Festung Akershus. Mo–Fr 10–16 Uhr, Sa/So 11–16 Uhr, Nedre Akershus festing, Bygning 62, N-0150 Oslo, Tel. 23 09 35 82, www.forsvaretsmuseer.no

Nationaltheater. Seit 1899 eröffnet und immer noch das größte Sprechtheater Norwegens, u. a. mit Klassik-Inszenierungen von Henrik Ibsen. Johanne Dybwads plass 1, N-0161 Oslo, Tel. 81 50 08 11, www.nationaltheatret.no

Norwegisches Widerstandsmuseum. Mo–Fr 10–16 Uhr, Sa/So 11–16 Uhr. Akershus festning, N-0015 Oslo, Tel. 23 09 31 38.

Zollmuseum. Das Museum befindet sich im Packhaus des alten Zollamts. Zu sehen sind originale Uniformen und Gegenstände aus den letzten drei Jahrhunderten. Mo–Fr 11–15 Uhr, Tollbugata 1A, N-0152 Oslo, Tel. 22 34 68 76, museum@toll.no

ESSEN UND TRINKEN

Amundsen Bryggeri & Spiseri. Gemütlich-rustikales Restaurant mit 15 m langer Theke, Live-Musik und Bier aus eigener Herstellung. Mo–Do 11.30–1 Uhr, Fr 11.30–3 Uhr, Sa 12–3 Uhr, So 13–24 Uhr, Stortingsgata 20 (entr. Roald Amundsens gate), N-0161 Oslo, Tel. 24 20 09 00, www.amundsenbryggeri.no

Big Horn Steak House Aker Brygge. Nach eigenen Angaben gibt es hier die besten Steaks Norwegens in großen Portionen. Es wird ausschließlich norwegisches Fleisch verarbeitet. So 13–22.30 Uhr, Sa 13–23.30 Uhr, Mo–Do 14–22.30 Uhr, Fr 14–23.30 Uhr, Fjordalléen 2, N-0250 Oslo, Tel. 22 83 83 63, www.bighorn.no

Engebret Café. Oslos ältestes Restaurant, das im Jahr 2007 sein 150-jähriges Jubiläum gefeiert hat. Nobles Ambiente, Küche mit Schwerpunkt auf Fisch- und Wildgerichten. Mo–Fr 11.30–23.30 Uhr, Sa 17.30–23.30 Uhr, Bankplassen 1, N-0151 Oslo, Tel. 22 82 25 25, www.engebret-cafe.no

Feinschmecker Restaurant. Gourmet-Restaurant mit einem Stern. Mo–Sa ab 17 Uhr, Balchens gate 5, Tel. 22 12 93 80, kontakt@feinschmecker.no, www.forsvaretsmuseer.no

Lorry. Speisen in »Omas Rumpelkammer«, zumindest scheint die Dekoration von dort zu stammen. Prunkstücke sind vier Dinosaurierzähne und das versteinerte Ei eines Carcharodontosaurus. Treffpunkt für »normale« Gäste, Künstler und Bohemiens. Di–Sa 11– 3.30 Uhr, So 12–1 Uhr, Mo 11–1 Uhr, Parkveien 12, N-0350 Oslo, Tel. 22 69 69 04, www.lorry.no

Rorbua. In dem einer norwegischen Fischerhütte nachempfundenen Restaurant wird klassische nordnorwegische Küche mit Meeresfrüchten und Rentierfleisch angeboten. Fr–Sa 12–1 Uhr, So–Do 12–24 Uhr, Stranden 71, N-0250 Oslo, Tel. 22 83 64 84, www.rorbua.as

Stadtholdergaarden. Gourmet-Restaurant mit einem Michelin-Stern. Mo–Sa 18–23.30 Uhr,

Rådhusgata 11, N-0151 Oslo, Tel. 22 41 88 00,
post@statholdergaarden.no,
www.statholdergaarden.no

ÜBERNACHTEN

Anker Hotel. Mittelklassehotel in unmittelbarer
Nähe zur Karl Johans gate. Preise für EZ 690–
1400 NOK, DZ 890–1800 NOK, Storgata 55,
Tel. 22 99 75 10, www.anker-hotel.no

Best Western Karl-Johans-Hotel. Dreisternehotel neben dem Nationaltheater in der Karl Johans
gate. Haustiere sind im Hotel erlaubt. Preise auf
Anfrage. Karl Johans gate 33, N-0162 Oslo,
Tel. 23 16 17 00, www.karljohan.no

Clarion Collection Hotel Savoy. Im Savoy befindet sich das Sternerestaurant Eik. Universitetsgaten 11, N-0164 Oslo, Tel. 23 35 42 00,
www.clarionhotel.com

Grand Hotel Rica. Spitzenhotel mitten im Zentrum von Oslo. Sehr guter Service, aber auch
hohe Preise, die je nach Saison und Auslastung
angepasst werden. Details auf Anfrage. Karl
Johans gate 31, N-0159 Oslo, Tel. 23 21 20 00,
www.grand.no

CAMPEN

Oslo Fjordcamp. Ca. 9 km vom Stadtzentrum entfernter Campingplatz für Zelte, Wohnwagen, Wohnmobile mit vielfältigem Freizeitangebot, von Baden
über Reiten bis Angeln und Wandern. Preise: 165

Darf in Oslo nicht fehlen – das »Hard Rock Café«

(Zelt) bis 250 NOK (Caravan). Ljansbrukveien 1,
N-1250 Oslo, Tel. 45 50 47 65, www.nafcamp.no

Sjølyst Marina Wohnmobilstellplatz. Sjølyst
Marina bietet 250 Stellplätze in Stadtnähe auf der
Westseite der Halbinsel Bygdøy. Gute Anbindung
an öffentliche Verkehrsmittel und Taxen. Preis:
150 NOK. Drammensveien 164, N-0273 Oslo,
Tel. 22 50 91 93, www.bobilparkering.no

NACHTLEBEN

Blå. Club in einer ehemaligen Spinnerei am Fluss
Akerselva mit Live-Musik, Theateraufführungen,
Podiumsdiskussionen, Disco und Bar. Im Sommer mit Außenterrasse. Brenneriveien 9 C,
N-0182 Oslo, Tel. 40 00 42 77, www.blaaoslo.no

Soliis. Einer der populärsten Clubs in Oslo mit
top DJs aus ganz Norwegen. Mo, Mi–So
15–3.30 Uhr, Henrik Ibsens gate 90,
N-0188 Oslo, Tel. 21 89 90 20, www.soliis.no

AKTIVITÄTEN

Freizeitpark Tusenfryd. Høyungsletta 19,
N-1407 Ås, Tel. 64 97 64 97, www.tusenfryd.no

Oslo Sommerpark. Tryvannsveien 64,
Tel. 40 46 27 00, N-0791 Oslo,
www.oslosommerpark.no

INFORMATION

Innovation Norway – Büro Hamburg. Das offizielle Reiseportal für Norwegen mit allen touristischen Informationen zu Anreise, Sehenswürdigkeiten, Unterkünften, Essen & Trinken, Wanderwegen und Verkehrsverbindungen. Caffamacherreihe 5, D-20355 Hamburg, Tel. 040 22 94 15-0,
germany@innovationnorway.no,
www.visitnorway.de

VisitOSLO. Das Marketingorgan der Fremdenverkehrsunternehmen in Oslo und Umgebung
mit ausführlichen Beschreibungen aller touristischen Angebote. Grev Wedels plass 4, N-0151
Oslo, Tel. 81 53 05 55, www.visitoslo.com

2 Oslo
Kulturangebote im Weltformat

Kaum eine Stadt verfügt über so viele Museen, Galerien, Theater und Konzertsäle wie Oslo. Allein 39 städtische Museen, von A wie Architekturmuseum bis W wie Wikingerschiffmuseum, leistet sich die Stadt. Vom Museum für Kulturgeschichte über das Naturhistorische Museum, die Nationalgalerie und das Munch-Museum bis hin zum Vigeland-Skulpturenpark sind alle musealen und künstlerischen Fachbereiche vertreten.

Die Halbinsel Bygdøy beherbergt allein sechs Museen auf engem Raum, die sich vor allem mit der Schifffahrt von den Wikingern bis Thor Heyerdahl beschäftigen. Davon soll aber an anderer Stelle die Rede sein (s. S. 50 f). Mit der neuen Oper Den Norske Opera & Ballett hat sich die Stadt zudem einen Spielort geschaffen, der nicht nur durch seine spektakuläre Architektur beeindruckt, sondern auch künstlerisch internationales Ansehen genießt. Der Kulturkalender liest sich wie das Who is Who der norwegischen und internationalen Künstlerelite. Es gibt eine Fülle von Veranstaltungen, von denen im Folgenden nur eine kleine Auswahl gegeben wird.

Die Konzertsaison wird im März mit dem internationalen Kirchenmusikfestival eingeleitet, bei dem nicht nur Werke von Händel, Bach oder Rachmaninoff zur Aufführung gelangen, sondern auch Werke aus dem Mittelalter sowie religiöse Volkslieder aus aller Welt. Eine völlig andere Musik wird hingegen beim Inferno Festival in der Rockefeller Music Hall gespielt. Heavy Metal lautet vielmehr im April die Devise.

Mitte: Die neue Osloer Oper hat nicht nur architektonisch Maßstäbe gesetzt.
Unten: Zum Norwegian Wood Festival reisen Künstler aus aller Welt an.

Der Skulpturenpark von Gustav Vigeland

Das Norwegian Wood Rock-Festival im Frognerbad hat in Oslo einen festen Platz gefunden. Weltstars wie Rod Stewart und Nick Cave treten hier im Juni auf. Seinen Namen hat das Festival übrigens nach dem Song *Norwegian Wood* von den Beatles. Ritter, Gaukler, Bauern und Bettler sind schließlich die Attraktionen des Mittelalterfestivals, das auch im Juni im Middelalderparken in Gamlebyen, nur zehn Minuten Fußweg vom Hauptbahnhof entfernt, veranstaltet wird.

Festivals für jeden Geschmack

Ebenfalls im Middelalderparken wird eines der größten Rockfestivals in Norwegen, das Øya-Rockfestival sowohl mit international bereits etablierten als auch jungen, unbekannten Künstlern veranstaltet. In Zusammenarbeit mit dem Nationalmuseum wird seit 1999 im Juli das Oslo Grieg Festival abgehalten. Jedes Jahr steht es unter einem anderen Leitthema und es werden Komponistenwettbewerbe ausgelobt. Im Jahr 2014 sollten die Künstler Variationen über ein Thema von Grieg für die Orgel schreiben. Die Aufführungen finden u.a. in der Nationalgalerie, der Universität und dem »Engebret Cafe« (s. S. 36) statt.

Seit 1989 wird immer im August das Kammermusikfestival veranstaltet. Die Musik reicht von mit-

Einfach gut!

WELTKLASSE-CAFÉ

Das »Theatercafeen« ist nicht nur nach eigenen Angaben des Betreibers ein Muss für jeden Besucher Oslos, auch die New York Times zählt das im Stil eines Wiener Cafés gehaltene Etablissement zu den Top Ten der besten Cafés der Welt. Das Ambiente entspricht heute der Einrichtung wie zu Zeiten der ersten Eröffnung im Dezember 1900. An den Wänden hängen 80 von namhaften norwegischen Künstlern gemalte Porträts von Schriftstellern, Schauspielern, Musikern und anderen Prominenten, die das »Theatercafeen« im Laufe der Jahrzehnte regelmäßig besucht haben. Der Name untertreibt ein wenig, denn der Szenetreff ist keineswegs nur ein Café, es gibt auch ein vielfältiges Speisen- und Getränkeangebot, das dem eines sehr guten Restaurants entspricht.

Theatercafeen. Mo–Sa 11–23 Uhr, So 15–22 Uhr, Stortingsgata 24–26, N-0117 Oslo, Tel. 22 82 40 50, theatercafeen@hotelcontinental.no www.hotelcontinental.no

Oben: Oslo feiert – hier im Stil der 1920er-Jahre.
Mitte: Das Cristiania Teater, eines der ältesten Lichtspieltheater Oslos
Unten: Seit 1986 ist das Oslo Jazz Festival eine feste Größe im Kulturleben der Stadt.

telalterlichen Gesängen bis zu zeitgenössischen Kompositionen. Vor allem junge Menschen und Kinder sind angesprochen und zwar nicht nur als Zuschauer, sondern auch als Musiker. Die Veranstaltungsorte sind immer historische Plätze, etwa die Festung Akershus oder die Schlosskapelle.

Das Oslo Jazz Festival schlägt seit 1986 ein anderes Musikkapitel auf. Von Reggae über Gospel und Modern Jazz bis zu elektronischer Musik reicht das Spektrum. Spielorte sind die Oper, die Universität, das Konzerthaus, aber auch die Straßen Oslos. Zeitgenössischer Musik und Kultur ist das Ultima Festival im September gewidmet. Siebzehn Kulturinstitutionen, darunter Den Norske Opera, sind die Organisatoren. Einen Querschnitt durch das Kulturleben der Stadt bietet die Oslo Kulturnacht. Kulturschaffende aus Musik, Theater, Kunst, Literatur und Film gewähren einen Blick hinter die Kulissen ihrer Arbeit. Im November schließlich ist das Oslo Weltmusik-Festival Anziehungspunkt für Besucher aus aller Welt.

Nicht nur künstlerische Veranstaltungen gehören zum Kulturangebot Oslos. Ende September dreht sich alles um den Oslo-Marathon, der nicht nur über die klassische Distanz von 42 Kilometer geht, sondern mit einem Halbmarathon, einer 10-Kilometer-Strecke und dem Kindermarathon über 2,5 Kilometer auch denen die Teilnahme ermöglicht, die nicht über die ganze Strecke gehen wollen oder können.

Ein Muss für Pferdefreunde ist die an jedem zweiten Wochenende im Oktober abgehaltene Oslo Horse Show. Drei Tage lang dreht sich bei Pferderennen, Dressur und Springreiten alles ums Pferd. Der Höhepunkt des Jahres ist jedoch die Verleihung des Friedensnobelpreises, die jeweils im Dezember im Osloer Rathaus vollzogen wird.

Infos und Adressen

OPER UND BALLETT
Den Norske Opera & Ballett. Kirsten Flagstads plass 1, N-1050 Oslo, Tel. 21 42 21 21, www.operaen.no

MUSIKEVENTS
Inferno Metal Festival. April. Rockefeller Music Hall, PO Box 56, N-0635 Oslo, www.infernofestival.net

Norwegian Wood Company AS. Dreitägiges Musikfestival im Juni. Frognerbad, N-1325 Lysaker, PO Box 90, www.norwegianwood.no

Oslo Grieg Festival. Neun Tage im Mai. Nationalgalerie, Universität, Engebret Café u. a., Vallegata 3, N-0454 Oslo, Tel. 90 08 49 78, festival@oslogriegselskap.no, www.oslogriegselskap.no

Oslo Internasjonale Kirkemusikfestivalen. Zehn Tage im März. Øvre Slottsgate 3, N-0157 Oslo, Tel. 22 41 81 13/15, info@oicmf.no, www.kirkemusikkfestivalen.no

Oslo Jazz Festival. Eine Woche im August. Øvre Vollgate 15, N-0158 Oslo, Tel. 22 42 91 20, info@oslojazz.no

Oslo Kammermusikfestival. Acht Tage im August. Bygning 3, N-0015 Oslo, Festung Akershus oder Schlosskappelle, Tel. 23 10 07 30, post@kammermusikfestival.no, www.oslokammermusikkfestival.no

Oslo Middelalderfestivalen. Dreitägiges Mittelalterfestival im Mai. Middelalderparken, Sørenga, N-0150 Oslo, Tel. 45 01 84 64, post@oslomiddelalderfestival.org, www.oslomiddelalderfestival.org

Oslo World Music Festival. Øvre Slottsgate 3, N-0459 Oslo, Tel. 897 80 62 82, www.osloworld.no

Ultima Contemporary Music Festival. Viertägiges Festival im April. Øvre Slottsgate 3, N-0157 Oslo, Tel. 93 00 93 42, info@ultima.no, www.ultima.no

SPORTEVENTS
Oslo Maraton. Pilestredet 75D, N-0354 Oslo, Tel. 22 95 50 50, info@oslomaraton.no, www.oslomaraton.no

Oslo Horse Festival. Vækerøveien 207 (Røa Senter), N-0751 Oslo, Tel. 21 54 79 80/81, post@oslohorseshow.com, www.oslohorseshow.com

EVENT DES JAHRES
Nobel Friedenszentrum. Alljährlich am 10. Dezember mit prominenten Gästen aus aller Welt. Rådhusplassen, N-0250 Oslo, Tel. 48 30 10 00, post@nobelpeacecenter.org, www.nobelpeacecenter.org

INFORMATION
Oslo City Info. Aktueller Veranstaltungskalender. www.oslo.com/v/festivals

Die Statue von Henrik Ibsen »bewacht« das Osloer Nationaltheater.

FESTIVALS
in Südnorwegen

Hinter den landschaftlichen Schönheiten Norwegens braucht sich das kulturelle Leben des Landes nicht zu verstecken. Das Angebot ist schier unüberschaubar. Das Spektrum reicht von Musik jeglicher Stilrichtung über Theater, Literatur und Film bis zu Historienfestspielen und Kochwettbewerben. Die Musiker, Darsteller und anderen Teilnehmer gehören zur ersten Garde der internationalen Kulturschaffenden.

Die norwegischen Metropolen Oslo, Bergen, Trondheim und Stavanger verfügen zwar über die reichhaltigsten Kulturangebote, aber auch die im Vergleich kleinen Orte haben einiges zu bieten. Die sechs Städte Ålesund, Tønsberg, Haugesund, Lillehammer, Kongsberg und Molde haben zusammen rund 207 000 Einwohner. Das sind 70 000 weniger als in Bergen, der zweitgrößten Stadt Norwegens. Und trotzdem veranstalten diese Städte einige der bedeutendsten Festivals des Landes.

Musik für jeden Geschmack

Die Saison der großen internationalen Musikfestivals beginnt alljährlich bereits

Links: Thundercat rockt auf dem Øya-Festival.

im Januar/Februar mit dem Barokkfest in Trondheim mit Werken von Bach, Monteverdi, Händel und anderen, vorgetragen von renommierten Künstlern aus der ganzen Welt. Im März beginnt in Oslo die Saison mit dem Oslo Kirchenmusikfestival, gefolgt vom Inferno, dem größten Black-Metal-Festival Europas, das jährlich über Ostern einige Tausend Metal-Fans nach Oslo lockt. Bergen startet sein Kulturprogramm im April. Jazzfreunde aus aller Welt treffen sich dort zum Bergen Jazzforum. Das Nidaros Bluesfestival bildet den Auftakt der Festivalsaison in Trondheim. Das Bergen International Festival, eine bunte Mischung aus Musik, Tanz, Literatur und Folklore wird im Mai veranstaltet. Der Mai scheint auch bei Jazzern ein beliebter Monat zu sein. Ålesund beginnt sein Musikprogramm im Mai mit dem Midtsommer Jazz Festival und in Trondheim findet seit 1980 alljährlich das (bisher) namenlose Jazzfestival statt. Nicht viel jünger ist das Stavanger Mai-Jazz-Festival, das seit 1989 veranstaltet wird. Norwegian Wood ist nicht nur der Titel eines Beatles-Songs, sondern auch der Name des größten norwegischen Rockfestivals, das im Juni in Oslo Tausende in das Frognerbad zieht.

Die nur 27 000 Einwohner zählende Gemeinde Kongsberg verpflichtet jedes Jahr im Juli national und international renommierte Musiker auf die Bühnen ihres Jazzfestivals, das inzwischen einen weit über Norwegen hinausgehenden Ruf hat. Die noch kleinere Stadt Molde wird nicht ohne Grund »Stadt des Jazz« genannt, denn seit 1960 trifft sich hier die crème de la crème der internationalen Jazzmusiker zum Moldejazz. Klassische Musik wird im Juli in Oslo beim Oslo-Grieg-Festival aufgeführt. Das Kammermusikfestival, das Øya-Rockfestival und das Oslo-Jazz-Festival sind die Festivalereignisse im August. Silda-Jazz heißt das Festival der Stadt Haugesund im August. In Trondheim stehen zur gleichen Zeit Rockmusiker beim Pstereo auf den Bühnen. Beim Slottsfjellfestivalen in Tønsberg treten vorwiegend norwegische Rockmusiker auf, das Publikum ist jedoch international ebenso wie beim momentium-Jugendfest in Ålesund. Beim Kammermusikk-Festival in Stavanger werden Werke von Bach, Mozart, Skrjabin oder Dvorák gespielt. Zeitgenössische Musik wird beim ultima oslo contemporary music festival aufgeführt. Das Oslo World Music Festival bildet dann im Oktober und November den glanzvollen Abschluss der Saison. Sechs Tage lang präsentieren über 300 Musiker auf sechzehn Bühnen ihre Musik aus aller Welt.

Das Theater von Molde (Romsdal) ist das kulturelle Zentrum der Stadt.

Wird es doch noch regnen? Blaskapelle bei der Eröffung des International Festival in Bergen

Film, Theater und Literatur

Während Musik als universelle Sprache von allen verstanden wird, leben Film, Theater und Literatur vom Wort. Zum vollen Verständnis sind daher Sprachkenntnisse notwendig. Gleichwohl haben mehrere Film-, Theater- und Literaturfestivals internationalen Rang. Jedes Jahr im März wird das Amandus Lillehammer internasjonale Studentfilmfestival mit Filmen aus ganz Europa veranstaltet. Die kleine Stadt Haugesund beschränkt sich mit Den Norske Filmfestivalen keineswegs auf norwegische Filme. Die Amanda, ein Filmpreis, der in mehreren Kategorien verliehen wird, ist heiß begehrt. Film fra Sør, Filme aus dem Süden, heißt das Oslo-Filmfestival, das im November stattfindet. Durchschnittlich 100 Filme aus Afrika, Asien und Lateinamerika werden an elf Tagen gezeigt. Bemerkenswerte Theater- und Literaturfestivals finden in Ålesund mit dem Nynorsk Festival im Mai und dem Ålesund Teaterfestival im Oktober statt. Das Bjørnsonfestivalen in Molde ist dem Literaturnobelpreisträger Bjørnsterne Bjørnson gewidmet.

Kunst für den Magen

Steigender Beliebtheit erfreuen sich Kochfestivals. Oslo veranstaltet gleich zwei davon: das Oslo Vegetarfestival im Mai und das Matstreif im September, bei dem 200 Aussteller zum Probieren einladen. Im Rahmen des internationalen Gourmetfestivals in Ålesund treten jedes Jahr auch die besten Köche zu den norwegischen Kochmeisterschaften an. So haben Sie Stockfisch noch nie genossen!

3 Oslo
Die Halbinsel Bygdøy – Museen im Sechserpack

Sechs Museen und eine Fülle weiterer Sehenswürdigkeiten machen den Besuch der Halbinsel Bygdøy zu einem absoluten Muss. Nirgendwo sonst wird der Besucher so konzentriert und umfassend über die Geschichte Norwegens, seine Schifffahrtsgeschichte und die Arbeit hervorragender Forscher des Landes informiert, und das Lustschloss Oskarshall erlaubt Einblicke in das Leben der königlichen Familie. Die wunderschönen Strände am Westufer laden zum Baden und zum Entspannen ein.

Die Halbinsel ist von der Innenstadt über die Straßen Frognastranda und Dronning Biancas vei gut mit dem Auto zu erreichen. Es gibt auch einige Parkplätze, aber insbesondere im Sommer sind sie häufig sehr voll. Einfacher ist es dann, vom Hauptbahnhof mit den Bussen der Linie 3 entweder bis zur Haltestelle Folkemuseet oder bis zum Endpunkt der Linie an der Bygdøynes zu fahren und die Halbinsel zu Fuß zu erkunden. Der Bus hält direkt vor dem Volksmuseum, der ersten Station der Erkundungstour.

Vom Mittelalter bis ins 19. Jahrhundert

Im **A** Norwegischen Volksmuseum, einem der größten Freilichtmuseen Europas, sind Häuser und Höfe aus ganz Norwegen zusammengetragen worden. Die Gebäude sind vom Sørlandet bis hinauf nach Nord-Norge nach Regionen geordnet, teilweise geht die Differenzierung so weit, dass

Die Stabkirche Gol stammt aus dem 12. Jahrhundert.

Einfach gut!

Charakteristika einzelner Täler erkennbar sind. Die Gebäude sind originalgetreu wieder aufgebaut und möbliert. Freundliche junge Damen in typischen Trachten führen durch die Gebäude und erläutern jedes Detail. Auch eine Stabkirche darf natürlich nicht fehlen, daher wurde die Stabkirche Gol aus dem 12. Jahrhundert in Buskerut Stück für Stück abgetragen und hier wieder aufgebaut. Aus neuerer Zeit stammt eine Tankstelle aus dem Jahr 1928. Um die Geschichte lebendig zu erhalten, wird in den Sommermonaten norwegisches Brauchtum vorgeführt. Museumsbesuche machen hungrig, durstig und müde, daher wurde in einer alten Wartehalle aus der Zeit der Dampfschiffe ein Café eingerichtet.

Wo der König Urlaub machte

Das nächste Ziel, das ❽ **Lustschloss Oskarshall**, ist über Museumsveien und Oscarshallveien nach nur etwa 500 Metern erreicht. Dieses Schloss wurde in den Jahren 1847 bis 1852 von dem dänischen Architekten Johan Henrik Nebelong (1817–1871) im Auftrag von König Oscar I. (1799–1859) gebaut. Das Schloss gilt als Hauptbauwerk der Neugotik in Norwegen und stellt eines der wichtigsten nationalromantischen Kulturdenkmäler des Landes dar. Beim Baustil stand englische Burgarchitektur Pate. Da es beim Bau des königlichen Schlosses in Oslo Klagen gab, dass nur wenige norwegische Künstler mit der Ausgestaltung beauftragt worden waren, erhielten hier norwegische Künstler die Aufträge zur Gestaltung; heute ist das Lustschloss ein Denkmal der Kunst und Kunstindustrie des Landes um 1850. Bereits seit 1881 ist das Schloss auch für Besucher geöffnet. Der Weg zurück führt wieder am Folkemuseum vorbei auf den Langviksveien zum Wikingerschiffmuseum.

BADEFREUDEN IN DER PARADIES-BUCHT

Nach dem Besuch diverser Museen, der Stabkirche Gol und des Schlosses Oscarshall auf der Halbinsel Bygdøy ist es Zeit für eine Verschnaufpause. Was liegt da näher, als sich an einem warmen Tag zur Erfrischung in die kühlen Fluten des Lysakerfjords am Westufer der Halbinsel zu stürzen? Nicht umsonst heißt dort die schönste Bucht ❻ **Paradisbukta**. Herrliche Sand-, Kies- und Felsstrände laden zum Schwimmen und Sonnenbaden ein. Aber auch nördlich und südlich liegen weitere Strände; einige davon sind als Naturistenstrand ausgewiesen – dort wird textilfrei gebadet. Der Strand geht landseitig in Wald über, der von vielen Wanderwegen durchzogen ist. Nach dem Baden oder Wandern kann man ins ❾ »**Hukodden Strandrestaurant**« an der Südwestspitze der Halbinsel einkehren – mit Blick auf den Oslo Fjord.

Hukkoden Strandrestaurant. Nur im Sommer und bei schönem Wetter. Strømsborgveien 46, N-0287 Oslo, Tel. 47 95 52 46, www.hukodden.no

Begräbniskult der Wikinger

Das ⊙ **Museum Vikingskipshuset** führt weit zurück in die Zeit der Wikinger. Hier sind drei Schiffe, das Oseberg-Schiff, das Thune-Schiff und das Gokstad-Schiff, rekonstruiert worden, die zwar wohl seetauglich waren und benutzt wurden, später aber verblichenen Wikingerfürsten als Grab dienten. Das Oseberg-Schiff wurde im Jahr 1904 unter einem Grabhügel auf dem Oseberg-Hof, einem Bauernhof am westlichen Ufer des Oslofjords, gefunden. Das Schiff mit seinem dekorativ geschnitzten Steven ist fast vollständig erhalten, obwohl es bereits im Jahr 834 unter dem Grabhügel begraben wurde. Es diente zwei Frauen, vermutlich Priesterinnen, als Grab. Das Thune-Schiff ist etwa sechzig Jahre jünger und wurde einem adeligen Wikinger als Grabbeigabe ins Jenseits mitgegeben. Es wurde 1867 im Hügelgrab Båthaugen in Rolvsøy entdeckt. Das dritte Schiff, das Gokstad-Schiff, stammt ebenfalls aus dem späten 9. Jahrhundert. Es wurde 1880 bei Gokstad, etwa 120 Kilometer südlich von Oslo, gefunden. Alle drei Schiffe sind über 20 Meter lang. Um sie zu rudern, wären 32 Männer notwendig gewesen. Allerdings verfügten sie auch über Segel, die den Schiffen eine Geschwindigkeit bis zu zwölf Knoten ermöglichten.

Oben: Nicht nur die königliche Familie hat Zutritt zum Lustschloss Oskarshall.
Unten: Das Oseberg-Schiff ist nie zu Wasser gelassen worden, sondern diente als Grabstätte.

Mit Nansen und Amundsen auf der Fram

Die nächste Station des Rundgangs ist das
⊙ **Fram-Museum**. Vom Wikingerschiffmuseum
ist es nur ein circa ein Kilometer langer Fußweg
über den Langviksveien und den Bygdøynesveien
bis dorthin.

Etwa 1000 Jahre nach den Wikingern wurde
immer noch gesegelt, auch wenn viele Schiffe
schon einen Hilfsantrieb in Form von Dampf-
maschinen und später Dieselaggregate hatten,
wurde die Fram auf Kiel gelegt. Die Fram war
nicht irgendein Schiff, sondern wurde speziell für
den Einsatz im Eis gebaut. Sie leitete die große
Zeit der Polarforschung ein, die mit den Namen
Fridtjof Nansen, Otto Sverdrup und Roald
Amundsen untrennbar verbunden ist. Zwischen
1893 und 1896 versuchte Nansen, sich mit der
Fram im Packeis einfrieren zu lassen und über
den Nordpol zu treiben. Obwohl er den Nordpol
nie erreichte, gelang es ihm, bis auf 86°14' N
vorzustoßen. Otto Sverdrup war Kapitän bei dieser ersten Expedition über das Eismeer und Leiter
der Expedition, als Nansen und sein Begleiter Jo-
hansen zu Fuß in Richtung Nordpol aufbrachen.
Später segelte er mit der Fram in unbekannte
Gebiete im Nordwesten Grönlands und kartierte
dort zwischen 1898 und 1902 mehr als 200 000
Quadratkilometer Neuland. 1909 überließ Nansen
Roald Amundsen die Fram für weitere Expeditionen in die Arktis und Antarktis. Amundsen gilt
als größter Polarfahrer aller Zeiten. Er war der-
jenige, der als erster Mensch den Südpol erreichte und dem als Erstem die Nordwestpassage gelang. Er benutzte die Fram, um die Antarktis zu
erreichen. Um die Fram herum ist das Frammuse-
et, das Fram-Museum, errichtet worden. Aber es
ist nicht nur das Schiff, das dort ausgestellt wird.

Oben: Auch das Gokstad-Schiff
wurde gebaut, um einen Verstorbe-
nen in eine andere Welt zu bringen.
Mitte: Fridtjof Nansen war ein Pio-
nier der Polarforschung.
Unten: Mit der Fram versuchte
Nansen – im Packeis eingefroren –
den Nordpol zu erreichen.

Auf der Gjøa gelang Amundsen erstmals die Nordwestpassage.

**MONTAGS
GESCHLOSSEN?**

Museen sind weltweit am Montag geschlossen! Viele Reisende können ein Lied davon singen, dass ein geplanter Museumsbesuch daran gescheitert ist. Weder Geld noch gute Worte waren als »Sesam-öffne-dich« wirksam. Anders in Oslo: Hier sind mindestens zehn Museen auch montags geöffnet. Darunter auch solche, die für sich in Anspruch nehmen können, internationale Bedeutung zu haben, wie das Munch-, das Ibsen- sowie das Wikingerschiff-, das Fram- und das Kon-Tiki-Museum. Aber auch weniger bekannte Museen sind einen Besuch wert, etwa das Verkehrsmuseum mit Norwegens größter Sammlung von Straßenbahnen oder das Norwegische Design- und Architekturzentrum. Wer mit Kindern unterwegs ist, kann den Montag im Norwegischen Freilichtmuseum verbringen. Von Kutschfahrten über Lefse-Backen bis zum Streichelzoo reicht die Angebotspalette für die Kleinen.

Einfach gut !

Das Museum gibt einen umfassenden Überblick über die norwegischen Polarexpeditionen und die Forscher, die großartige Leistungen erbracht haben.

Mit Thor Heyerdahl über den Ozean

Schräg gegenüber vom Fram-Museum steht das ❸ **Kon-Tiki-Museum**. Wohl jeder hat schon von dem Zoologen, Anthropologen und Geografen Thor Heyerdahl gehört, der mit naturgetreuen Nachbauten antiker Schiffe und Flöße aus Balsaholz, Papyrus und Schilf den Pazifik von Südamerika nach Polynesien und den Atlantik von Marokko nach Barbados überquerte. Ihm hat man mit dem Kon-Tiki-Museum ein Denkmal gesetzt. Hier sind seine außergewöhnlichen Expeditionsfahrzeuge Kon-Tiki und das Schilfboot Raa II im Original zu sehen. Mit dem Balsafloß Kon-Tiki überquerte er 1947 in 101 Tagen den Pazifik von Peru nach Polynesien. Damit wollte er den Beweis erbringen, dass die hoch entwickelten Völker Südamerikas Polynesien besiedelt hatten. Dreiundzwanzig Jahre später segelte er mit dem

Auf dem Balsafloß Kon-Tiki überquerte Thor Heyerdahl 1947 den Pazifik von Peru nach Polynesien.

Schilfboot Raa II in 57 Tagen über den Atlantik und bewies, dass es den Bewohnern Afrikas durchaus möglich gewesen sein konnte, bis nach Südamerika zu segeln und den Kontinent auf diesem Wege zu besiedeln. Auch seine anderen berühmten Expeditionen, von der Osterinsel über Peru, Kolumbien und die Malediven bis zum Tigris-Projekt, mit dem er beweisen wollte, dass die Sumerer bereits vor 4000 Jahren in der Lage waren, mit Papyrusbooten Indien zu erreichen, sind ausführlich dargestellt.

Geschichte der Seefahrt

Im unmittelbar benachbarten ❻ **Seefahrtsmuseum** wird sehr anschaulich die Entwicklung der Seefahrt und des Schiffsbaus präsentiert. Es gibt sowohl typisch norwegische Boote im Original zu sehen als auch viele Schiffsmodelle. Eine besondere Attraktion ist das älteste Boot Norwegens, ein 2200 Jahre alter Einbaum. Auch die Kunst ist in vielfältiger Weise mit dem Meer und der Seefahrt verbunden. In einer eigenen Galerie zeigt das Museum maritime Motive von norwegischen Künstlern.

Mit dem Papyrusboot Raa II fuhr Thor Heyerdahl von Afrika nach Südamerika.

Infos und Adressen

MUSEEN

Alle aufgeführten Museen haben je nach Jahreszeit unterschiedliche Öffnungszeiten, die immer wieder angepasst werden, in der Regel Mo–Fr 10–15 Uhr, So bis 16 Uhr.

Fram-Museum – Polarschiffmuseum. Seit 2013 ist das neue Gjøa-Gebäude eröffnet mit Ausstellungen über die Arktis, die nördlichen Gebiete

Im Norsk Folkemuseum werden norwegische Traditionen wiederbelebt.

und die Nordwestpassage – von den ersten Versuchen vor 400 Jahren, eine nördliche Route nach Osten zu finden, bis zu Roald Amundsens gelungener Durchquerung 1903–06. Eintritt: 80 NOK (Erw.), 30 NOK (Kinder unter 16 Jahren, Gruppen ab 15 Pers., Stud.), 160 NOK (Familienticket). Bygdøynesveien 36, N-0286 Oslo, Tel. 23 28 29 50, www.frammuseum.no

Holocaustzentrum Villa Grande. Huk aveny 56, Tel. 22 84 21 00, www.hlsenteret.no

Kon-Tiki-Museet – Thor Heyerdahl. In dem Museum des großen Abenteurers und Wissenschaftlers gibt es Originalfahrzeuge und -gegenstände seiner weltbekannten Expeditionen zu sehen, u. a. auch eine 10-m-Kopie einer Statue von den Osterinseln. Eintritt: 80 NOK (Erw.), 30 NOK (Kinder), Eintritt frei für Kinder unter 5 Jahren, 160 NOK (Familienticket), 50 NOK (Rentner/Stud.), 50 NOK/Pers. (Gruppen ab 15 Pers.). Bygdøynesveien 36, N-0286 Oslo, Tel. 23 08 67 67, kon-tiki@kon-tiki.no, www.kon-tiki.no

Norsk Folkemuseum – Norwegisches Freilichtmuseum. Mit detailreichen Ausstellungen in traditionellen Kulissen, wo sich einmal das Leben und der Alltag der Norweger abgespielt hat – vom 16. Jh. bis heute. Eintritt: 110 NOK (Erw.), 85 NOK (Rentner/Stud.), 30 NOK (Kinder von 6–15 Jahren), Eintritt frei für Kinder unter 6 Jahren, 225 NOK (Familienticket). Mitte Mai–Mitte Sept. tgl. 10–18 Uhr, Mitte Sept.–Mitte Mai Mo–Fr 11–15 Uhr, So bis 16 Uhr, Museumsveien 10, N-0287 Oslo, Tel. 22 12 37 00, post@norskfolkemuseum.no, www.norskfolkemuseum.no

Norsk Maritimt Museum – Norwegisches Seefahrtsmuseum. Das Museum widmet sich der norwegischen Seefahrtsgeschichte und Küstenkultur. Eintritt: 60 NOK (Erw.) 30 NOK (Kinder von 6–15 Jahren), Eintritt frei für Kinder unter 6 Jah-

ren, 35 NOK (Rentner/Stud.), 35 NOK/Pers. (Gruppen ab 15 Pers.). Di–Fr 10–15 Uhr, So bis 16 Uhr, Bygdøynesveien 37, N-0286 Oslo, Tel. 40 02 37 00, fellespost@marmuseum.no, www.marmuseum.no

Vikingskiphuset – Wikingerschiffmuseum. Die aus dem 9. Jh. stammenden Schiffe wurden in drei großen Häuptlingsgräbern entdeckt. Interessant sind auch die Grabbeigaben für ein Leben im Totenreich. Eintritt: 60 NOK (Erw.), 30 NOK (Kinder von 7–16 Jahren), Eintritt frei für Kinder unter 7 Jahren, 35 NOK (Rentner/Stud.), 35 NOK/Pers. (Gruppen ab 10 Pers.), 150 NOK (Familienticket). Huk aveny 35, N-0287 Oslo, Tel. 22 13 52 80, postmottak@khm.uio.no, www.khm.uio.no

Schloss Oscarshall. Im neugotischen Stil erbaut, mutet das Schloss insgesamt wie eine Kathedrale an. Beeindruckend ist das in Ultramarinblau ausgestattete Vestibül. Eintritt: 70 NOK (Erw.), 40 NOK (Kinder), 60 NOK (Rentner). Oscarshallveien 805, N-0287 Oslo, Tel. 95 28 61 55, liv.bog@slottet.no, www.kongehuset.no

ÜBERNACHTEN

Bygdøy Bed & Breakfast. Das kleine Hotel befindet sich mitten auf der Halbinsel Bygdøy. Alle Museen sind von hier fußläufig erreichbar. Preis: Wohnungen für 2–3 Pers. ab 750 NOK. Mellbyedalen 3, N-0287 Oslo, Tel. 97 56 13 79, jo-br@online.no, sww.bbnorway.com/hosts/02.bygdoy.html

4 Festung Fredriksten in Halden
Ein Bollwerk gegen die Schweden

Die Stadt Halden teilt das Schicksal vieler norwegischer Städte. Sie ist mehrfach abgebrannt. Außerdem war sie Schauplatz vieler kriegerischer Auseinandersetzungen zwischen Norwegern und Schweden. Diesen Konflikten verdankt sie eine außergewöhnliche Attraktion: die Festung Fredriksten. Die Festung wurde in den Jahren 1661 bis 1701 zum Schutz gegen die Angriffe auf zwei Hügeln oberhalb der Stadt erbaut.

Sechsmal wurde Halden, das von 1665 bis 1928 nach König Frederik III. (1609–1670) von Norwegen und Dänemark Fredrikshald hieß, von Schweden angegriffen. Nach der dritten Attacke ließ Frederik III. die Festung auf dem oberhalb der Stadt gelegenen, knapp 130 Meter hohen Hügel erbauen, um sich gegen die Angriffe der Schweden zur Wehr setzen zu können.

Zuflucht für alle

Die Festung sollte jedoch kein rein militärisches Bauwerk werden, sondern auch der Stadtbevölkerung Zuflucht bieten, die den Angriffen der Schweden bisher schutzlos ausgeliefert war. Das wurde schon bei der Planung durch den Festungsbaumeister Willem Coucheron berücksichtigt. Die gesamte Anlage besteht aus der inneren, rein militärisch genutzten Festung, der westlich davon gelegenen, durch Mauern geschützten Borgerkansen für die Einwohner von Fredrikshald sowie den drei östlich gelegenen Vorwerken (1) **Stortårnet**, (2)

Mitte: Trotz vieler Brände gibt es immer noch schöne Holzhäuser in Gamle Halden.
Unten: Bei der Gestaltung der Briefkästen sind der Kreativität keine Grenzen gesetzt.

Die Festung Fredriksten thront hoch über der Stadt Halden.

Overberget und (7) **Gylden Løve** als erste Abwehrlinie. Von diesen Vorwerken und natürlich von der Festung selbst hatten die Verteidiger einen weiten Blick über das Land und den Iddefjord, an dem Fredrikshald liegt. Die Vorwerke waren mit Geschützen versehen, die in der Lage waren, die gesamte Umgebung zu bestreichen. Sie konnten jedoch nicht verhindern, dass die Schweden 1718 ihrerseits ihre 12- und 18-Pfünder-Geschütze in Stellung brachten und mit Dauerfeuer daraus das Vorwerk (7) **Gylden Løve** sturmreif schossen. Vollständig erobert wurde Fredriksten aber nie. Nicht zuletzt deswegen ist die Festung als nationales Denkmal ausgewiesen.

Eine Stadt in der Stadt

Innerhalb der eigentlichen Festungsmauern wurde alles untergebracht, was die in Kriegszeiten tausendköpfige Besatzung brauchte. Das waren nicht nur das Kriegswerkzeug, Munition und Waffen, sondern auch eine eigene Brauerei, die bis zu 2000 Liter Dünnbier pro Tag brauen konnte. Das war auch notwendig, denn die Tagesration eines Soldaten betrug 2,5 Liter. Vielleicht hat es an der guten Versorgung mit Bier gelegen, dass die Festung nie eingenommen wurde, obwohl die Schweden dreimal dagegen angerannt sind. Ein promi-

Nicht verpassen

350 JAHRE IN ZWÖLF MINUTEN

Jeden Abend erlebt Fredriksten ein sehenswertes Spektakel. In einer aufwendigen Freiluft-Multivisionsschau wird die wechselvolle Geschichte der Festung während der letzten 350 Jahre, vom Baubeginn über die kriegerischen Auseinandersetzungen der vergangenen Jahrhunderte bis in die Neuzeit, dargestellt. Menschen, historische Begebenheiten und Ereignisse werden auf die inneren Mauern projiziert. Mit einbrechender Dunkelheit wird die Vergangenheit der Festung täglich wieder zum Leben erweckt. Das kann im Sommer recht spät sein – im Mai und Juni startet die Schau deshalb erst nachts um 24 Uhr. In den Monaten davor und danach verschieben sich die Zeiten schrittweise nach vorn. Vom 9. Oktober bis zum 19. März beginnt die Veranstaltung bereits um 19 Uhr. Der Eintritt zu dem Spektakel ist frei, frühes Kommen sichert die besten Plätze.

nenter Angreifer, König Karl XII. von
Schweden (1682–1718), musste dort bei
der Belagerung 1718 sein Leben lassen,
woraufhin diese abgebrochen wurde. Es
konnte nie geklärt werden, ob er von den Ver-
teidigern oder Verrätern aus den eigenen Reihen
erschossen wurde. Führerlos machten sich die
schwedischen Soldaten vier Tage später auf den
Weg in die Heimat. Von ursprünglich 2500 Männern kamen nur 500 an. Zuletzt musste die Festung im Jahr 1814 ihre Bedeutung im norwegischen Unabhängigkeitskampf unter Beweis
stellen. Erst 1905, mit der vollständigen Unabhängigkeit von Schweden, wurde die militärische
Nutzung aufgegeben.

Geschichtsunterricht an Originalschauplätzen

Heute beherbergen die alten Gemäuer ein Museum, dessen Ausstellung alles bereithält, was
die Kriegskunst seit dem 17. Jahrhundert erdacht
und angewendet hat, um entweder den eigenen
Machtbereich auszudehnen oder zu verteidigen.
Am Eingang sind Audioguides erhältlich, die für
eine Leihgebühr von 50 NOK in Norwegisch, Eng-
lisch und Deutsch durch die Ausstellungen führen.
Solchermaßen mit dem Wissen um das Know-how
von Belagerung und Verteidigung ausgestattet,
kann sich der Besucher auf drei historischen Lehr-
pfaden ein eigenes Bild von der Geschichte der
Festung machen.

Alle drei Lehrpfade starten an der Touristeninformation im zentralen Teil der Festung. Der erste
Pfad ist nur kurz. Auf einer Länge von 1,2 Kilometern führt er aus der Festung zunächst zu einer
Informationstafel mit einem geschichtlichen Überblick und einem Lageplan der Anlage. Der nächste
Stopp wird am **(2) Denkmal des Festungskomman-**

0 100 m

N

5

4

1 Palisaden til ytre borgerskanse

3

2

Minnestenen for kampene i ytre borgerskanse

6

7 Ekserserhuset

8

Nedre kaserne

11

10

9 12

Borgerskansen

Museum

1

Manslachs gravstøtte

12 11 Tøyhuset

Nåværende monument over Karl XII

4 5

4

6

5

3

2

1

15

16

14

Place d'Armes

Ohmes bauta

Nye kommandantbolig med hage

Vanreservoaret

10

9

Kaponnieren

7

8 Gyldenløve

Markeringsstenen for svenskenes løpegrav i 1718

P

P

P

Golfplatz

17

Byporten

19

18 Skoleområdet

8

Bradland skanse

10 9

Stortårnet fort

1

Christianopel skanse

16

15

14

13 12

11 Kasernen

Roland skanse

Minigolf

Overberget

6

7

5

3

2

4

Oben: Ein Bummel durch Gamle Halden ist wie ein Blick in das 19. Jahrhundert.
Unten: Mit bunten Farben bekommt jedes Haus seine eigene Individualität.

danten General Johan von Ohme (1746–1818) eingelegt, der die Festung gegen eine gewaltige schwedische Übermacht erfolgreich verteidigte. Das (3) **Haus des Kommandanten** ist das nächste Ziel. Das Denkmal zur Erinnerung an den erschossenen schwedischen König Karl XII., ein Gedenkstein am Laufgraben, den die Schweden bei ihrer Belagerung 1718 angelegt haben, und eine Informationstafel zum Vorwerk (7) **Gylden Løve** sind die nächsten Stationen, bevor der (8) **Aussichtspunkt** auf dem Gylden Løve einen phantastischen Blick über die Landschaft bietet. Von dort geht es im Bogen zurück in Richtung Festung, vorbei an den kaum sichtbaren Resten einer (9) **Kapponiere**, eines befestigten Unterstandes, zum (13) **Depot der Ordonnanz** und weiter am Grabmal von General Friedrich von Mansbach (1744–1803) vorbei, der von 1790 bis 1803 Festungskommandant war. Schon fast zurück an der Festungsmauer, erinnert eine Informationstafel an eine Maschinengewehrstellung der deutschen Wehrmacht aus dem Zweiten Weltkrieg. Am Platz der Armee vor dem Eingang zur Festung endet der Rundgang.

Die zweite Tour ist mit drei Kilometern wesentlich länger und beinhaltet auch steile Wegabschnitte, ist also nicht jedermanns Sache. Sie führt zunächst zu den südlich gelegenen Vorwerken (1) **Stortårnet** und (2) **Overberget**. Informationstafeln geben dort Hinweise auf die verschiedenen Einrichtungen. Die (9) **Brådland-Schanze**, die sogenannte neue Kaserne, verschiedene Hinterlassenschaften der deutschen Wehrmacht aus dem Zweiten Weltkrieg und die (16) **Christianopelschanze** sind die nächsten Etappen auf dem Weg, der dann wieder in Richtung Festung führt und an der (17) **Schautafel** am Stadttor endet.

Die dritte Tour führt über den *Slyngveien* (Serpentinenweg) in nordwestlicher Richtung auf die Stadt

Festung Fredriksten in Halden

zu. Der Weg ist zwar nur insgesamt 1,8 Kilometer lang, beinhaltet jedoch auch einige sehr steile Abschnitte. Der Schwerpunkt dieser Tour liegt auf der (3) **Borgerkansen**, der Schutzeinrichtung für die Bürger von Fredrikshald. Hier tobte am 4. Juli 1716 eine schreckliche Schlacht, die mit Informationstafeln und Gedenksteinen dokumentiert wird.

Wie überall in Norwegen dienen historische Stätten auch und gerade der Erholung und Entspannung. So auch die Festung Fredriksten. Wer dem erhobenen historischen Zeigefinger nichts abgewinnen kann, vertreibt sich die Zeit mit Ballspielen, Picknick und Sonnenbaden.

Kanonendonner in Friedenszeiten

Auch wenn die Festung heute nicht mehr militärisch genutzt wird, ertönt hier mehrmals im Jahr Kanonendonner. Es sind Salutschüsse an den Geburtstagen von Mitgliedern der königlichen Familie Norwegens. Am 21. Februar für den König, am 4. Juli für die Königin, am 20. Juli für den Kronprinzen und am 19. August für die Kronprinzessin. Damit nicht genug, werden auch der 8. Mai zum Gedenken an das Ende des Zweiten Weltkrieges, der Nationalfeiertag am 17. Mai und der 7. Juni anlässlich der Auflösung der Union mit Schweden im Jahr 1905 mit Freudenschüssen gefeiert.

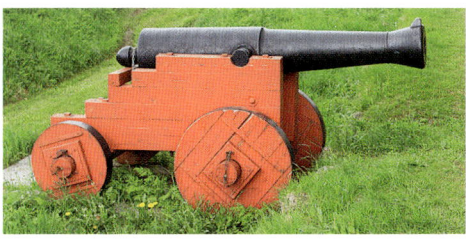

Salut für den König: Kanone in der Festung Fredriksten

Infos und Adressen

SEHENSWÜRDIGKEITEN
Museum Fredriksten. Eintritt: 70 NOK (Erw.), 30 NOK (Kinder 7–15 J.). Führungen tgl. 12, 13.30 und 15 Uhr, 23. Mai–31. Aug. tgl. 11–17 Uhr, Do 11–19 Uhr, Festung Fredriksten, N-1767 Halden, Tel. 81 57 04 00, www.ostfoldmusee.ne.no

ÜBERNACHTEN
Grand Hotel Halden. Eigenen Angaben zufolge das führende Hotel in Halden. Jernbanetorget 1, N-1767 Halden, Tel. 69 18 72 00, post@grandhotell.net, www.grandhotell.net

Fredriksten Camping. Campingplatz auf dem Gelände der Festung. Fredriksten festning, N-1769 Halden, Tel. 69 18 40 32.

Kaserna på Fredriksten. Spartanische Unterkunft in der Festung. Preise: EZ 1195 NOK, DZ 1545 NOK einschl. Frühstück. Generalveien 25–27, N-1769 Halden, Tel. 69 02 10 10, www.kaserna.no

ESSEN UND TRINKEN
Vertshuset Curtisen – Restaurant auf der Festung. Sehr gutes Restaurant mit regionaler Küche. Zweimal als bestes Restaurant in den Fylke Østfold, Akershus und Oslo ausgezeichnet. Fredriksten festning, N-1776 Halden, Tel. 95 99 81 84, www.curtisen.no

INFORMATION
Halden Turistkontor. Mo–So 10–17 Uhr, Tollboden, Kongens Brygge 3, N-1767 Halden, Tel. 69 19 09 80, www.visithalden.com

5 Rund um den Mjøsa-See
Eintauchen in Wald und Kultur

Auch wenn der Mjøsa-See der größte See Norwegens ist – es ist nicht die schiere Größe, die ihn zu einem Highlight macht. Das Besondere ist vielmehr seine Einbettung in die hügelige Landschaft mit bis an die Ufer heranreichenden Wäldern im südlichen und nördlichen Teil und der abwechslungsreichen, durch bäuerliche Landwirtschaft geprägten Kulturlandschaft in der Region um die Städte Hamar am Ost- und Lena am Westufer.

Über 117 Kilometer erstreckt sich der Mjøsa-See von Eidsvoll im Süden bis nach Lillehammer am Nordende. Die größte Breite erreicht er mit 15 Kilometern zwischen den Orten Hamar und Kapp. Er bedeckt 365 Quadratkilometer, was etwa zwei Drittel der Bodensee-Fläche entspricht. Die größte Tiefe beträgt fast 470 Meter, kein Wunder, dass in dieser Untiefe bis heute ein Seeungeheuer ähnlich wie im Loch Ness vermutet wird. Ob es das Ungeheuer nun gibt oder nicht, in jedem Fall ist der Mjøsa-See ausgesprochen fischreich und ein Paradies für Angler. Größere Städte an den Ufern sind Eidsvoll mit 22 000, Hamar, Lillehammer und Gjøvik mit jeweils knapp 30 000 Einwohnern.

Von Oslo im Süden oder von Ålesund und Trondheim im Norden kann der See mit dem Auto über die E 6 erreicht werden. Fast parallel dazu verläuft die Eisenbahnstrecke, deren erster Haltepunkt am See von Oslo kommend Eidsvoll, aus Richtung Trondheim der Bahnhof von Lillehammer ist. Flugverbindungen existieren von Oslo und Trondheim zum Flughafen Hamar Stafsberg.

Mitte: Der Mjøsa-See ist der größte Norwegens.
Unten: Bauernhöfe und bewirtschaftete Flächen prägen die Landschaft rund um den See.

Gemächliche Fahrt mit der DS Skibladner

Eidsvoll – Geschichte und Bodenschätze

Unsere Reise um den See beginnt in Eidsvoll am Südende des Sees. Hier wurde 1814 die erste norwegische Verfassung durch die Nationalversammlung verabschiedet. Das Gremium tagte im Ballsaal des Besitzers einer Eisenhütte, die bereits 1624 errichtet wurde und die Keimzelle des Ortes bildete. Seit 1837 ist das in einem schönen Park gelegene Gebäude am Carsten Ankers veg das Reichspolitische Zentrum und wird als Museum genutzt. Die Eisenverhüttung ist längst eingestellt worden, die Gewinnung von Bodenschätzen ist aber nach wie vor möglich, wenn auch nur für Touristen.

Von Eidsvoll Verk geht es zurück über die E 6 bis Minnesund und von dort drei Kilometer über den Rv 33 bis zur Einmündung eines Weges in Richtung See. Nach weiteren 700 Metern ist der Eingang zur einzigen Edelsteingrube Norwegens, der Smaragdgruvene, erreicht. Die Liste der hier gefundenen Mineralien reicht von A wie Albit bis W wie Wollastonit. Berühmt geworden ist sie jedoch durch die Smaragde, die jeder Besucher auch heute noch mit etwas Glück finden kann und dann auch behalten darf. Wem der Sinn nach Gold steht, der fährt zurück nach Eidsvoll, von wo es etwa acht Kilometer bis zum Abzweig zum Gullverket sind. Die Grube wurde von 1750 bis 1907 betrieben, dann jedoch wegen mangelnder Renta-

Geheimtipp

DS SKIBLADNER – KULTIVIERTE LANGSAMKEIT

Für alle, die sich den größten See Norwegens einmal von der Wasserseite aus ansehen wollen, ist eine Fahrt mit dem Raddampfer DS Skibladner das Mittel der Wahl. Seit 1856 ist das Schiff als Personen- und Postschiff unterwegs und damit der weltweit älteste noch in Betrieb befindliche Raddampfer. An Bord scheint die Zeit stehen geblieben zu sein. Plüsch, Mahagoni und viel Messing beherrschen das Bild. Das Bordrestaurant nimmt für sich in Anspruch, eines der besten der Region zu sein. Legendär ist das Skibladner-Lachsmenü mit Erdbeeren zum Nachtisch. Das alles bei gemütlichen zwölf Knoten Geschwindigkeit, was etwa 22 Stundenkilometern entspricht. 1888 reichte das, um als schnellstes Schiff in Norwegen zu gelten. Von Ende Juni bis Mitte Augst ist die Skibladner abwechselnd nordgehend von Gjøvik nach Lillehammer und südgehend nach Eidsvoll unterwegs.

Skibladner. Jernbane gate 2, 2821 Gjøvik, Tel. 61 14 40 80, www.skibladner.no

Die Alte Zeit der Dampflokomotiven

EINMAL DER EIGENE LOKFÜHRER SEIN

Geheimtipp

bilität aufgegeben. Gold gibt es dort aber immer noch und kann unter Anleitung selbst geschürft werden.

Wer hat sich nicht schon einmal gewünscht Lokführer zu sein? Zugegeben, es sind keine richtigen Lokomotiven, sondern Draisinen, die nicht durch Dampf, sondern Muskelkraft bewegt werden, aber ob allein oder auf einem Tandem, es ist ein wunderschönes Erlebnis. Vor allem dann, wenn es mit einer richtigen Zugfahrt beginnt. Mit dem Museumszug geht es zunächst von Gjøvik nach Dokka. Dort wird umgestiegen. Wie auf einem Fahrrad strampelnd werden die Draisinen über die Schienen vorwärtsbewegt. Die gesamte Strecke führt bis nach Valdres und ist 43,5 Kilometer lang. Sie kann jedoch auch in Einzeletappen von sieben, 13, 18 oder 31 Kilometern bewältigt werden.

AS Valdresbanen/Nye Valdresbanen. Postboks 122, N-2901 Fagernes, Tel. 61 11 26 30 oder Tel. 99 44 87 11, post@valdresbanen.no, www.valdresbanen.no

Eidsvoll kann noch mit weiteren Sehenswürdigkeiten aufwarten. Die älteste in Stein gebaute Kreuzkirche Norwegens aus dem Jahr 1190 steht im südwestlichen Teil des Ortes. Bereits auf dem Weg von der E 6 über den Rv 181 lohnt sich der Besuch des Freilichtmuseums Bygdetun. 26 Gebäude aus dem 17. und 18. Jahrhundert sind hier zusammengetragen worden.

Hamar und Umgebung

Das nächste Etappenziel ist die Gemeinde Stange an der Ostseite des Mjøsa-Sees. Sehenswert ist hier vor allem die mittelalterliche Kirche, die im Jahr 1225 erstmals urkundlich erwähnt wird. Sie liegt 2,5 Kilometer außerhalb des Stadtzentrums in Richtung See. Gabriel Kjelland (1871–1960), der auch die Glasmalereien im Nidaros Dom in Trondheim geschaffen hat, stattete die Kirche mit 1250 Malereien aus.

Auf dem weiteren Weg nach Norden in Richtung Hamar überquert die E 6 die Seitenbucht Åkersvika des Mjøsa-Sees. Hier befindet sich ein Geheimtipp

Rund um den Mjøsa-See

für Hobby-Ornithologen: das Naturreservat und Vogelschutzgebiet Åkersvika. Es ist zwar nur 3,25 Quadratkilometer groß und wird außerdem durch die E6 durchschnitten, ist aber ein wichtiges Rastgebiet für Zugvögel auf dem Weg von und zu ihren Brutgebieten. Auf der anderen Seite der Bucht Åkersvika liegt die Olympiahalle Vikingskipet, eine der größten Eislaufhallen der Welt, die für die Olympischen Winterspiele 1994 in Lillehammer gebaut wurde. Sie ist einem umgedrehten Wikingerschiff nachempfunden. Die freitragende Dachkonstruktion aus Holz überspannt eine Fläche von mehr als zwei Hektar. Neben Eislauf und Eishockey können dort auch Fußballspiele, Bahnradsport und sogar Langlaufwettbewerbe abgehalten werden.

Vier Kilometer weiter östlich befinden sich auf der Halbinsel Storhamar die Ruinen der alten Domkirche, deren Anfänge auf das Jahr 1152 zurückgehen und die heute Teil des Hedmark-Museums ist. 1567 wurde der Dom von schwedischen Truppen zerstört. Seit 1998 schützt ein gläsernes Dach die Ruine, das mit einer Fläche von 2600 Quadratmetern die größte Glaskonstruktion Europas ist. Eine Attraktion für große und kleine Eisenbahnfreunde ist das Eisenbahnmuseum. Es wurde 1898 eingerichtet und zeigt auf dem weitläufigen Gelände die Entwicklung der norwegischen Eisenbahnen im 19. Jahrhundert. Nach Angaben des Museums befindet sich hier auch der älteste, authentische Zug. Die Stephenson-Dampflokomotive Caroline von 1861 und ähnlich alte Wagen sind restauriert und fahrtüchtig gemacht worden. Drei- bis viermal im Sommer fährt sie mit einigen Stopps vom Bahnhof Hamar nach Elverum. Ebenfalls im Sommer kreist auf dem Museumsgelände der historische Schmalspurdampfzug Tertitt-toget.

Anschließend lohnt sich noch ein Abstecher in das zehn Kilometer entfernte Ingeberg zum Mam-

Oben: Hamar war Austragungsort für viele Wettbewerbe der Olympischen Winterspiele 1994.
Mitte: Die Eissporthalle ist einem umgedrehten Wikingerschiff nachempfunden.
Unten: Die Polizei ist nicht nur mit Käfern ausgerüstet.

mut-Museum Mammuthus. Zu erreichen ist es über den Rv 25 in Richtung Vangli und die Fv 105 und 103 nach Ingeberg. Attraktion des Informationszentrums sind zwei lebensgroße Modelle von Wollhaarmammuts.

Attraktionen in und um Gjøvik

Die weitere Reise rund um den Mjøsa-See führt zurück nach Hamar und von dort auf der E 6 bis zur Mjøsbrua bei Moelv, die den Nordarm des Sees quert. Auf der E 4 geht es in Richtung Süden nach Gjøvik, der mit etwa 30 000 Einwohnern größten Kommune der Fylke Oppland. Gjøvik ist eine junge Stadt, die im 19. Jahrhundert um eine Glashütte herum entstanden ist. Bekannt wurde sie durch ein besonderes Glas, Gjøvik-Blau genannt. Dort kann man den Glasbläsern bei der Arbeit zusehen. Nach der Hitze der Glasbläserei lohnt ein Besuch der größten Felsenhalle der Welt 120 Meter unter die Erdoberfläche. Anlässlich der Olympischen Winterspiele 1994 wurde sie als Eishockeyhalle in den Hausberg Hovdetoppen gesprengt. Spielerisch weiterbilden kann man sich im Wissenscenter Vitensenteret, das zusammen mit dem Museum Mjøsmuseet und Gjøvik Glassverk in einer alten Brennerei liegt, der Gamle Holmen Brenderi. Planetarium, Auto-Fahrsimulator oder Kletterwand sind nur einige der Attraktionen, die dort geboten werden.

In Gjøvik besteht die Gelegenheit, auf zweierlei Art das Fortbewegungsmittel zu wechseln. Mit dem Dampfschiff Skibladner können Sie eine Schiffsreise unternehmen oder mit dem Museumszug einen Abstecher in das etwa 40 Kilometer westlich gelegene Dokka machen. Die Strecke führt durch Wiesen, Äcker und unberührte Wälder und bietet einzigartige Aussichten über den See Trevatn, das Dokkadelta und den Randsfjord, den viertgrößten See Norwegens.

Oben: Für Freizeitkapitäne ist der Mjøsa-See ein ideales Revier.
Mitte: Blick über den malerischen Mjøsa-See bei Biristrand
Unten: Vor die Fahrt mit der Dampflokomotive haben die Götter den Schweiß des Heizers gesetzt.

Infos und Adressen

SEHENSWÜRDIGKEITEN EIDSVOLL

Freilichtmuseum Eidsvoll Bygdetun. Di–So 12–16 Uhr, Spetalsvegen 60, N-2080 Eidsvoll, www.mia.no/eidsvoll

Gullverket Goldmine. Gullverketvegen, N-2080 Eidsvoll, www.gullverket.com

Reichspolitisches Zentrum – Rikspolitisk senter. Carsten Ankers veg, Eidsvoll 1814, N-2074 Eidsvoll, kontor@eidsvoll1814.no

Smaragdgruvene Eidsvoll. Smaragdgrube für Edelsteinfreunde. Tgl. 10–18 Uhr (15. April–30. Sept.), Byrud Gård, N-2092 Minnesund, www.smaragdgruvene.no

SEHENSWÜRDIGKEITEN HAMAR

Hedmark Museum. Saisonabhängige Öffnungszeiten, Gruppenführungen auf Anfrage. Domkirkeodden, Strandvegen 100, N-2315 Hamar, post@domkirkeodden.no, www.hedmarksmuseet.no

Mammuthus. Gåsbuveien 890, N-2323 Ingeberg, www.mammuthus.info

Norsk Jernbanemuseum. Eisenbahnmuseum für Jung und Alt. Di–Sa 11–15 Uhr, So 11–16 Uhr, Strandveien 163, N-2304 Hamar, Tel. 40 44 88 80, www.norsk-jernbanemuseum.no

Hamar Olympiske Anlegg. Mo–Fr 8–15 Uhr, Vikingskipet Åkersvikaveien 1, N-2304 Hamar, www.vikingskipet.com

SEHENSWÜRDIGKEITEN GJØVIK

Gjøvik Glassverk AS. Mo–Fr 11–17 Uhr, Sa 10–15 Uhr, Brennerigata 1–3, N-2803 Gjøvik, www.gjoevik-glassverk.no

Gjøvik Olympiske Fjellhall. Heimdalsgate 2, N-2815 Gjøvik, servicebygget@fjellhallen.no, www.fjellhallen.no

Vitensenteret Innlandet. Brennerigata 1, N-2815 Gjøvik, www.vitensenteret.no

ESSEN UND TRINKEN GJØVIK

Gamletorvet Spiseri. Norwegische und internationale Küche. Øvre Torvgate 24, N-2806 Gjøvik, www.gamletorvetspiseri.no

Viken II. Einem Schiff nachempfundenes Restaurant mit großer Terrasse. Zu erreichen über die Rv 33. Totenvika, N-2848 Skreia, idyll@evjua.no, www.evjua.no

ESSEN UND TRINKEN HAMAR

Hamar Sagbladfabrikk. Restaurant, Galerie und Veranstaltungszentrum im Gebäude der ehemaligen Sägeblattfabrik. Raubekkgata 15, N-2318 Hamar, www.hamarsagbladfabrikk.no

AKTIVITÄTEN

Dresin – AS Valdresbanen. Bahnhof, N-2870 Dokka, post@valdresbanen.no, www.valdresbanen.no

Mjösasee DS-Skibladner. Gjøvik–Eidsvoll–Gjøvik So/Mi/Fr 9.30–18.45 Uhr; Gjøvik–Lillehammer–Gjøvik Di/ Do/Sa 9.30–20 Uhr, Jernbanegata 2, N-2802 Gjøvik, skibladner@skibladner.no, www.skibladner.no

ÜBERNACHTEN

Bjerknes Gård. Preiswertes B&B. N-2092 Minnesund, jon@wenger.no, www.bjerknes-bb.no

First Hotel Victoria. Das älteste, aber 2012 renovierte Hotel der Stadt. Strandgata 21, N-2301 Hamar, victoria@firsthotels.no, www.firsthotels.no/victoria

Tangenodden Camping. Campingplatz direkt am See auf halber Strecke zwischen Eidsvoll und Hamar. Tangenveien 54, N-2337 Tangen, info@tangenodden.no, www.tangenodden.no

INFORMATION

Gjøvikregionen Turistkontor. Offizielle Tourismusgesellschaft für die Region Gjøvik. Jernbanegata 2, N-2821 Gjøvik, Tel. 61 14 67 10, www.gjovik.com

6 Lillehammer
Mekka des Skisports

Nicht erst seit den olympischen Winterspielen 1994 steht Lillehammer unter Wintersportlern als das Synonym für den Skisport. Bereits seit 1939 wird hier das Birkebeinerrennet, ein Skilanglaufrennen in Erinnerung an eine Begebenheit im Jahr 1204 durchgeführt, als der spätere König Håkon Håkonson als Säugling von Lillehammer aus auf Skiern über die Berge vor Feinden in Sicherheit gebracht wurde.

Wer meint, Lillehammer sei nur im Winter attraktiv, wird eines besseren belehrt, sobald er die Region einmal im Sommer besucht hat. Die Lage am Nordende des Mjøsa-Sees und am Südeingang des landschaftlich wunderschönen Gutbrandtales macht Lillehammer zum idealen Ausgangspunkt für Wanderungen, Radtouren oder Exkursionen bis zum Rondane- und Jotunheimen-Nationalpark. Der See bietet darüber hinaus eine Vielzahl von Aktivitäten – Angeln, baden, Boot fahren oder einfach nur am See spazieren gehen. Auch die Stadt selbst hat einiges zu bieten.

Lillehammer zu Fuß

Das Touristenbüro am Jernbanetorget ist der Ausgangspunkt für den Stadtrundgang. Über die Jernbangata führt der Weg bis zur Kirkegata, der nach links gefolgt wird. Nach 100 Metern liegt auf der rechten Seite das **Ⓐ Kunstmuseum**. Der geschwungene Bau beherbergt eine der bedeutendsten Sammlungen Norwegens, mit Kunst vom Beginn des 19. Jahrhunderts bis heute. Werke von Munch, Weidemann und anderen bekannten Künstlern sind hier zu sehen. Wieder auf der Kir-

Mitte: Nicht nur olympisches Gold ist in Lillehammer zu erwerben.
Unten: Viele Häuser in Lillehammer sind mit kunstvollen Schnitzereien geschmückt.

Lillehammer

kegata, geht es bis zur Einmündung
der Straße Nymosvingen. Dort steht das
B **Birkebeinerdenkmal**, das an die Rettung Håkon Håkonsons durch die Birkebeiner erinnert. Der Nymosvingen endet an der
Storgata. Dort wenden wir uns nach links in die
Storgata und gleich wieder rechts in den Gamle-
vegen mit dem Kjøretøyhistorik Museum, dem
C **Automobilmuseum**. Es zeigt die Entwicklung
der Fahrzeuge vom ersten Schlitten bis heute und
ist nicht nur für Autobegeisterte interessant.

Das **D** **Olympiagelände** von 1994 ist nach nur
700 Meter Fußweg über Nordsetervegen und
Gamle Nordsetervegen erreicht. In der Håkonshalle, der größeren der beiden Eissporthallen, befindet sich das Olympia-Museum, das einzige in
Nordeuropa, das die gesamte Geschichte der
Olympischen Spiele von 776 v. Chr. bis zur Gegen-
wart zeigt. Wer die **E** **olympischen Sprungschanzen** besichtigen will, muss weitere 1,5 Kilometer
über den Birkebeinervegen zum Lysgården gehen.
Der Weg zurück in die Stadt führt über den Sigrid
Undsetsveg, vorbei am Anwesen **F** **Bjerkebæk** der
norwegischen Literaturnobelpreisträgerin von
1928, Sigrid Undset (1882–1949), die hier von
1919 bis zu ihrem Tode lebte. Seit 2007 ist das
Anwesen als Museum für Besucher geöffnet.

Über den Nordseterveg gelangen wir wieder auf
die **G** **Storgata** mit ihren malerischen Holzhäusern, kleinen Geschäften und Restaurants. Nach
150 Metern lohnt ein kleiner Abstecher nach
rechts auf den Markt mit dem alten **H** **Rathaus**.
Am Ende der Fußgängerzone lädt der schöne
I **Søndre-Park** zum Verschnaufen ein. Und auf
der gegenüberliegenden Straßenseite steht die
J **Lillehammer Kirche** aus dem Jahr 1886 inmit-
ten des Friedhofes. Über die Kirkegata wird der
Ausgangspunkt des Rundgangs erreicht.

Nicht verpassen

EINTAUCHEN IN DIE GESCHICHTE

Hätte der Zahnarzt
Anders Sandvig (1862–
1950) nicht bereits 1887 damit begonnen, Gebäude von alten,
aufgelassenen Bauernhöfen abzu-
bauen und auf seinem Privatgelände wieder zu errichten, Lillehammer
wäre um eine einzigartige historische Sammlung und eine Attraktion
ärmer. Als sein eigenes Grundstück
zu klein wurde, stellte die Stadt Lillehammer ihm 1904 das Gelände
um den Berg Maihaugen zur Verfügung. Heute stehen in Maihaugen,
dem größten Freilichtmuseum Norwegens, 200 historische Gebäude
aus dem 18., 19. und 20. Jahrhundert. Eines der vielen Prunkstücke
der Sammlung ist die Stabkirche
Garmo, die um das Jahr 1200 datiert wird. 2003 wurde Maihaugen
um das Norwegische Postmuseum
erweitert, das allerdings nur im
Sommer geöffnet ist. 350 Jahre
norwegisches Postwesen werden
hier anschaulich dokumentiert. Phi-
latelisten finden alle norwegischen
Briefmarken seit 1855.

K **Friluftsmuseum Maihaugen.**
Maihaugvegen 1, N-2609 Lillehammer, Tel. 61 28 89 00,
www.maihaugen.no

Lillehammer im Winter

In der Region Lillehammer werden derart viele Wintersportaktivitäten angeboten, dass es unmöglich ist, eine komplette Liste zu erstellen. Deshalb sind an dieser Stelle nur wenige Beispiele stellvertretend aufgeführt. Rodeln in der Kanthaugen ⓚ Freestyle Arena im Lysgårdsvegen ist ein Vergnügen für alle. Mit den vom Veranstalter bereitgestellten Schlitten und Helmen werden Sie über einen Lift an den Beginn der Rodelbahn gebracht. Um allein zu fahren, muss man zehn Jahre alt sein.

Langlauf, Ski alpin und Schneeschuhlaufen werden in Nordseter angeboten. Der Ort liegt 15 Autominuten von Lillehammer entfernt, 850 Meter über dem Meer auf dem Nordseterfjell. Es ist eines der bekanntesten Skigebiete Norwegens. Sowohl Anfänger als auch Fortgeschrittene finden hier ideale Bedingungen und für das Après-Ski-Vergnügen ist auch gesorgt. Wer sich nicht selbst sportlich betätigen will, kann als Zuschauer bei Eishockeyspielen in der Håkons- oder Kristinshalle, Bobrennen in Fåberg auf der Olympiabahn, Skiveranstaltungen wie dem Birkebeinerrennen oder Sprungwettbewerben am Lysgården dabei sein.

Ein ganz besonderes Erlebnis ist eine Übernachtung im Schneehotel im »Hunderfossen Vinterpark«. Jedes Jahr im Herbst wird hier aus Schnee und Eis das südlichste Eishotel Norwegens modelliert. Vierundzwanzig Personen können hier, in warme Schlafsäcke gehüllt und auf Schafsfelldecken gebettet, übernachten. Die Raumtemperatur beträgt zwischen minus sieben und minus drei Grad Celsius. Zum Anwärmen gibt es Hochprozentiges in der Eisbar nebenan. Zum Schneehotel gehört auch die Eiskathedrale – keine Kirche, sondern ein Raum mit Skulpturen, Musik und interessanten Lichteffekten.

Oben: In der Nähe der Olympiahalle liegt das Olympia-Museum.
Unten: Im Inneren der ehemaligen Olympiahalle ist heutzutage Kunst ausgestellt.

Stadtrundgang

Ⓐ Kunstmuseum – mit einer der bedeutendsten Sammlungen vom Beginn des 19. Jahrhunderts bis heute.

Ⓑ Birkebeinerdenkmal – Es erinnert an die Rettung Håkon Håkonsons durch die Birkebeiner.

Ⓒ Kjøretøyhistorik – das Automobilmuseum.

Ⓓ Olympiagelände von 1994

Ⓔ Olympische Sprungschanzen

Ⓕ Bjerkebæk – Das Anwesen der norwegischen Literaturnobelpreisträgerin von 1928, Sigrid Undset. Es ist als Museum für Besucher geöffnet.

Ⓖ Storgata – mit kleinen Geschäften und Restaurants.

Ⓗ Rathaus am Marktplatz

Ⓘ Søndre-Park

Ⓙ Lillehammer Kirche – Sie ist umgeben vom Friedhof und stammt aus dem Jahr 1886.

Ⓚ Maihaugen – das größte Freilichtmuseum Norwegens mit 200 historischen Gebäuden aus dem 18., 19. und 20. Jahrhundert. Im Winter kann man dort in der Kanthaugen **Freestyle Arena** rodeln.

Infos und Adressen

In »Nikkers Sport Pub« wacht ein Elch über Gäste.

SEHENSWÜRDIGKEITEN

Bjerkebæk Museum. Ehemalige Residenz der norwegischen Literaturpreisträgerin Sigrid Undset. Eintritt: 110 NOK (Erw.), 55 NOK (Kinder von 6–10 J.), 90 NOK (Rentner/Stud.), 275 NNOK (Familien). 18. Mai–31. Aug. tgl. 10–17 Uhr, Sigrid Undsetsvegen 16/Gamle Nordseter-vegen 1, N-2615 Lillehammer, Tel. 61 28 89 00, www.bjerkebek.no

Lillehammer Kunst Museum. Mit Meisterwer-ken von Munch, Weidemann und anderen Kory-phäen des 19. Jhs. bis heute. Eintritt: 100 NOK (Erw.), 70 NOK (Stud.), Kinder und Jugendliche bis 18 J. frei. Di–So 11–16 Uhr, Stortorget 2, N-2609 Lillehammer, Tel. 61 05 44 60, www.lillehammerartmuseum.com

Norwegisches Automobilmuseum Lilleham-mer. Hier dreht sich alles um norwegische Autogeschichte von der Jahrhundertwende bis zum ersten »Troll«-Auto. 15. Juni–19. Aug. tgl. 10–18 Uhr, 20. Aug.–14. Juni Mo–Fr 11–15 Uhr, Sa/So 11–16 Uhr, Lilletorget 1, N-2615 Lille-hammer, Tel. 61 25 61 65, www.olavsrosa.no

Norwegisches Olympisches Museum. Das Sportmuseum liegt unterhalb der Lysgårds-Skisprungschanzen. Eintritt: 130 NOK (Erw.), 65 NOK (Kinder von 6–15 J.), 325 NOK (Fami-lien), 95 NOK (Rentner/Stud.). Juni–Aug. tgl.

10–17 Uhr, Sept.–Mai Di–So 11–16 Uhr, Maihaugven 1, N-2609 Lillehammer, Tel. 61 28 89 00, www.ol.museum.no

Norwegisches Postmuseum. Historische Sammlungen aus 350 Jahren Postgeschichte. Postwagen und Briefmarken, in der Sommer-saison mit Bedienung aus den 1950er-Jahren. Di–So 11–16 Uhr, Maihaugen 1, N-2609 Lille-hammer, Tel. 61 28 89 00, www.maihaugen.no

Norwegisches Straßenmuseum und Gebirgs-sprengungsmuseum Hunderfossen. Eintritt frei. Mitte Juni–Mitte Aug. tgl. 10–17 Uhr, Mitte Aug.–Mitte Juni Di–So 10–15 Uhr, Hunderfoss-vegen 757, N-2625 Fåberg, Tel. 61 28 52 50, www.vegmuseum.no

PARKS & AKTIVITÄTEN

Gålå Event A/S. Veranstalter von Elchsafaris. Zunächst mit einem Kleinbus, später zu Fuß geht es zu den Rast- und Nahrungsplätzen der Könige des skandinavischen Waldes. Beginn 19.30 Uhr. Anfahrt über die E 6 nach Norden bis zur Abfahrt Hundorp und auf dem Meierivegen und der Stra-ße Brenna bis zum Rv 256. Dort nach rechts ab-biegen. Nach 2,5 Kilometern links in den Gålå-vegen einbiegen und bis in den Ort fahren. Gålå-vegen 1353, N-2646 Gålå, www.visitgala.no

GoRafting. Anbieter von Rafting-Touren auf dem Fluss Sjoa nördlich von Lillehammer. Heidalsvegen 829, N-2677 Nedre Heidal, Tel. 61 23 50 00, www.gorafting.no

Hunderfossen Familienpark. Norwegens größ-ter Familienfreizeitpark mit Wildwasserbahn, Märchenschloss und dem größten Troll der Welt. Eintritt: bis 90 cm Körpergröße frei, bis 120 cm 320 NOK, über 120 cm 370 NOK, 275 NOK (Rentner). Fossekrovegen 22, N-2625 Fåberg, Tel. 61 27 55 30, www.hunderfossen.no

Nordseter Fjellpark. Sommer- wie Winter-Berg-vergnügen, nur eine Viertelstunde von Lilleham-

mer entfernt. Nordseterveien 1351,
N-2618 Lillehammer, Tel. 99 43 70 00,
booking@nordseter.no, www.nordseter.no

ÜBERNACHTEN

Birkebeineren Hotel & Apartments. Gutes Hotel
in der Nähe des Olympiaparks. Einzel-, Doppel-
und Mehrbettzimmer. Preise saisonabhängig auf
Anfrage. Birkebeinervegen 24, N-2618 Lillehammer, Tel. 61 05 00 80, resepsjon@birkebeineren.no,
www.birkebeineren.no

Hunderfossen Snowhotel & Icecathedral.
Fossekroveien 71, 2625 Fåberg,
Tel. 61 27 40 00, hotell@hunderfossen.no,
www.hunderfossenhotell.no

Rica Victoria Hotel. Hotel an der Storgata, dessen ältester Teil aus dem Jahre 1872 stammt
und nach der Zeit eingerichtet ist. Saisonabhängige Preise von 995–1645 NOK in der günstigsten Kategorie. Frühstück und WLAN inklusive.
Storgata 84 B, 2609 Lillehammer,
Tel. 61 27 17 00, www.rica.no/hoteller/
rica-victoria-hotel-lillehammer

Stasjonen Hotel. Jugendherberge im Bahnhofs-
gebäude. Alle Zimmer mit Bad/WC, WiFi und TV.
Selbstversorgungsküche. Frühstücksbuffet,
Bettwäsche und Handtücher im Preis inbegriffen. Preise: EZ 745 NOK, DZ ab 880 NOK, 3BZ
1050 NOK, kostenlose Parkplätze. Jernbanetorget 2, N-2609 Lillehammer, Tel. 61 26 00 24,
post@stasjonen.no, www.stasjonen.no

ESSEN UND TRINKEN

Alle Hotels haben eigene Restaurants und Bars,
in denen vom kompletten Menü bis zum Snack
alles zu bekommen ist.

Brenneriet Churrascaria. Vom gleichen Anbieter betriebenes Restaurant nach dem Konzept
der brasilianischen Churrascarias. Frisch gerill-
tes Fleisch wird an den Tisch gebracht und zu-
geschnitten, Salate und Beilagen am Buffet. Fr/

Sa 18–23 Uhr, Elvegata 19, N-2609 Lillehammer,
Tel. 61 27 06 60, bestilling@bbLillehammer.no,
www.BBLillehammer.no

Nordseter Fjellstuve Pizzabar. Nur im Winter
Saison (27. Dez.–Ostern). Gleicher Betreiber
wie bei Spisestuen. Nordseterveien 1330,
N-2618 Lillehammer, Tel. 61 26 41 00,
booking@nordseterfjellstue.no,
www.visitnordseter.com

Restaurant Spisestuen. Nur im Winter geöffnetes Restaurant mit reichhaltigem Frühstücks-
und Abendbuffet sowie Lunchpaket
(95/255/45 NOK/Pers.). Nordseterveien 1330,
N-2618 Lillehammer, Tel. 61 26 41 00,
booking@nordseterfjellstue.no,
www.visitnordseter.com

Telemarkstunet. Auf dem Gipfel des Kanthaugen gelegenes, auch von einheimischen Gästen
gern besuchtes, rustikales Speiselokal. Kant-
veien 135, N-2618 Lillehammer, tove@ilsetra.no,
www.telemarkstunet.no

INFORMATION

Lillehammer Turist AS. Jernbanetorget 2,
N-2609 Lillehammer, Tel. 61 28 98 00,
info@lillehammer.com, www.lillehammer.com

Im Freilichtmuseum Maihaugen (siehe S. 68)

7 Felsritzungen nahe Fåberg
Botschaften aus der Vergangenheit

Auf ein Alter von 4000 Jahren werden die Felsritzungen auf den Felsen am Ufer des Flusses Lågen nördlich von Fåberg geschätzt. Im Übergang von der Stein- zur Bronzezeit haben hier die Schamanen der nomadisierenden Jäger mit magischen Zeichnungen versucht, die Götter für die Jagd gnädig zu stimmen. Der Ort wurde nicht zufällig ausgewählt, auch heute noch verläuft ein Elchpfad in seiner Nähe.

Felsritzungen sind aus ganz Norwegen bekannt, sie wurden meist an Gewässerufern in Höhe der Wasserlinie in die Felsen geschlagen, die bei Hochwasser auch gelegentlich überspült werden. Es wird vermutet, dass diese Orte gewählt wurden, weil hier Himmel, Erde und Wasser zusammenkommen.

Der Kosmos der stein- und bronzezeitlichen Jäger unterschied zwischen dem Himmel als der Oberwelt, in der Götter und Geister wohnten, der Erde als Mittelwelt mit den Menschen und Tieren sowie der Unterwelt mit Dämonen und Geistern, die durch das Wasser repräsentiert wurde. Die in die Felsen geritzten Figuren, Spalten im Fels, schräge Flächen bilden eine Gesamtheit und spiegeln die Vorstellungen der Menschen vom Kosmos, der Erde und der Welt der Geister wider. Und zu dieser Welt hatte nicht jeder Zutritt. Daher durften nur mit besonderen Fähigkeiten ausgestattete Menschen den Kontakt suchen und Zeichnungen in den Fels ritzen. Das waren zu der Zeit die Schamanen, die als Priester und Heiler hohes Ansehen genossen.

Mitte: Um die Felsritzungen am Fluss Lågen zu erreichen, muss man einen steilen Felshang hinabklettern.
Unten: Nur bei Niedrigwasser sind die Felsritzungen oberhalb der Wasserlinie sichtbar.

Felsritzungen nahe Fåberg

Insgesamt elf Figuren, davon sieben Elche, bedecken in Drotten, einem steilen Felsabschnitt am Ufer des Flusses Lågen, eine Fläche von ca. vier Quadratmetern; die größte Zeichnung ist 45 Zentimeter lang. Erst 1942 wurden sie durch Zufall entdeckt. Die zur besseren Sichtbarkeit vom zuständigen Amt für Altertumsforschung farbig markierten Felsritzungen sind nicht einfach zu finden, denn sie befinden sich gut im Wald versteckt an einer Felswand am Westufer des Flusses.

Wegbeschreibung

Von Lillehammer kommend, verlässt man die E 6 bei der Ausfahrt Gausdalsvegen und fährt auf dem Rv 225 1,7 Kilometer in Richtung Skei bis zum Kreisverkehr. Dort nimmt man die erste Ausfahrt auf die Fv 319 über die Straßen Steinkista und Hunderfossenvegen nach Norden. Die Brunnlag-Brücke, die über den Fluss Lågen auf die Ostseite nach Fåberg führt, lässt man rechts liegen und fährt auf der Westseite des Flusses weiter nach Norden. Nach etwa 1,7 Kilometern geht es rechts ab und auf einem unbenannten Weg noch 1200 Meter weiter. Der Rest des Weges zum Ufer des Lågen mit den Felsritzungen muss zu Fuß auf einem schmalen Pfad zurückgelegt werden.

Die Ritzungen wurden ursprünglich unmittelbar an der Wasserlinie angelegt. Heute befindet sich keine der Zeichnungen mehr auf diesem Niveau, sondern deutlich darüber. Der Grund dafür ist die Hebung der skandinavischen Landmasse nach dem Ende der letzten Eiszeit. Die gewaltige Last des Inlandeises war verschwunden und Skandinavien wuchs aus dem Meer heraus, ein Prozess, der bis heute zu beobachten ist. Wenn allerdings während der Schneeschmelze im Frühjahr der Fluss Hochwasser führt, werden die Zeichnungen auch heute noch überspült und sind nicht zugänglich.

Infos und Adressen

ÜBERNACHTEN
Ferienwohnanlage Jorekstad.
12 Apartments, alle mit Bad/WC, Fernseher, Küche, Wohnzimmer und fünf Betten. Preis: 950 NOK/Übernachtung (Bettwäsche und Reinigung nicht inbegriffen). Jørstadmoveien 690, N-2625 Fåberg, Tel. 61 05 70 60, post@jorekstad.no, www.jorekstad.no

ESSEN UND TRINKEN
Fossekroa Restaurant. Restaurant im Hotel Hunderfossen. Gutes Essen in rustikaler Atmosphäre. Saisonabhängige Öffnungszeiten. Fossekrovegen 71, N-2625 Fåberg, Tel. 61 27 40 0, hotell@hunderfossen.no, www.hunderfossenhotell.no

Lysaker Gjestgiveri. Gutes, kinderfreundliches Restaurant im Straßenmuseum. Speisen à la carte oder vom Buffet. Hunderfossvegen 757, N-2625 Fåberg, Tel. 61 28 52 83, www.lysakergjestgiveri.no

INFORMATION
Lillehammer Turist AS. Jernbanetorget 2, N-2609 Lillehammer, Tel. 61 28 98 00, info@lillehammer.com, www.lillehammer.com

Der Pfad zu den Felsritzungen wird durch Wegweiser markiert.

8 Die Stabkirche Heddal
Gotische Kathedrale aus Holz

»Byssan, byssan båne. / I morgo kjem Finn, far din, / med sol og mane ell krestemannshartje / te moro og leikur fe´båne.« Dieser christlich inspirierte Schlafliedvers rettete der Sage nach dem Bauern Raud Rygi aus dem Heddal das Leben. Er hatte die Aufgabe übernommen, eine Kirche für die fünf im Tal siedelnden Bauernfamilien zu bauen.

Ein Unbekannter hatte ihm angeboten, die Kirche in nur drei Tagen zu errichten. Als Gegenleistung sollte Raud ihm Sonne oder Mond vom Himmel holen oder seinen Namen erraten. Sollte er keine der drei Bedingungen erfüllen können, dürfte der Fremde Raud das Herz aus der Brust schneiden. Raud konnte der Verlockung nicht widerstehen und sagte in dem Glauben zu, dass die Kirche nicht innerhalb der Frist fertig werden könnte. Tatsächlich schaffte aber der fremde Zimmermann bereits am ersten Tag das gesamte benötigte Material heran, baute am zweiten Tag das Stabgerüst der Kirche. Am dritten Tag zimmerte er die Außenwände und richtete die Kirche ein. Währenddessen lief Raud immer verzweifelter über seine Ländereien und suchte nach einem Ausweg. Dort hörte er zufällig vom benachbarten Svintråberg eine Frau das Schlaflied für ihr Kind singen. »Schlaf, schlaf mein Kind. / Morgen kommt Finn, dein Vater. / Mit der Sonne oder dem Mond / oder mit dem Herzen des Christenmenschen / zum Spaß und als Spielzeug für das Kind.« Da wusste er, dass er sich mit dem Troll Finn eingelassen hatte. Als der ihm die Kirche übergab, stellte sich Raud an einen Pfosten und sagte: »Dieser Pfeiler steht schief, Vater Finn.« Daraufhin zerschlug Finn den Pfosten, lief auf den

Die Stabkirche in Heddal ist nicht nur die größte, sondern auch eine der ältesten in Norwegen.

Die Stabkirche Heddal

Berg Himingen und warf drei große Steine auf die Kirche, die jedoch ihr Ziel verfehlten, weil bereits die Glocken der Kirche läuteten. Einer dieser Steine fiel außerhalb des Kirchhofes zu Boden und wurde in der Folge als Pranger benutzt. In neuerer Zeit wurde Raud Rygis mit dem an der Kirche vorbeiführenden Raud Rygis veg ein Denkmal gesetzt.

Zwanzig Meter lang und sechsundzwanzig Meter hoch ist die »Gotische Kathedrale aus Holz«. Zwölf Holzpfosten, die Stäbe, tragen die fünfstöckige Konstruktion aus Dächern, Gauben und Türmchen. Damit ist sie die größte Stabkirche in Norwegen und auch eine der ältesten. Sie wurde etwa um das Jahr 1240 erbaut und, wenn man einer Runeninschrift glauben darf, am 25. Oktober 1242 geweiht. Dass zu dieser Zeit auch die alten nordischen Götter noch nicht vergessen waren, zeigen die wunderschönen Schnitzereien von Dämonen, Schlangen und Tierköpfen an den Portalen der Kirche. Sehenswert ist zudem der geschnitzte Bischofsstuhl aus dem 12. Jahrhundert mit Motiven aus der Nibelungensage.

Nur 400 Meter von der Stabkirche entfernt befindet sich das Freilichtmuseum Heddal. Mehrere Gebäude aus dem 17. und 18. Jahrhundert sind hier zusammengetragen worden. Eine Ausstellung über die Geschichte der Stabkirche ist dort im Keller des Prestegardslåven zu sehen. Im gleichen Gebäude befindet sich auch das »Kafé Olea«, wo neben Kaffee, Kuchen und Snacks auch Souvenirs und die Eintrittskarten für die Stabkirche verkauft werden.

Um Heddal zu erreichen, fährt man, von Oslo kommend, zunächst auf der E 18 bis nach Drammen und von dort auf der E 134 weiter bis nach Notodden. Vom Zentrum Notoddens sind noch 6,5 Kilometer auf dem Heddalsvegen nordwestlich aus der Stadt heraus zurückzulegen.

Infos und Adressen

SEHENSWÜRDIGKEITEN
Heddal Stabkirche & Freilichtmuseum Heddal. Eintritt: Kirche 70 NOK/Pers., Kirche und Museum 80 NOK/Pers., Kinder unter 16 J. frei. Eintrittskarten werden im Kafé Olea verkauft. 20. Mai–10. Sept. Mo–Sa 10–17 Uhr, So 12.15–17 Uhr, Heddalsvegen 412, N-3676 Notodden, Tel. 35 01 39 90, post@heddalstavkirke.no, www.heddalstavkirke.no

ÜBERNACHTEN
Norsjø Hotell og Telemarksbåtene. Nordagutuvegen 81, N-3812 Akkerhaugen, Tel. 35 95 50 00, post@norsjohotell.no www.norsjohotell.no

ESSEN UND TRINKEN
Kafé Olea – Freilichtmuseum Heddal. Öffnungszeiten siehe Museum. Notodden, N-3676 Heddalsvegen, Tel. 35 02 08 40, post@heddalstavkirke.no, www.heddalstavkirke.no

INFORMATION
Turistkontor Notodden. Sept.–Mitte Mai, Mo–Fr 8–15.30 Uhr, Mitte Mai–Ende Aug. Mo–Fr 8–15 Uhr, Teatergata 3, N-3574 Notodden, Tel. 35 01 50 00, www.notodden.kommune.no

Die Holzschnitzereien zeigen auch Motive aus vorchristlicher Zeit.

STABKIRCHEN –
Wahrzeichen des Umbruchs

Die Stabkirche Heddal wird auch die »gothische Kathedrale aus Holz« genannt.

Die ersten Stabkirchen entstanden im 11. Jahrhundert, als das Christentum in Norwegen langsam Fuß fassen konnte. Sie sind Relikte aus einer Zeit des religiösen und politischen Umbruchs. Sie war geprägt von kriegerischen Auseinandersetzungen um die Macht im Land, dem Wandel von vielen Kleinkönigtümern zu einem über große Teile des Landes herrschenden Königs und die Abkehr vom heidnischen Götterglauben.

Zwischen 933 und 1035 regierten nicht weniger als zehn Könige das Land. Die Machtwechsel waren nur in wenigen Fällen friedlich, etliche der Herrscher wurden mit Gewalt aus dem Amt vertrieben oder getötet. Harald Blauzahn, der von 970 bis 987 regierte, erkannte früh die Chancen, die ein einheitlicher Glaube mit festen Regeln bot. Er ließ sich bereits zehn Jahre vor seiner Machtübernahme im Jahr 960 taufen. Während seiner Regentschaft trieb Harald Blauzahn die Christianisierung aktiv voran und festigte seine Macht mithilfe der Kirche. Sein Nachfolger Sven Gabelbart setzte zwar wieder auf den heidnischen Glauben und vertrieb den Klerus aus dem Land, aufhalten konnte er das Christentum jedoch nicht. Schon sein Nachfolger Olav I. war ein christlicher Eiferer, der nicht nur in Norwegen missionieren ließ, sondern auch auf den Orkney-Inseln, die in seinem Machtbereich lagen. Olav II., auch der »Heilige« genannt, verhalf dann dem Christentum, gelegentlich sogar mit Waffengewalt, zum endgültigen Durchbruch.

Bauten für die Anbetung des Herrn

Der heidnische Götterkult kannte keine Sakralbauten. Religiöse Riten wurden bevorzugt an magischen Orten im Freien, auf Thingplätzen oder in Versammlungshallen der regionalen Könige abgehalten.

Dagegen vollzieht die christliche Kirche ihre rituellen Handlungen in speziellen Gotteshäusern. Wohl auch um die Kirchen von Profanbauten abzuheben, wurden sie nicht als Blockhäuser mit horizontal verlegten Balken errichtet, sondern aus einem Gerüst mit senkrecht stehenden Pfosten. Im einfachsten Fall bestand die Kirche aus einem hölzernen Fundamentrahmen mit vier Eckpfosten, den namengebenden Stäben, und darauf liegenden Querbalken, auf denen wiederum das Satteldach ruhte. Die Außenwände wurden aus senkrecht stehenden Planken errichtet, die mit Nut und Feder unten im Fundamentrahmen und oben in den Querbalken befestigt waren.

Mit der Zeit entstanden immer komplexere Konstruktionen. Aus den einschiffigen Stabkirchen wurden mehrschiffige, kunstvolle Gebäude mit mehreren übereinanderliegenden Dächern, Gauben und Türmchen, die in den Stabkirchen von Heddal, Borgund und Urnes zur Perfektion entwickelt wurden. Umlaufende Laubengänge schützten die Außenwände vor Wind und Wetter. Reiche Schnitzereien verzierten die Wände, Decken und das Gestühl im Innern der Kirche. Von den mehr als 700 Stabkirchen in Norwegen sind bis heute 28 authentisch erhalten, der Rest ist Feuern, kriegerischen Auseinandersetzungen oder auch nur dem Verfall zum Opfer gefallen.

9 Larvik
Das Tor nach Norwegen

Ob Sie Norwegen mit dem Auto, dem Zug, einem Schiff, per Flugzeug oder mit dem Fahrrad erkunden wollen, Larvik ist der ideale Ausgangspunkt. Von Hirtshals in Dänemark verkehren täglich Fähren nach Larvik. Von dort geht es über die E 18 nach Oslo und Kristiansand. Bahnreisende nehmen dorthin die stündlich verkehrenden Züge. Der Rv 40 führt über die Berge an die Westküste und Flugverbindungen bestehen von Torp und Gardermoen in alle Regionen Norwegens.

Damit nicht genug, führt auch der 1130 Kilometer lange Abschnitt 12 des Nordseeküsten-Radweges, des längsten durchgehend ausgeschilderten Radweges der Welt, an Larvik vorbei. Man täte der Stadt allerdings Unrecht, wenn sie auf die verkehrsgünstige Lage reduziert würde, denn die Region hat eine lange Geschichte.

Geologische und menschliche Geschichte zum Anfassen

Als sich vor 10 000 Jahren die eiszeitlichen Gletscher zurückzogen, hinterließen sie die Halbinsel Mølen, eine Endmoräne aus großen, gerundeten Findlingen. Sie gehört heute zum einzigen skandinavischen UNESCO-Geopark. Über 100 verschiedene Gesteinsarten werden in der Moräne gefunden. Bereits kurz nachdem das Land eisfrei war, besiedelten steinzeitliche Jäger die Region um Larvik. Aus dieser Zeit stammen mehr als 230 Grabhügel, die auf Mølen aus den Findlingen aufgeschichtet wurden. Einige davon sind bis heute erhalten. Aus der Zeit der Völkerwanderung im 4. bis 6. Jahrhun-

Mitte: Der Anker ist das Symbol für das Seefahrtmuseum in Larvik.
Unten: Die Dreifaltigkeitskirche mit dem Bild von Lucas Cranach

Flusswanderung entlang des Lágen

dert stammen mehrere Wehrhügel. Sie sind heute im Gelände nur schwer erkennbar. Sichtbar und sehenswert sind jedoch die Reste der Wikingersiedlung im Stadtteil Kaupang, die im gleichen Atemzug mit Haithabu genannt wird. Erreichbar sind die Ausgrabungsstätten von der Innenstadt über den Kaupangveien. Hier hat es einen blühenden Handelshafen gegeben, der um das Jahr 800 aber aufgegeben wurde, weil das Hafenbecken verlandete.

Die erste urkundliche Erwähnung der Stadt reicht in das Jahr 1603 zurück. Schon damals war sie ein wichtiger Handelshafen. Im Großen Nordischen Krieg (1700–1721) spielte sie eine wichtige Rolle als Festung und Heimathafen des Marineoffiziers Peter Wessel Tordenskiold (1690–1720). Aus dieser Zeit stammt die Zitadelle auf der dem Hafen vorgelagerten Insel Citadelløya. Auf dem Festland ist das Krutthuset, das Schießpulverdepot, erhalten geblieben. Neueren Datums ist das von Gustav Vigeland geschaffene Denkmal von Tordenskiold in der Havnegaten in Stavern. Er blickt von seinem Sockel auf die Zitadelle, in deren Gemäuern noch heute das Gespenst seiner Geliebten umgehen soll.

Museen mit Geschichte

Umfassende Darstellungen der Stadtgeschichte finden sich in den beiden Museen der Stadt. Das

Geheimtipp

WANDERN AM LÁGEN

Warum nicht einmal eine Flusswanderung unternehmen? Der Lágen ist mit 352 Kilometern Länge einer der längsten Flüsse Norwegens. Numedalslágen wird er auch genannt, nicht nur, weil er durch das Numedal fließt, sondern auch, um ihn vom Gudbrandsdallágen zu unterscheiden, der bei Lillehammer in den Mjøsa-See fließt. Er entspringt in der Hardangervidda und mündet in Larvik in das Skagerrak. Nun soll nicht die gesamte Strecke abgewandert werden, sondern ein 3,7 Kilometer langer Abschnitt von Bommestad im Norden Larviks bis zum Stadtteil Yttersø. Der Pfad beginnt auf Höhe der Bommestadbrücke. Auf der Westseite des Flusses führt er am Flussufer mit seinen Galeriewäldern und Stromschnellen entlang. Acht Schautafeln informieren über die sehenswerte Flora und Fauna. Weitere Informationen und Kartenmaterial sind im Büro der Larvik Turistforening, Storgata 50, in unmittelbarer Nähe zum Bahnhof Larvik erhältlich.

Der Südosten

Larvik Museum steht nur 800 Meter vom Bahnhof entfernt. Zum Museum gehört auch der Herregården aus dem Jahr 1677 in der Straße Herregårdsbakken, einer der bedeutendsten Barockbauten Norwegens. Das Seefahrtsmuseum liegt ganze 500 Meter in entgegengesetzter Richtung im Stadtteil Tollerodden. Schiffsbau, Walfang und die Entwicklung des Hafens Larvik bilden die allgemeinen Schwerpunkte. Eine eigene Abteilung ist dem Schiffskonstrukteur Colin Archer (1832–1921) gewidmet, der für Fridtjof Nansen das legendäre Polarschiff Fram gebaut hat. Eine weitere Abteilung widmet sich dem Forscher und Sohn der Stadt Thor Heyerdahl (1914–2002), dessen Expeditionen mit den Schiffen Kon-Tiki, Raa II und Tigris Meilensteine der experimentellen Archäologie darstellten. Das Haus, in dem Heyerdahl geboren und aufgewachsen ist, steht in der Steingata 7. Seit dem Jahr 2000 ist im Seefahrtsmuseum eine Sonderausstellung über die Ausgrabungsarbeiten in Kaupang zu sehen, die ständig aktualisiert wird.

Natur in und um Larvik

Unmittelbar an der nördlichen Stadtgrenze liegt der Wald Bøkeskogen. Er ist der nördlichste geschlossene Buchenbestand der Welt. Die Buche ist hier an ihrer nördlichen Verbreitungsgrenze angelangt und daher für Botaniker von besonderem Interesse. Der Wald weist aber noch zwei weitere Besonderheiten auf: Mehr als 80 Grabhügel machen ihn zum größten eisenzeitlichen Gräberfeld Norwegens. Im Wald entspringt darüber hinaus die in ganz Norwegen bekannte Farris-Quelle, eine Mineralwasserquelle, die allerdings gefasst ist und das Wasser zum Farris-Bad leitet, wo es abgefüllt wird. Und dann ist da auch noch die 123 Kilometer lange Küste der Kommune Larvik mit vielen Schären, Buchten und weiten Sandstränden, die zum Baden einladen.

Oben: Aus dem 17. Jahrhundert stammt das Handelszentrum Bryggerhus in Gamle Stavern.
Mitte: Hier wohnte der dänisch-norwegische König Frederik III. während seines Aufenthalts in Larvik.
Unten: Einer der Wohnräume des Königs

Infos und Adressen

SEHENSWÜRDIGKEITEN

Gea Norvegica Geopark. Porselensveien 6A, Tel. 91 38 84 45, N-3918 Porsgrunn, www.geoparken.com

Kaupang. Historische Siedlungen zum Wiederentdecken altnorwegischer Kultur. Eintritt: 50 NOK/Pers. 25. Juni–15. Aug. Di–So 10–16 Uhr, Kullveien 5, N-3264 Larvik, www.kaupangprosjektet.no

Krutthuset – Pulverturm. N-3291 Stavern, Tel. 40 01 93 43/91 12 32 22, www.visitstavern.no

Larvik Museum. Nedre Fritzøegate 2, N-3264 Larvik, Tel. 48 10 66 00, www.larvikmuseum.no

Larviker Maritime Museum – Seefahrtsmuseum. Ende Juni–Mitte Aug. Di–So 12–16 Uhr, kürzer im restl. Jahr, Kirkestredet 5, N-3263 Larvik, Tel. 48 10 66 00, www.larvikmuseum.no

Mølen. Im einzigen von der UNESCO unterstützten Geopark werden 1,5 Mio. Jahre Erdgeschichte vor Ort erklärt. Büro: Mo–Fr 8–16 Uhr; Besucherzentrum: Mo–Fr 10–20 Uhr, Sa 10–18 Uhr, N-3296 Mølen Nevlunghamn, Tel. 33 17 24 00, post@opplevlarvik.no, www.geanor.no

Zitadelle. Postboks 22, N-3291 Stavern, Tel. 40 01 93 43/91 12 32 22, www.visitstavern.no

ÜBERNACHTEN

Anvikstranda and Donavall Camping. Campingplatz am Meer mit eigenem Badestrand. Naverfjorden, N-3290 Stavern, Tel. 33 19 55 0, post@anvikstranda.no, www.anvikstranda.no

Quality Hotel Grand Farris. Zentral gelegenes gutes Hotel. Einkaufszentrum, Bahnhof, Museum, Hafen und Strand sind fußläufig erreichbar. Storgata 38, N-3256 Larvik, Tel. 33 19 69 00, www.choice.no

ESSEN UND TRINKEN

Farris Bad Restaurant/Bar. Weitläufiges Spa mit Gastronomie. Tgl. 7/7.30–10/11 Uhr (Frühstück), 11.30/12–15 Uhr (Lunch), 18–22 Uhr (Dinner), Fritzøe Brygge 2, N-3264 Larvik, Tel. 81 55 87 00, booking@farrisbad.no, www.farrisbad.no

Fritzøe Gård. Restaurant am Golfplatz Larvik. Norwegische und internationale Küche. Tgl. 9–16 Uhr, Fritzøehus Park, N-3267 Larvik, Tel. 41 68 41 40, www.fritzoegard.no

INFORMATION

Larvik Tourist Information Office. Mo–Fr 9–15.30 Uhr, Sanden 2, N-3264 Larvik, Tel. 33 69 71 00, www.opplevlarvik.no

Kunst und Gastlichkeit sind im »Mini Hotell« eine Symbiose eingegangen.

10 Die Riviera Norwegens
Baden mit Blick auf Schären

Kragerø, Risør, Lyngør, Tvedestrand, Arendal, Grimstad, Lillesand und Kristiansand sind die Perlen einer Kette von Städten und Dörfern entlang der Skagerrakküste. Hier laden kleine, verträumte Ferienorte mit wunderbaren Sandstränden, windgeschützten Buchten und vorgelagerten Schären sonnenhungrige Besucher zum Verweilen ein. Baden ist nur in den Sommermonaten von Ende Juni bis Mitte August möglich.

Die aus dem Atlantik und der Nordsee kommenden Wolken regnen sich schon vorher an der Westküste ab und bescheren der »Riviera Norwegens« im Sommer täglich sechs bis sieben Sonnenstunden. Das milde Klima wussten einige der bekanntesten Persönlichkeiten Norwegens schon im 19. Jahrhundert zu schätzen. Der Maler und Journalist Christian Krohg (1852–1925), die Schriftsteller Theodor Severin Kittelsen (1857–1914) und Knut Hamsun (1859–1952), der Dramatiker Henryk Ibsen (1828–1906) und der weltberühmte Maler Edvard Munch (1863–1944) haben hier über längere Zeit gelebt. Die Anziehungskraft der Region hat bis heute nicht nachgelassen. Das führt dazu, dass sich durch die Urlauber die Einwohnerzahl der Orte während der Sommermonate vervierfachen kann. Wer die Ruhe liebt, sollte daher besser in der Vor- oder Nachsaison kommen.

Bunte Vielfalt an der Skagerrakküste

Jeder Ort an der Küste hat seine eigenen Attraktionen. Kragerø, die nördlichste Perle an der Kette,

Mitte: Kragerø vermittelt im Sommer südländisches Flair.
Unten: Maritime Kunst am Hafen von Risóy

Die Riviera Norwegens

besticht durch ihren schönen Marktplatz mit bunten Holzhäusern aus dem
19. Jahrhundert. Ein prominenter Einwohner von Kragerø war Edvard Munch, der hier
von 1909 bis zu seinem Tod gelebt hat. Mit dem
Edvard Munchs vei und einer Statue ehrt die Stadt
den Maler. Nicht weit vom sehenswerten Rathaus
entfernt steht das heute als Museum genutzte
Geburtshaus von Theodor Severin Kittelsen, der
hier seine Kindheit und Jugend verbracht hat.
Vom Rathaus über die Barthebrygga in Richtung
Hafen gelangt man zum Küstenfort Gunnarsholmen, das im 17. Jahrhundert zur Abwehr von See-
räubern errichtet wurde. Die Kanonen aus dem
18. und 19. Jahrhundert sind noch intakt und
schießen am Nationalfeiertag Salut.

Auf dem Rv 351 gelangt man zur nächsten Station entlang der Riviera Norwegens, dem kleinen
Städtchen Risør mit knapp 7000 Einwohnern.
Die Stadt erhielt 1990 den Titel als besterhaltene
Holzstadt Norwegens. Nach einem verheerenden
Feuer im Jahr 1861 wurde nahezu die ganze Stadt
ein Raub der Flammen. Beim Wiederaufbau waren
die Stadtoberen großzügig. Die vormals engen
Gassen wurden durch breite Straßen ersetzt, die
von repräsentativen weißen Holzhäusern gesäumt
werden. Auch bei der königlichen Familie ist Risør
als Urlaubsziel beliebt und dementsprechend teuer. Preiswertere Alternativen sind Ferienhütten
oder Campingplätze. Doch Vorsicht in der Hauptsaison, dann sind sie häufig überfüllt und auch die
Preise ziehen an. Schon kein Geheimtipp mehr,
aber immer noch zu empfehlen ist »Lindland Natur«, ein Bauernhof aus dem 17. Jahrhundert am
Lindlandsee, ca. 20 Kilometer von Risør entfernt.
Neben der Altstadt ist ein Besuch der barocken
Hellige Ånds Kirke aus dem Jahr 1647 empfeh-
lenswert. Sie steht in der Nähe des Risør-Museums
in der Prestegata.

Nicht verpassen

KULINARISCHE KÖSTLICHKEITEN

Am Meer muss es Fisch
sein, und der Besucher
von Arendal hat hier die Qual
der Wahl, denn es gibt vor allem im
Altstadtviertel Tyholmen eine ganze
Reihe sehr guter Fischrestaurants.
Zu empfehlen ist das »Restaurant
1711«. Es wird gesagt, dass es von
allen guten Restaurants das beste
der Stadt sei. Hier bekommen Sie
alles, was das Fischliebhaberherz
begehrt! Eine besondere Delikatesse ist die norwegische Garnele,
Reke genannt. Dazu trinkt man/frau
das in Arendal gebraute Arendals-
pils. Im Sommer kann man seine
Mahlzeit auch draußen auf der Terrasse einnehmen und dabei den
regen Treiben im Hafen Pollen zu-
schauen. Aber das »1711«, wie es
auch kurz genannt wird, ist schon
lange kein Geheimtipp mehr. Vorherige Anmeldung ist zu empfehlen.

Restaurant 1711. Mo–Sa 18–
22.30 Uhr, Nedre Tyholmsvei 9a,
N-4836 Arendal, Tel. 37 00 17 11,
www.restaurant1711.no

LYNGØR – INSELN OHNE STRASSEN UND AUTOS

Geheimtipp

Urlaub ohne Straßenlärm verspricht ein Besuch auf Lyngør, denn dort gibt es weder Autos noch Straßen, auf denen Sie fahren könnten. Lediglich Gassen verbinden die großzügigen weißen Villen, die hier vorwiegend im 19. Jahrhundert gebaut wurden, als sich reiche Kaufleute und Seeleute hier ansiedelten. 1991 erhielt die Siedlung den Europapreis als besterhaltener Ort. Lyngør besteht aus einer kleinen Gruppe von Inseln in der Nähe von Gjeving. Von dort verkehren auch Wassertaxen. Bedeutung hatte Lyngør als Hafen für Segelschiffe, die hier Stürme abwetterten. Diese Zeiten sind jedoch längst vergangen. Dauerhaft leben hier nur noch etwa 100 Menschen, beliebt sind die Inseln aber immer noch ... ein Geheimtipp für Ruhe Suchende. Noch mehr Ruhe findet, wer sich für einen Urlaub im Lyngør-Leuchtturm entscheidet, der auf einer der kleinsten Inseln liegt. Informationen beim Touristenbüro Tvedestrand.

Abendstimmung am Fischerhafen im Naturreservat Verdens Ende

Sehenswert ist auch das einzige Meerwasseraquarium zwischen Oslo und Stavanger. Über 100 Tierarten, von Fischen über Tintenfische bis zu Krebsen und See-Anemonen, werden hier präsentiert. Auch für das leibliche Wohl soll in Risør gesorgt sein. Eine Reihe guter Restaurants ist über die ganze Stadt verteilt, zwei sollen hier erwähnt werden. Das »Kast Loss« an der Strandgata ist eines der populärsten Lokale in Risør und bekannt für seine Fischgerichte. Das »Stangholmen Fyr« im Leuchtturm der Insel Stangholmen ist nur mit dem Wassertaxi erreichbar. Spezialitäten sind Steinbutt und Risør-Bouillabaisse.

Tvedestrand erreicht man von Risør über die Rv 416 und die E 18. Ganze 6000 Einwohner zählt das malerisch an der Mündung des Oksenfjordes auf mehreren Hügeln gelegene Städtchen. So klein der Ort ist, bietet er doch viel, von Bootstouren über Wandern und Angeln bis zum Sonnenbaden und Schwimmen. Informationsmaterial hält das örtliche Touristenbüro bereit. Und auch Fahrräder werden dort für 100 NOK pro Tag vermietet.

Ein Tipp für Regentage, die es auch in dieser Region gelegentlich gibt, ist die »Bücherstadt Tvedestrand«, die 2003 offiziell eröffnet wurde. Im historischen Stadtkern befinden sich mehr als 20 Antiquariate und Buchhandlungen, in denen über 350 000 Titel angeboten werden. Jeden Samstag finden Lesungen statt.

Arendal heißt das nächste Ziel, das über die E 18 und die Rv 410 nach Süden erreichbar ist. »Venedig des Nordens« wurde der kleine Ort Arendal genannt, weil die Stadt auf vielen kleinen, dicht beieinander liegenden Inseln errichtet wurde. Die Kanäle zwischen den Inseln dienten als Verkehrswege. Viele Häuser waren auf Pfosten im Wasser

Die Riviera Norwegens

gegründet. 1863 vernichtete ein verheerendes Feuer einen großen Teil der Stadt. Nach dem Brand wurden die Kanäle zugeschüttet. Nur die Insel Tyholmen blieb weitgehend vom Feuer verschont. Dort sind einige schöne Holzhäuser erhalten, darunter das vierstöckige Palais Kalleviggård aus dem Jahr 1815, das ursprünglich einem Kaufmann gehörte, aber bereits seit dem Jahr 1844 als Rathaus der Stadt diente. Heute ist kein Boot mehr notwendig, um Tyholmen zu erreichen, der Kanal zwischen der Insel und dem Festland wurde 1933 zugeschüttet. Nur mit dem Boot zu erreichen ist die von Arendal knapp vier Kilometer entfernte Insel Merdø. Auch dort sind viele der alten, rot oder weiß gestrichenen Häuser erhalten geblieben. Noch drei Kilometer weiter liegt die kleine Insel Torungen. Der Leuchtturm auf der Insel wird vom Verein Den Norske Turistforening als Wanderhütte unterhalten. Die Übernachtung ist preisgünstig, Trinkwasser muss jeder Besucher aber selbst mitbringen.

Nur rund 800 Einwohner hat Lillesand, der nächste Stopp auf der Reise entlang der Küste. Seine Blütezeit erlebte Lillesand im 18. und 19. Jahrhundert durch die Segelschifffahrt. Es gab zahlreiche Werften und viele Reeder ließen sich in der kleinen Stadt nieder. Aus dieser Zeit stammen auch die gut erhaltenen Holzhäuser, die die Stadt bis heute prägen. Lillesand war zudem die Heimat des Bauernführers Christian Lofthuus (1750–1797), eines norwegischen »Robin Hood«, der im 18. Jahrhundert eine Revolte entfachte und dafür lebenslänglich ins Gefängnis kam. Ein Gedenkstein am Lofthuusgård in Vestre Moland, nördlich von Lillesand, und ein Denkmal im Hafen erinnern an ihn. Nach der Stadtbesichtigung sollte noch Zeit für ein erfrischendes Bad im Meer am nur einen Kilometer vom Stadtzentrum entfernten Julbauen–Sandsnes sein.

Oben: Vom kleinen Hafen in Gjevik gelangt man mit der Fähre auf die autofreie Insel Lyngør. **Unten:** Das schmalste Haus Skandinaviens steht in Tvedestrand.

Sonnige Metropole am Skagerrak

Kristiansand ist die Hauptstadt der Region Sørlandet und mit 84 000 Einwohnern die fünftgrößte Stadt Norwegens. Sie wurde 1641 durch den dänischen König Christian IV. gegründet, um hier ein neues Handelszentrum für die Region zu schaffen. Obwohl auch Kristiansand nicht vor verheerenden Feuern verschont geblieben ist, wurde die Stadt immer wieder in einem streng quadratischen, aus dem Mittelalter überlieferten Grundriss aufgebaut, wenn auch in dem zu der jeweiligen Zeit typischen Baustil. Die weniger als einen Quadratkilometer große *Kvadraturen*, wie die Altstadt auch genannt wird, ist bis heute das Kernstück der Stadt, wenngleich sie sich inzwischen auf fast 280 Quadratkilometern ausbreitet.

Ähnlich wie Larvik ist Kristiansand ein Verkehrsknotenpunkt. Vom Flughafen Kristiansand/Kjevik bestehen nationale Verbindungen nach Oslo, Bergen und Stavanger, international werden Kopenhagen und Amsterdam angeflogen. Eine Fährverbindung besteht täglich nach Hirtshals in Dänemark. Direkt am Fähranleger liegt der Bahnhof, von dem aus Züge

Oben: Felsen und Wasser prägen das Naturschutzgebiet Verdens Ende.
Unten: Eines der vielen Straßencafés in Lillesand

GUT ZU WISSEN

EINHEIMISCHE KÜCHE STATT PIZZA

Finden Sie nicht auch, dass man sich in seinem Urlaubsland auch mit der einheimischen Küche auseinandersetzen sollte? In dieser Beziehung hat Norwegen viel zu bieten. Lachs, Heilbutt, Hering und Meeresfrüchte werden in zahlreichen Variationen angeboten. Rentier, Elch und Hirsch stehen auch auf den Speisekarten. Köstlich sind zudem der süße braune Ziegenkäse Brunost oder Spekemat und gepökeltes oder getrocknetes Fleisch, das mit dünnem Brot gegessen wird.

Die Gletschertöpfe sind 20 000 Jahr alt.

nach Oslo und Stavanger fahren. Auch die Straßenverbindungen sind sehr gut. Die E 18 führt in nördlicher Richtung nach Oslo und darüber hinaus bis nach Schweden, während die E 39 die Anbindung an die westlichen Landesteile gewährleistet. Über den Rv 9 bestehen Verbindungen durch das Setesdal auch in das Landesinnere und nicht zuletzt führt der Nordsee-küsten-Radweg durch die Stadt.

Kristiansand ist einer der beliebtesten Urlaubsorte in Norwegen. Die Stadt hat aber auch viel zu bieten. Im Stadtteil Kvadraturen befinden sich Domkirche, Rathaus, Fremdenverkehrsamt und Markt zentral am Wergelandspark, den man dem berühmtesten Sohn der Stadt, dem Dichter Henryk Arnold Wergeland (1808–1845), gewidmet hat. Von dort ist es nur ein kurzer Weg zum Ufer der Otra mit den ältesten Häusern der Stadt in Posebyen. Diagonal gegenüber, an der Südwestecke der Kvadraturen, liegt die Fiskebrygga mit vielen Kneipen und dem Fischmarkt. Über die Strandpromenade gelangt man zur 1672 errichteten Festung Christiansholm. Keine 500 Meter weiter liegt an der Kronprinsens gate einer der Badestrände der Stadt. Weitere Strände befinden sich auf der Insel Odderøya, die über vier Brücken mit dem Festland verbunden ist. Im Nordosten liegt das Naturhistorische Museum mit dem Botanischen Garten.

Geheimtipp

GLETSCHERTÖPFE – MEHR ALS 20 000 JAHRE ALTE BADEWANNEN

Wer kann schon von sich behaupten, in einer mehr als 20 000 Jahre alten Badewanne gesessen zu haben? Knapp 80 Kilometer von Arendal entfernt besteht die Möglichkeit dazu. An den Jette Grytene am Reinsfossen haben Schmelzwasserströme während der Eiszeit den Granit ausgewaschen und glatt poliert. An diesen sogenannten Gletschertöpfen sind topfartige Vertiefungen entstanden, die den Vergleich mit Badewannen durchaus nahelegen. Ungeheure Kräfte waren dafür verantwortlich. Durch Gletscherspalten abfließendes, mit Staubpartikeln und Kies befrachtetes Wasser hat stellenweise Wirbel gebildet, in denen es bis auf 200 Stundenkilometer beschleunigt wurde und die Felsen regelrecht ausgefräst hat. Gebadet wird darin tatsächlich. Zu erreichen sind die Gletschertöpfe von Arendal über die E 18, den Rv 42, die E 41. Bei Haugsjåsund links abbiegen auf den Fv 352. Nach sieben Kilometern ist das Ziel erreicht.

Infos und Adressen

SEHENSWÜRDIGKEITEN

Agder Naturhistorisches Museum und Botanischer Garten. Ausstellungen mit Schwerpunkt auf der norwegischen Fauna und Flora. Im botanischen Garten befindet sich die größte Kakteensammlung Norwegens. Sommer: tgl. 11–17 Uhr; restl. Jahr: Di–Fr 10–15 Uhr, So 12–16 Uhr, Mo/Sa geschl., Gimleveien 23, N-4630 Kristiansand S, Tel. 38 05 86 20, www.naturmuseum.no

Christiansholm Festung. N-4610 Kristiansand S, Tel. 38 07 51 50, www.kristiansand.kommune.no

Kittelsen Haus. Geburts- und Wohnhaus des Malers und Zeichners Theodor Kittelsen. 24. Mai–28. Sept. Sa/So 11–17 Uhr, 1. Juli–1. Aug. tgl. 11–17 Uhr, Theodor Kittelsens vei 5, N-3770 Kragerø, Tel. 35 98 14 53, post@telemark.museum.no, www.telemarkmuseum.no

Kristiansand Domkirche. Kirkegate, N-4610 Kristiansand S, Tel. 38 19 68 00, www.kristiansanddomkirke.no

Küstenfort Gunnarsholmen. Barthebrygga, N-3770 Kragerø.

Lillesand Stadt- und Schifffahrtmuseum. Neben dem Rathaus gelegenes Museum in Gebäuden aus dem Jahr 1827 mit Sammlungen von Werkzeugen, Hausgeräten und Möbeln. 17. Juni–13. Aug. Di–So 12–16 Uhr, Carl Knudsengaarden, Nygårdsgaten 1, N-4790 Lillesand, Tel. 46 81 75 10, lillesandmuseet@gmail.com, www.lillesandmuseet.com

Stiftelsen Risør Akvarium. Meerwasseraquarium mit mehr als 500 Tieren in 30 Großbecken. Tgl. 12–16 Uhr, Dez./Jan. geschl., Strandgata 14, N-4950 Risør, Tel. 37 15 32 82, www.risorakvarium.no

AKTIVITÄTEN

Kayak Experiences. Verleih von See-Kajaks. Preis: 400 NOK. Dvergsnesveien 571, N-4639 Kristiansand S, Tel. 91 13 11 03, www.kayakexperiences.com

Laksefiske i Otra. Lachsangeln in der Otra. Angelschein für 40 Süßgewässer der Region. Preis: 200 NOK. V. Strandgaten 24, N-4611 Kristiansand S, Tel. 47 46 52 03, www.otralax.no

ÜBERNACHTEN

Budget Hotel Kristiansand. Sehr einfaches, aber gut geführtes und preiswertes Hotel, zentral gelegen. Vestre Strandgaten 49, N-4612 Kristiansand S, Tel. 38 70 15 65, www.budgethotel.no

Clarion Hotel Ernst. Familienhotel im Zentrum. Rådhusgata 2, N-4611 Kristiansand S, Tel. 38 12 86 00, www.clarionernst.no

Comfort Hotel Kristiansand. In der Nähe des Bahnhofes gelegenes Hotel. Sonderkonditionen für Gäste mit dem »Nordischen Hotelpass«. Haustiere erlaubt. Skippergata 7–9, N-4611 Kristiansand S, Tel. 38 07 94 00, www.choice.no/comfort

Kristiansand Feriesenter Dvergsnestangen. Dvergsnesveien 571, N-4639 Kristiansand S, Tel. 38 04 19 80, www.kristiansandferiesenter.no

Leuchtturmferien auf Store Torungen. Vom DNT unterhaltene Unterkünfte im ehemaligen Wachhaus des Leuchtturmwärters und in einem Nebengebäude. Langbrygga 21, N-4803 Arendal, Tel. 37 02 32 14, www.turistforeningen.no

Lindland Natur. Einfache Hütten mit rustikaler Ausstattung in ruhiger Umgebung. Preis: Eine Hütte mit »Badstue« für fünf Personen ist für 300–800 NOK/Pers. zu haben, eine Woche kostet pauschal 4500 NOK. Anfahrt: Über die Rv 416 und Rv 411 bis zur E 18 nach Süden bis zur Ausfahrt Sogne, auf dem Lindlandsveien, dem Fv 3 nach Norden bis Øvre Lindland. Lindland Øvre, N-4909 Songe, Tel. 37 15 54 33, www.lindlandnatur.no

Risør Hotel. Kleines, zentral in der Altstadt gelegenes Hotel mit Meeresblick. Tangengata 16, N-4950 Risør, Tel. 37 14 80 00, www.risorhotel.no

Thon Hotel Kristiansand. Zentral, aber ruhig gelegenes Hotel. Markensgate 39, N-4612 Kristiansand S, Tel. 38 10 40 40, www.thonhotels.no/kristiansand

Victoria Hotel. Das beste Hotel der Stadt. P A Heuchsgate 31, N-3770 Kragerø, Tel. 35 98 75 25, www.victoria-kragero.no

CAMPEN
Roligheden Camping. 150 Stellplätze für Zelte, Wohnmobile und Wohnwagen. Keine Hütten. Framnesveien 10, N-4632 Kristiansand S, Tel. 38 09 67 22, www.roligheden.no

ESSEN UND TRINKEN
Brasserie C. Buffet- und à la Carte-Restaurant im Hotel »Radisson Blu«. Mo–Sa 16–23 Uhr, So 12–22 Uhr, Vestre Strandgata 7, N-4610 Kristiansand S, Tel. 38 11 22 20, www.radissonblu.com

Kast Loss. Kleines, maritim eingerichtetes Restaurant am Wasser. Im Sommer ist die Pir 1, eine verglaste Terrasse, geöffnet. Strandgata 23, N-4950 Risør, Tel. 37 15 07 77.

Måltid. Das Restaurant verarbeitet ausschließlich frische Zutaten aus der Region. Angler können ihren Fang hier zubereiten lassen. Di–Sa 17–21.45 Uhr (letzte Reservierung), Weihnachten/Ostern/Juli geschl., Tollbodgata 2B, N-4611 Kristiansand S, Tel. 47 83 30 00, firmapost@maltid.no, www.maltid.no

Stangholmen Fyr. Nur im Sommer geöffnetes Restaurant im Leuchtturm auf der Insel Stangholmen. Spezialisiert auf Meeresfrüchte. Stangholmen, 4950 Risør, Tel. 37 15 37 00, www.stangholmen.no

Tollboden Café og Restaurant. Meeresfrüchte und Fisch vom Feinsten, gelegentlich mit Live-

»Onkel Oskars Bar« ist nur eine von vielen Kneipen im Hafen von Kragerø.

Band. Heuchsgate 4, N-3770 Kragerø, Tel. 35 98 90 90, dagligleder@tollboden.org, www.tollboden.org

Vertshuset Pieder Ro. Auf der großzügigen, windgeschützten Terrasse lässt es sich gut norwegisch speisen. Tgl. 11–23 Uhr, So 13–21 Uhr, Gravane 10, 4610 Kristiansand S, Tel. 38 10 07 88, www.pieder-ro.no

INFORMATION
Arendal Touristenbüro. c/o Arendal commune, Postboks 780 Stoa, N-4809 Arendal, Tel. 37 00 55 44, www.arendal.com

Kragerø Touristen Information. Torvgata 1, N-3770 Kragerø, Tel. 35 98 23 88, post@visitkragero.no, www.visitkragero.no

Kristiansand Fremdenverkehrsamt. Rådhusgaten 18, N-4611 Kristiansand S, Tel. 38 07 50 00, info@visitkrs.no, www.kristiansand.kommune.no

Risør Touristeninformation. Torvet 1, N-4950 Risør, Tel. 37 15 22 70, risor.turistinfo@risor.kommune.no, www.risor.no

Tvedestrand Touristinformation. Tjennaveien 30, N-Tvedestrand, Tel. 97 59 40 02, www.tvedestrand.kommune.no

DER SÜDEN

11 Grimstad
Odins Stadt

Grimr oder Grimnir, der Maskierte, ist einer der vielen Beinamen, die Odin, dem Hauptgott der nordischen Mythologie, zugeschrieben werden. Grimstad ist danach Odins Stadt, und tatsächlich war die Region während der Völkerwanderung im 4. bis 6. Jahrhundert und in der Wikingerzeit besiedelt, wie zahlreiche archäologische Funde belegen. Die erste schriftliche Erwähnung fand Grimstad auf einer 1528 erschienenen Seekarte.

Als Fischerdorf gegründet, entwickelte sich der Ort im 18. und 19. Jahrhundert zu einem Zentrum des Segelschiffbaus. Im Schifffahrtsmuseum der Stadt, nur 500 Meter vom Zentrum entfernt, wird die Geschichte der Stadt mit ihren damals über 40 Werften anschaulich präsentiert. Die Stadtrechte erhielt Grimstad im Jahr 1816. Aus dieser Zeit stammen auch die meisten Häuser in der Altstadt.

Symbiose von Natur und Kultur

Knapp 22 000 Einwohner leben heute in Grimstad, während des Sommers sind es manchmal doppelt so viele, denn Grimstad ist die Stadt in Norwegen mit den meisten Sonnenstunden im Jahr. Allerdings verlieren sich die Besucher in der wunderschönen Schärenlandschaft und an den Stränden in der Nähe der Stadt. Der Stadtstrand ist ganze 600 Meter vom Zentrum entfernt und auch zum Strand im Stadtteil Groos sind es nur wenige Gehminuten. Zusätzlich zu den Bademöglichkeiten gibt es hier ein Beachvolleyballfeld und ausgedehnte Rasenflächen für andere Ballspiele. Im

Seite 90/91: Die Küstenlandschaft bei Jæren: Sand, Steine, Wasser und viel Ruhe
Mitte: Grimstads Hafen ist Ausgangspunkt für spannende Entdeckungen zu Wasser.
Unten: Das Ibsen-Museum in Grimstad ist einen Besuch wert.

Wanderfans kommen hier auf ihre Kosten.

»Groos Sommer Restaurant« werden kleine Gerichte, Kaffee und Kuchen serviert. Mit dem Wassertaxi, dem eigenen oder einem gemieteten Boot die Schären zu erkunden, ist ein besonderes Erlebnis. Der örtliche Naturschutzverband Selskapet for Grimstad Bys Vel hat schon in den 1920er-Jahren begonnen, mithilfe privater Spenden die Inseln vor der Küste Grimstads zu erwerben und sie einerseits dem Naturschutz zu widmen, andererseits aber auch einem sanften Tourismus zugänglich zu machen. Inzwischen ist ein großer Teil der Inseln im Besitz des Verbandes. Aber nicht nur das Meer lockt, auch an Land bieten sich vielfältige Möglichkeiten zur Freizeitgestaltung. Ein Geheimtipp für Naturfreunde ist das Naturschutzgebiet Skiftenes, ein naturnaher Eichenwald mit einem Naturlehrpfad etwa zehn Kilometer nördlich von Grimstad, zu erreichen über den Rv 404.

Henrik Ibsen und Knut Hamsun

Trotz der wunderschönen Landschaft und des guten Klimas hat sich Henrik Ibsen hier nicht wohl gefühlt, als er im Alter von 16 Jahren eine Lehre

Nicht verpassen

KLETTERN, KAJAKEN, WANDERN – ALLES IST MÖGLICH

In kaum einer anderen Stadt an der Riviera Norwegens ist das Freizeitangebot so reichhaltig wie in Grimstad. Die erste Anlaufstelle für sportlich Aktive ist die Touristeninformation (s. S. 95) direkt am Hafen. Hier können Sie Fahrräder und ein Boot mit Außenbordmotor zu günstigen Preisen ausleihen, Stadtführungen und geführte Wander- und Radwandertouren buchen und Angellizenzen erwerben. Für den etwas stärkeren Nervenkitzel ist die Firma Kajakk, klatring & friluftsliv Grimstad, die richtige Adresse. Sie bietet neben vielen anderen Aktivitäten vor allem Kajak- und Klettertouren an.

Kajakk, klatring & friluftsliv Grimstad. Arendalsveien 19 C, N-4878 Grimstad, Tel. 97 61 45 63, www.steinvill.no

93

in der Reimann'schen Apotheke antrat, die heute noch existiert. Obwohl Ibsen nur wenige Jahre hier verbracht hat, hat ihm die Stadt in der Apotheke ein eigenes, sehenswertes Museum gewidmet. Im Gegensatz zu Ibsen war der Literaturnobelpreisträger Knut Hamsun sehr gern in Grimstad. Er hat hier 34 Jahre gelebt. Zwei weitere Museen sind der Stadtgeschichte und dem Gartenbau gewidmet. Eine Fülle von Ausstellungen, Konzerten und Veranstaltungen wird zudem in Grimstad durchgeführt. Im Frühsommer trifft man während des Grimstad Kurzfilmfestivals Filmenthusiasten aus dem In- und Ausland. Das Agdertheater Fjæreheia ist ein Freilichttheater mit ganz besonderem Flair in einem ausgedienten Granitsteinbruch. Seit 1993 wird hier gespielt, u. a. kommen die Dramen von Henrik Ibsen zur Aufführung, aber auch populäre Rockmusicals.

Ein Paradies für Selbstversorger

Nicht nur passionierte Angler können sich aus der Natur ernähren. Mit ein wenig Geschick gelingt es jedermann, sich seine Mahlzeit aus dem Meer zu holen. In der unteren Gezeitenzone sitzen Miesmuscheln festgeheftet an den Felsen und können gekocht oder über dem offenen Feuer gegart werden. Mit einem vorherigen Anruf beim *Blåskjelltelefonen* (Tel. 82 03 33 33) können Sie sich vergewissern, ob die Muscheln zum gegenwärtigen Zeitpunkt gefahrlos gegessen werden können. Auch die Taschenkrebse, die in der Dämmerung in flaches Wasser wandern, um Muscheln zu fressen, sind eine Delikatesse. Mit Keschern oder der bloßen Hand können die Tiere gefangen werden, doch Vorsicht ist geboten, denn die Scheren können unvorsichtige Finger kräftig kneifen. In kochendem Wasser sind die Taschenkrebse nach 25 Minuten gar.

Oben: In dieser Apotheke verbrachte Henrik Ibsen seine Lehrjahre.
Mitte: Die Büste des Dichters steht vor dem Ibsen-Museum.
Unten: Miesmuscheln können hier von jedermann gesammelt werden.

Infos und Adressen

SEHENSWÜRDIGKEITEN

Ibsen Museum Grimstad. Das Museum ist in einer ehemaligen Apotheke untergebracht. 21. Juni–17. Aug. Mo–Sa 11–16 Uhr, So ab 12 Uhr, restl. Jahr nur Sa/So, Henrik Ibsens gate 14, N-4878 Grimstad, Tel. 37 04 04 90, post@gbm.no, www.gbm.no/ibsenmuseet

Kilden – Fjæreheia Theater. Freilicht-Amphitheater in einem ehemaligen Steinbruch. Tauleveien, N-4885 Grimstad, Tel. 90 58 11 11, www.kilden.com/fjereheia

Norwegisches Gartenbaumuseum. Die neueste Ausstellung steht unter dem Motto »Bienen und Blüten«. Museumsladen und Café. Eintritt frei. 11. Mai–15. Juni, 24. Aug.–26. Okt. So 12–16 Uhr, 22. Juni–17. Aug. Mo–Sa 11–16 Uhr, So 12–16 Uhr, Dømmesmoen, N-4877 Grimstad, Tel. 37 04 04 90, nhm@gbm.no, www.gbm.no/hagebruksmuseet.html

Schifffahrtsmuseum Grimstad. Das Museum befasst sich mit Schiffs- und Bootsbau sowie Handel und Frachtschiffahrt von 1850 bis zum Ende des 19. Jh. Hasseldalen, N-4878 Grimstad, Tel. 37 04 04 90, post@gbm.no, www.gbm.no/bymuseet.html

ÜBERNACHTEN

Grimstad Vertshus. Preisgünstiges Hotel an der E 18, 1 km vom Ortszentrum entfernt. Alle Zimmer mit Bad/WC, TV und Internet. Frivoldveien 11/13, N-4877 Grimstad, Tel. 37 04 25 00, www.grimstad-vertshus.no

Moysand Familiencamping. Moy, N-4885 Grimstad, Tel. 37 04 02 09, mail@moysand-familiecamping.no, www.moysand.no

ESSEN UND TRINKEN

Smag & Behag. Vorwiegend norwegische Küche. Storgaten 14, N-4876 Grimstad, Tel. 37 04 09 00, hp@smag-behag.no, www.smag-behag.no

INFORMATION

Touristeninformation Grimstad. 20. Juni–20. Aug. Mo–Fr 9–18 Uhr, Sa–So 10–16 Uhr, 21. Aug.–19. Juni Mo–Fr 8.30 16 Uhr, Storgaten 1A, N-4891 Grimstad, Tel. 37 25 01 68, www.visitgrimstad.com

Das Ibsen-Museum ist in einer ehemaligen Apotheke untergebracht. Im Verkaufsraum stehen noch alte Porzellanbehälter.

12 Setesdalbahn
Ein Schmankerl nicht nur für Eisenbahnfreunde

Norwegen ist das Land der Wasserwege entlang der Küsten und in den Fjorden. Das schwer zugängliche, gebirgige Hinterland konnte dagegen nur auf schmalen Pfaden zu Fuß, auf Pferden oder mit Fuhrwerken erreicht werden. Das änderte sich erst 1853 mit dem Bau der ersten Eisenbahnlinie zwischen Oslo und Eidsvoll. 1896 wurde die 78 Kilometer lange Setesdalbahn zwischen Kristiansand und Byglandsfjord eröffnet.

Für Jahrzehnte war die Setesdalbahn das wichtigste Transportmittel der Region für Eisenerz und Holz. Sie wurde aus mehreren Gründen als Schmalspurbahn mit der Spurweite drei Fuß sechs Zoll, entsprechend 1067 Millimetern, ausgeführt. Ausschlaggebend waren Kostengründe, denn Wagen und Lokomotiven einer Schmalspurbahn können kleiner und damit preisgünstiger ausgeführt werden als die einer Normalspurbahn mit ihren 1435 Millimetern Spurweite. Auch die Kosten für die Gleistrasse und den Unterbau sind erheblich geringer. Weitere, nicht zu unterschätzende Argumente sind der geringere Rollwiderstand und die Möglichkeit, engere Kurvenradien zu bauen, ein im engen Tal der Otra nicht zu unterschätzender Vorteil.

Mitte: Eine Fahrt mit der historischen Schmalspurbahn ist für Alt und Jung ein Erlebnis.
Unten: Der Zugführer ist selbst Setesdalbahn-Fan und arbeitet ehrenamtlich.

Durch die Setesdalbahn wurde erstmals das Setesdal effizient erschlossen. Als Güterbahn war sie das wichtigste Transportmittel aus dem Hinterland nach Kristiansand und im Personenverkehr war es nun möglich, an einem Tag von Byglandsfjord nach Kristiansand und wieder zurück zu rei-

Setesdalbahn

sen. Durch die Verlagerung des Verkehrs von der Schiene auf die Straße verlor die Bahn an Rentabilität und wurde 1962 stillgelegt. Lediglich die acht Kilometer lange Teilstrecke vom nördlich von Kristiansand gelegenen Bahnhof Grovane bis Røyknes wurde zwei Jahre später als erste norwegische Museumsbahn in Betrieb genommen.

Die Bahn verkehrt regelmäßig mit modernen Dieselloks, aber auch mit historischen Dampflokomotiven und vier mehr als 100 Jahre alten Personenwaggons, deren Aufbauten aus edlem Teakholz bestehen. Die Strecke führt durch fast unberührte Natur zunächst am Ostufer der Otra durch das Tal. Nach 1,5 Kilometern wird einer der vielen kleinen Seen überquert, zu denen sich die Otra aufweitet. Auf der anderen Seite entfernt sich die Bahn etwas vom Fluss und führt nun durch dichten Wald, bis das Ufer nach anderthalb Kilometern wieder sichtbar wird. Es folgt eine Tunneldurchfahrt, bevor der See Beihølen erreicht wird, an dessen Ufer die Fahrt bis zum Endpunkt in Røyknes führt. Unterwegs werden die noch erhaltenen Bahnhöfe Poulen und Kringsjå passiert. Fast ständig ist während der Fahrt eine alte Flößerrinne sichtbar, die parallel zur Bahntrasse auf der anderen Seite der Otra entlangführt. Nach einer halben Stunde Aufenthalt geht es zurück nach Grovane. Das Personal an Bord besteht aus freiwilligen Helfern, die sich den Erhalt der Bahn auf die Fahnen geschrieben haben.

Wieder in Grovane zurück, runden Führungen durch den Bahnhof, den Lokomotivschuppen sowie die Werkstatt das Erlebnis Dampfrossfahrt ab. Die Fahrpläne sind bei der Stiftung Stiftelsen Setesdalbanen Grovane erhältlich. Die Bahn ist nur im Sommer in Betrieb. Grovane liegt in der Kommune Vennesla und ist über den Rv 450 von Kristiansand erreichbar.

Infos und Adressen

SEHENSWÜRDIGKEITEN

Stiftelsen Setesdalsbanen. Eintritt: 120 NOK (Erw.), 60 NOK (Kinder 4–15 J.), 300 NOK (Familien), 100 NOK (Rentner). Saisongeöffnet. Abfahrtszeiten Dampflokomotive Mitte Juni–Ende Aug. So 11.30, 13.20 und 15.10 Uhr. Außerdem Führungen durch Lokschuppen und Werkstatt. Grovane stasjon, N-4700 Vennesla, Tel. 38 15 64 82, setesdalsbanen@vestagdermuseet.no, www.setesdalbanen.no

ÜBERNACHTEN

Døblane Bed & Breakfast. Einfaches Hotel, knapp 20 km nördlich von Kristiansand. Tvidøblane 46, N-4700 Vennesla, Tel. 40 20 20 25, egil.lars@live.no, www.doblanebed-breakfast.com

ESSEN UND TRINKEN

Im Zug werden Erfrischungen verkauft, ein Restaurant gibt es nicht. Auch in Grovane, Røyknes oder Vennesla findet der hungrige Gast kein Restaurant. Der Weg zurück nach Kristiansand ist jedoch zum Glück nicht weit.

INFORMATION

Touristeninformation der Gemeinde Vennesla. Mo–Fr 8–15.30 Uhr, Herredshuset, N-4700 Vennesla, Tel. 38 13 72 00, epost@vennesla.kommune.no, www.vennesla.kommune.no

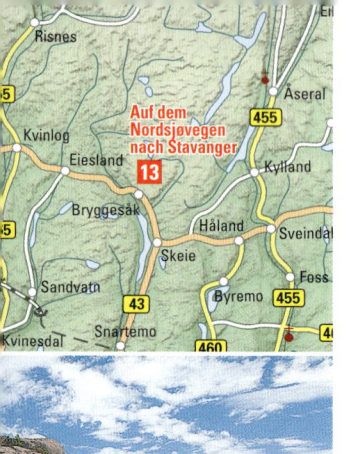

13 Auf dem Nordsjø-vegen nach Stavanger
Reizvolle Landschaften

232 Kilometer lang ist die Strecke auf dem Nordsjøvegen, der Nordseestraße von Kristiansand nach Stavanger. Doch nur, wer es wirklich eilig hat, sollte der E 39 folgend den kürzesten Weg wählen. Die Nebenstrecken mit so wohlklingenden Namen wie Langnesveien, Vagsbyveien, Røsstadveien oder Tredgeveien führen nahe der Küste durch ausgedehnte Wälder und malerische kleine Dörfer, deren Häuser oft auf Pfählen im Wasser gegründet sind.

Von Kristiansand kommend, ist Mandal das erste Etappenziel. Mandal ist eine der ältesten Städte Norwegens, vor allem aber die südlichste. Der kürzeste Weg führt über die E 39, doch die bleibt meist weit von der Küste entfernt. Die Schönheit der Landschaft erschließt sich eher demjenigen, der die Hauptstraße verlässt und die Strecke am Meer entlang wählt.

Mandal entstand um das Jahr 1500 als Verladestation für Holz, das hauptsächlich in die Niederlande exportiert wurde. Später wurde eine kleine Siedlung daraus, die durch Holz- und Lachsexport zu Wohlstand kam. Die Besichtigung des Ortskernes mit über 600 Holzhäusern, unter anderem dem ehemaligen Kontorhaus Kjøbmandsgaarden aus dem Jahr 1800, das heute als kleines Hotel geführt wird, sollte sich kein Besucher entgehen lassen. Weitere Attraktionen sind die 1821 geweihte größte Holzkirche Norwegens, die 1300 Sitzplätze bietet, sowie die ehemalige Sommerresidenz Risøbank des schottischen Lords Edvard Salvesen (1855–1926), ein nach Schottland ausgewanderter

Mitte: Landschaftlich bezaubernd ist die Route entlang der Küste.
Unten: Bunte Bootshäuser bei Mandal

Wo einst die Postkutschen verkehrten ...

Norweger, der von 1905 bis 1922 Mitglied des obersten Zivilgerichtes in Schottland wurde. Mandal hat auch zwei berühmte Söhne: die Brüder Emanuel (1875–1948) und Gustav Vigeland (1869–1943), der eine Maler, der andere Bildhauer von Weltruf. Das Geburtshaus der beiden Künstler ist erhalten geblieben. Im Mandal Museum sind Werke von Gustav Vigeland ausgestellt. Nach so viel Kultur ist ein erfrischendes Bad in der Nordsee genau das Richtige. Unmittelbar an den Siedlungsbereich schließt der Strand Sjøsand an, von dem behauptet wird, er sei einer der schönsten Strände Norwegens.

Naturerlebnis pur in Lyngdal und Umgebung

Nach einem Abstecher zum Südkap gelangt der Reisende auf dem Rv 43 in westlicher Richtung nach Lyngdal. Am Ende des von bis zu 150 Meter hohen Felswänden eingefassten Åptafjords gelegen, ist Lyngdal eine typisch norwegische Kleinstadt. Der Ort ist Ausgangspunkt für Wanderungen in das hügelige Hinterland. Nur gut 15 Kilometer nördlich von Lyngdal entfernt liegt der Kvåsfossen, ein aus 36 Meter Höhe herabstürzender Wasserfall. Ausgeschilderte Wanderwege führen dort hin, er ist aber auch über den Rv 43

Nicht verpassen

WANDERN AUF DEM POST-KUTSCHENWEG

Die Postkutsche verkehrt hier schon lange nicht mehr, der mehr als 200 Jahre alte Weg von Framvaren nach Herad ist aber vor einigen Jahren als Wanderweg hergerichtet worden. Wo früher die Postkutsche Staub aufwirbelte und die Passagiere kräftig durchgeschüttelt wurden, erlebt der Wanderer auf dem Bøensbakkene heute die Mittelgebirgslandschaft in aller Ruhe. Besonders schön ist der Ausblick auf den Framvarenfjord, an dessen Ufer der Weg entlangführt. Der Fjord ist das »Death Valley« Norwegens, denn am Eingang des 180 Meter tiefen Fjordes liegt eine bis knapp unter die Wasseroberfläche reichende Schwelle, die den Wasseraustausch mit der Nordsee verhindert. 15 Meter unter der Wasseroberfläche ist das Wasser frei von Sauerstoff – eine tödliche Falle für alle Fische, die sich hier hinunterwagen. Von Lyngdal kann Framvaren über den Rv 43 bis hinter Kjørestad, dann den Rv 465 und den Fv 679 erreicht werden.

leicht mit dem Auto oder Fahrrad zu erreichen. Im westlich von Lyngdal gelegenen Gebiet um Sklera erlebt man urwüchsige Landschaft mit vielen kleinen Seen, hat auch einen fantastischen Blick auf den Åptafjord und die nächste Station der Reise, den Ort Farsund. Wer nicht nur wandern will, kann für wenig Geld einen Angelschein kaufen, um im Lyngdalselva Meerforellen und Lachse zu angeln. Zum Baden laden die vielen Sandstrände in Farsund ein. Die Nordhasselvika, ebenfalls in Farsund, ist ein beliebtes Surfrevier.

Auf den Spuren der Holländer in Norwegen

Wieder in die Zivilisation zurückgekehrt, empfiehlt sich der Besuch von Flekkefjord, einer kleinen Stadt mit einer langen Geschichte. Schon zur Wikingerzeit hat es hier eine Siedlung gegeben, aufgeblüht ist die Stadt aber erst mit dem Beginn des Holzhandels im 17. Jahrhundert. Das Holz wurde in erster Linie nach Holland verschifft. Hollenderbyen, die »Holländerstadt«, stammt aus der Zeit, als die zu Reichtum gekommenen norwegischen Schonerkapitäne ihren zweiten Wohnsitz in Holland hatten und von dort holländische Lebensart, Möbel und Mode in die Heimat zurückbrachten. Bis 1990 war Flekkefjord über die Flekkefjordbanen mit der Hauptstrecke von Oslo nach Stavanger verbunden. Wegen mangelnder Rentabilität wurde die Strecke später stillgelegt. Ein privater Verein hat sich den Erhalt der 17 Kilometer langen Bahnstrecke zur Aufgabe gemacht und bietet von April bis Oktober Draisinenfahrten an.

Oben: Im Küstengebiet von Jæren gibt es ein paar Bauernhäuser und viel Ruhe.
Mitte: Viele Blumen wie diese Kornblume wachsen an den Wanderwegen.
Unten: Morgenstimmung am Nordsjøvegen bei Brusand

Von Flekkefjord führt der Rv 44 entlang der Küste über Egersund und Sandnes nach Stavanger. Die einstige Hauptstraße, die inzwischen durch die E 39 abgelöst wurde, wurde bereits 1840 gebaut. Ein sieben Kilometer langes Teilstück der histori-

Infos und Adressen

schen Trasse ist zwischen Hegrestad und Ogna erhalten. Sie führt durch leicht hügeliges Gelände und ist heute Teil des Nordsee-Radwanderwegs. Auch die Route über die kürzere Strecke der E 39 ist ab Flekkefjord sehr reizvoll. Sie führt zunächst am Lundevatnet vorbei und am Fluss Moisåna zum See Hovsvatnet. Immer am Wasser entlang wird Heskestad erreicht, ein kleiner, zur Gemeinde Lund gehörender Ort am Heskestadvatnet.

Speisekammer Norwegens und Ferienparadies

Nicht weit davon öffnet sich die Landschaft plötzlich. Wiesen, Weiden und Äcker erstrecken sich zu beiden Seiten der Straße, unterbrochen nur von einzelnen Gehöften und kleinen Dörfern. Jæren ist erreicht, das Synonym für unendliche Sandstrände und Dünen an der Küste und die landeinwärts folgende »Speisekammer Norwegens«. Das milde Klima und den fruchtbaren Boden wussten bereits die Siedler aus der Eisenzeit zu schätzen, die sich hier niederließen und für ihre Toten über 600 Grabhügel errichteten. Bis heute ist Jæren, das Küstengebiet zwischen Egersund und Stavanger, die landwirtschaftlich bedeutendste Region Norwegens geblieben.

Wassersportler kommen an den Stränden Jærens uneingeschränkt auf ihre Kosten. Die Gemeinde Kleppe kann für sich in Anspruch nehmen, den mit elf Kilometern längsten Sandstrand Norwegens zu besitzen. Strandbesucher verlassen die E 39 in Richtung Egersund bis zum Rv 44, dem sie bis Nærbø folgen. Entlang des Rv 507 und Rv 510 reiht sich dann Strand an Strand, vom Refsnessand bis zum Hellestrøsand. Für Naturbeobachter empfiehlt sich ein Besuch des Sees Orrevatnet, der 1,5 Kilometer von der Küste entfernt liegt und für seine reiche Vogelfauna berühmt ist.

SEHENSWÜRDIGKEITEN

Flekkefjordbahn Rutebilstasjonen. Historische Eisenbahnstrecke. N-4400 Flekkefjord, Tel. 97 65 79 33, www.flekkefjordbanen.no

Mandal Museum. Das Stadtmuseum beherbergt die größte Fischereiabteilung an der Südküste. 15. Juni–20. Aug. Mo–Fr 11–17 Uhr, Sa/So 12–17 Uhr, Store Elvegate 5/6, N-4514 Mandal, Tel. 95 15 55 92, www.vestagdermuseet.no/mandal

Revtangen. Vogelforschungsstation. Reve, N-4358 Kleppe, Tel. 51 42 98 00, www.klepp.kommune.no

Vigeland Hus. 15. Juni–20. Aug. Mo–Fr 11–17 Uhr, Sa/So 12–17 Uhr, Gustav Vigelandsvei 20, N-4514 Mandal, Tel. 38 25 60 23.

ÜBERNACHTEN

Egenes Camping. Wohnungen und Hütten, diverse Sportangebote. Nulandsvika, N-4400 Flekkefjord, Tel. 38 32 01 48, www.egenescamping.no

Bjørnevåg Ferie & Angeln. Ferienwohnungen zwischen Lyngdal und Farsund mit Möglichkeit zum Hochseefischen. Bjørnevåg, N-4550 Farsund, Tel. 38 39 65 89, www.bjornevaag-ferie.no

ESSEN UND TRINKEN

Provianten. Restaurant mit innovativer Küche und Delikatessen zum Mitnehmen. Tgl. 11–24 Uhr, Store Elvegate 43–45, N-4514 Mandal, Tel. 48 27 88 88, www.provianten.no

14 Kap Lindesnes
57° 58' 53'' Nord im Zeichen des Feuers

Angefangen hat die Geschichte des Leuchtfeuers am Kap Lindesnes mit einem einfachen Feuerkorb, der an einem erhöhten Punkt auf dem Felsen aufgestellt wurde. Das Feuerholz dazu musste der Feuerwächter von weit her holen, denn die Halbinsel Lindesnes ist ein völlig kahler Felsen. Nicht von ungefähr war aber dieses Leuchtfeuer das erste, das in Norwegen eingerichtet wurde. Zu viele Schiffe und kleinere Boote waren bei den häufigen Stürmen in der rauen See am Kap verloren gegangen.

Wer in Südnorwegen Urlaub macht, kommt an einem Abstecher zum Kap Lindesnes, dem südlichsten Punkt Norwegens, nicht vorbei. Von Kristiansand geht es zunächst auf der E 39 bis nach Vigeland. Dort wenden wir uns nach Süden auf den Rv 460, der am Parkplatz des Lindesnes Fyr endet, wie der Leuchtturm heißt.

Der Leuchtturm aus dem Jahre 1655 am Ende der kleinen Halbinsel ist nicht nur das südlichste, sondern auch das älteste Leuchtfeuer Norwegens. Heute steht dort jedoch nicht mehr das Original, sondern ein »Neubau« aus dem Jahre 1915. Er steht auf den fast völlig vegetationslosen Felsen des Kap Lindesnes mit weitem Blick auf die aus der Nordsee anrollenden Wellen.

Mitte: Der imposante Leuchtturm am Kap Lindesnes
Unten: Vom Kap aus hat man einen atemberaubenden Blick in den Grønsfjorden.

Aber nicht nur Felsen prägen das Bild des Südkaps, in geschützten Buchten tun sich wunderschöne Sandstrände auf, fast überflüssig zu erwähnen, dass es auch die südlichsten Sandstrände des Landes sind. Sie laden mindestens zum Verweilen, aber auch zum Baden ein, wenngleich man sich immer vor Augen halten muss, dass sich Kap Lindesnes etwa auf der Höhe des kleinen Ortes Golspie im hohen Norden Schottlands befindet und Wassertemperaturen um zwölf Grad nicht jedermanns Sache sind. Das kostet die Norweger jedoch allenfalls ein Schulterzucken, denn das Nordkap, in dessen Nähe auch gebadet wird, liegt immerhin noch 2518 Kilometer nördlich vom Süd-kap entfernt.

Geschichtliche Einblicke

Unter dem Leuchtturm befindet sich in einer Felsenhalle das nationale Leuchtfeuermuseum. Es bietet mit verschiedenen Ausstellungen und Filmen eine umfassende Darstellung zur Entwicklung und Geschichte nicht nur des Lindenes Fyr. Im Museumsshop werden Bücher, CDs und anderes Informationsmaterial angeboten. Das Leuchtfeuer bietet jedoch noch mehr. In der ehemaligen Wohnung des Leuchtturmwärters wurde eine Ferienwohnung eingerichtet (s. Infospalte rechts). Von dort hat man den besten Blick aufs Meer. Wer sich lieber bedienen lassen will, besucht das Restaurant, das sich ebenfalls auf dem Gelände befindet. An die jüngere Geschichte erinnern die Reste einer Geschützstellung, die von der Deutschen Wehrmacht während des Zweiten Weltkrieges errichtet wurde und frei zugänglich ist.

Der Leuchtturm und das Museum sind ganzjährig geöffnet. Während der Hauptsaison ist es dort häufig sehr belebt. Kenner bevorzugen das Frühjahr und den Herbst mit spektakulär anrollenden Wellen, stürmischen Winden und Salzgischt in der Luft, um ausgedehnte Spaziergänge auf den Wanderwegen in der Nähe des Leuchtturmes zu unternehmen.

SEHENSWÜRDIGKEITEN
Galleri Lindesnes. Ausstellung von Ölgemälden und Aquarellen des Leuchtturmwärters Rolf Dybvik. Leuchtturm Lindesnes, N-4521 Lindesnes, Tel. 38 25 88 02.

ESSEN UND TRINKEN
Restaurant Fyrgryta. Saisonale Meeresspezialitäten mit Frische-garantie im Leuchtturm. N-4521 Lindesnes, Tel. 38 25 54 20, post@lindesnesfyr.no, www.lindesnesfyr.no

ÜBERNACHTEN
Lindesnes Camping og Hytteut-leie Lillehavn. Norwegens süd-lichster Campingplatz, auch mit Hüttenvermietung. N-4521 Lindes-nes, Tel. 38 25 88 74, www.lindesnescamping.no

Lindesnes Leuchtturm. 6 Pers. finden hier in einer Ferienwohnung mit 4 Betten und Wohnzimmer mit 2 Schlafgelegenheiten Platz. Optio-nal mit Kinderbetten. Küche für Selbstversorger. N-4521 Lindes-nes, Tel. 38 25 54 20, www.lindesnesfyr.no

STRANDSPAZIERGANG
Båly. Olav und Lis Vandeskog füh-ren zu essbaren Strandkräutern, Schnecken und Muscheln. N-4521 Lindesnes, Tel. 38 60 08 00, www.havhotellet.no

15 Stavanger
Geburtsstätte der »Iddis«

»Iddis« – so nennen sich die Einwohner von Stavanger selbst manchmal scherzhaft und erinnern damit an den ersten großen Aufschwung der Stadt zu Beginn des 20. Jahrhunderts, der unmittelbar mit den Fischkonserven und den »Iddis«, künstlerisch gestalteten Aufklebern auf den Dosen, zusammenhing, die zu dieser Zeit in alle Welt exportiert wurden. Knapp 100 Jahre sorgten die Fischkonserven für den Wohlstand der Stadt ... bis der Erdölboom den Fisch ablöste.

Genau genommen war das Aufblühen der Fischindustrie schon das dritte Ereignis, das dem Ort Bedeutung verschaffte. Bereits in der Wikingerzeit hatte Harald Hårfagre (ca. 852–933) hier mit der Schlacht im Hafrsfjord 872 das Königreich geeint und Stavanger damit historische Bedeutung verschafft. Das Denkmal »Schwerter im Berg« in der Møllebukta, 5,5 Kilometer südwestlich vom Stadtzentrum, soll daran erinnern. Zu erreichen sind die Schwerter im Berg mit den Bussen der Linien 29 und N85 bis zur Haltestelle Madlaleiren oder dem eigenen Fahrzeug.

Die Besiedlungsgeschichte Stavangers reicht jedoch noch viel weiter in die Vergangenheit zurück. Bereits vor 10 000 Jahren folgten steinzeitliche Fischer und Jäger dem zurückweichenden Eisschild, der Norwegen bis dahin bedeckt hatte, und lagerten an den Stränden, hinter denen heute Stavanger liegt. Aus der Zeit der Völkerwanderung vom 4. bis 6. Jahrhundert stammen drei Langhäuser, die im Jernaldergarden am Westhang des Hügels Ullandhaug, ca. vier Kilometer westlich des

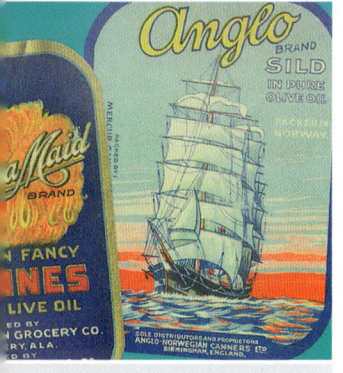

Mitte: Segelboot im Hafen von Stavanger
Unten: Konserven im gleichnamigen Museum erinnern an die Quelle einstigen Wohlstands.

Stadtzentrums, an den Originalstandorten rekonstruiert wurden. Wer den Fußweg scheut, hat die Möglichkeit, mit einem Bus der Linien E90, X60 oder X73 bis zur Haltestelle Jernaldergarden zu fahren. Mit dem eigenen Fahrzeug kommende Besucher finden in unmittelbarer Nähe einen Parkplatz.

Mit der Fertigstellung des Doms erhielt Stavanger 1125 das Stadtrecht und gewann auch politische Bedeutung. Das war ein wenig geschmeichelt, denn Stavanger war zu der Zeit kaum mehr als eine Ansammlung von Fischerhütten am Ende der Bucht Vågen. Trotzdem wurde der Ort zum Bischofssitz erhoben und durfte sich Stadt nennen, weil er die einzige wirklich nennenswerte Ansiedlung an der Südwestküste darstellte.

Dornröschenschlaf bis zum 20. Jahrhundert

Stavanger wuchs sehr langsam, am Beginn des 19. Jahrhunderts hatte die Stadt gerade einmal 2000 Einwohner. Nichtsdestoweniger war sie die bedeutendste der Region. Über Jahrhunderte lebte sie in aller Stille vom Fischfang und Handel. Größer und bekannter wurde Stavanger schließlich erst durch die Konservenindustrie, die am Anfang des 20. Jahrhunderts ihre Blütezeit hatte. Zu dieser Zeit gab es hier insgesamt über 50 Konservenfabriken, die ihre Produkte mit den bunten Iddis in alle Welt exportierten. Mit dem Aufkommen der großen Fabrikschiffe, die ihren Fang bereits auf hoher See verarbeiten, begann allerdings in der Mitte des 20. Jahrhunderts der Niedergang der Konservenindustrie. Im Jahr 2000 schließlich wurde die letzte Fabrik geschlossen. Nur eine von ihnen wurde als Hermetikmuseet (Konservenfabrik), 100 Meter vom Kreuzfahrtterminal entfernt, hergerichtet.

Geheimtipp

SPEISEN WIE DIE WIKINGER

Wissen Sie, wie und was die Wikinger gegessen haben, was für Kleidung sie getragen haben, wie das tägliche Leben verlaufen ist und wie ein Wikingerhaus aussieht? Mit der Wikingergilde haben Sie Gelegenheit, dies zu erfahren. Machen Sie eine Zeitreise mit dem Boot von Stavanger nach Landa in der Gemeinde Forsand. Nach 45 Minuten ist der Hafen von Forsand erreicht und ein Bus bringt Sie zum einen Kilometer entfernten Fossanmoen. Hier befinden sich Reste der Besiedelung von Landa, ein einzigartiger Fund zur norwegischen Geschichte und Archäologie. Die Gegend war 2000 Jahre lang ununterbrochen, von ca. 1500 v. Chr. bis 600 n. Chr., bewohnt. Teile der Siedlung wurden rekonstruiert. In der »Gildehall« können Sie dann speisen wie die Wikinger. Der König sitzt auf einem erhöhten Thron und platziert seine Gäste nach ihrem Rang. Zeiten und Preise auf Anfrage.
Tel. 95 42 84 51, www.landapark.no

Eine alte Fotografie mit Fischern aus dem Norwegischen Konservenmuseum, das in der alten Fabrik von Stavanger untergebracht ist.

Der Exodus des 19. Jahrhunderts

Tausend Jahre nachdem die Wikinger mit ihren Drachenbooten Amerika entdeckt hatten, gab es im 19. und beginnenden 20. Jahrhundert einen weiteren Exodus aus Norwegen nach Amerika. Die Motive waren die gleichen: Armut und die Chancenlosigkeit, aus dieser Armut auszubrechen. Stavanger wurde zum Auswanderungshafen, von dem aus Tausende in die Neue Welt aufbrachen. Heute gibt es außerhalb Norwegens mehr norwegisch-stämmige Menschen als norwegische Staatsbürger. Das Auswanderer-Dokumentationszentrum (Det norske Utvandrersenteret) hat diese Phase der norwegischen Geschichte akribisch aufgearbeitet. Für Tagesbesucher ist es zwar nicht mehr zugänglich, auf der Suche nach seinen norwegischen Wurzeln bekommt aber immer noch jeder Auskunft.

Öl – das schwarze Gold der Neuzeit

Nach dem Niedergang der Konservenindustrie, die immerhin jahrzehntelang die größte der Welt war, hatte Stavanger Glück im Unglück. Das Meer, das die Stadt seit ihren Anfängen ernährt hatte, erwies sich wieder als wirtschaftliche Grundlage der Stadt. Diesmal mit den reichen Öl- und Gasvorkommen im Ekofisk-Feld, nur etwa 300 Kilometer von Stavanger entfernt, die seit den 1960er-Jahren des 20. Jahrhunderts für den neuerlichen wirtschaftlichen Aufschwung sorgten. Nicht nur Statoil, das größte norwegische Ölunternehmen, sondern auch viele internationale Firmen haben ihren Sitz in der Stadt. Die Bedeutung des Öls, nicht nur für Stavanger, sondern für ganz Norwegen, wurde folgerichtig mit der Einrichtung des Ölmuseums (s. S. 112) dokumentiert. Der futuristi-

sche, einer Ölbohrplattform nachempfundene Bau am Kjeringholmen ist sehenswert.

Geld kann auch Gutes tun

Der Wohlstand der Stadt schlägt sich nicht zuletzt in seinem kulturellen Angebot nieder. Stavanger bietet eine Fülle kultureller Veranstaltungen, die weit über Norwegens Grenzen hinaus bekannt sind. Zwei Beispiele stehen stellvertretend für die vielen Angebote: Jedes Jahr im Mai findet das Mai Jazz-Festival statt, eine große internationale Veranstaltung für Jazzmusik, und Anfang August das Internationale Kammermusik-Festival. Folgerichtig wurde Stavanger für das Jahr 2008 gemeinsam mit Liverpool zur Europäischen Kulturhauptstadt berufen. Dazu tragen auch die liebevoll restaurier-

GUT ZU WISSEN

IST NACHTLEBEN IN STAVANGER NÖTIG?

Mehr als 20 Nachtclubs und Bars gibt es allein im Zentrum von Stavanger. Alle versuchen, sich gegenseitig mit Attraktionen und origineller Ausstattung zu überbieten. Bei genauerem Hinsehen sind sie jedoch in puncto Angebot, hohen Preisen und Service fast beliebig austauschbar. Mehr noch, die meisten gehören zur gleichen Hotel- und Restaurantkette mit zentralem Management. Dabei bleibt die Individualität auf der Strecke. Trinken Sie Ihr Bier lieber im Hotel oder Zelt.

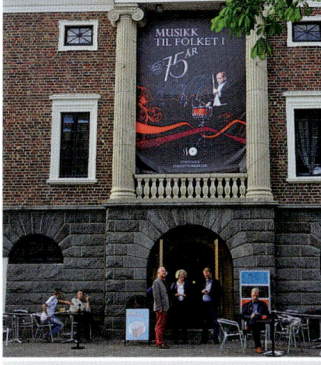

Oben: Die Schwerter im Felsen am Hafrsfjord symbolisieren Frieden, Einheit und Freiheit.
Mitte und unten: Stavangers Altstadt lebt vom großen kulturellen Angebot. Straßenmusik gehört ebenso dazu wie eine interessante Theaterszene.

te Altstadt *Gamle Stavanger* mit ihren 173 erhaltenen kleinen Holzhäusern, welche die kopfsteingepflasterten Gassen säumen, und die Domkirche bei, die übrigens der zweitgrößte romanische Kirchenbau in Norwegen nach dem Dom von Trondheim ist.

Zu Land, zu Wasser und aus der Luft

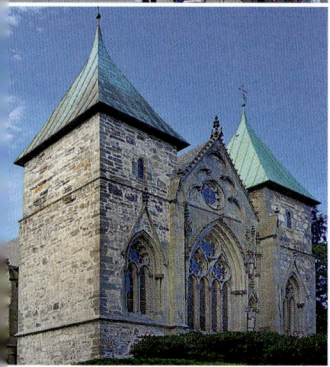

Stavanger hat sich zu einem wichtigen Verkehrsknotenpunkt im Südwesten Norwegens entwickelt. Traditionell waren und sind natürlich die Schiffsverbindungen als Erstes zu nennen. Fischerei und Schiffbau spielen heute eine untergeordnete Rolle, der Hafen hat aber weiterhin große Bedeutung nicht zuletzt für den Tourismus. Jeden Dienstag, Donnerstag und Samstag startet eine Autofähre der Fjordline von Hirtshals in Dänemark nach Stavanger und fährt am jeweils nächsten Tag wieder zurück. Zweimal täglich bestehen Fährverbindungen nach Bergen. Auch Kreuzfahrtschiffe legen neuerdings häufig am neuen Terminal am Strandkajen an.

Mit dem Auto ist Stavanger von Oslo über den Nordsjøvegen (s. S. 98) erreichbar. 553 Kilometer sind auf der Strecke zurückzulegen. Die Fernbusse der NOR-WAY Bussekspress-Linie starten dreimal täglich in Oslo Richtung Stavanger, das nach neun Stunden erreicht ist. Viermal am Tag verkehrt die Eisenbahn von Oslo nach Stavanger. Die Fahrt dauert etwa acht Stunden.

Vom Flughafen Sola, wenige Kilometer außerhalb des Zentrums, bestehen Verbindungen zu 54 Zielen in Norwegen und Europa. In Europa werden die Flughäfen von Frankfurt am Main, Kopenhagen, London, Aberdeen, Newcastle, Amsterdam, Billund, Göteborg, Rom und Paris direkt angeflogen.

Oben: Große Schiffe machen am Skagenkaien fest, der Treffpunkt für Besucher und Einheimische ist.
Mitte: Der Dom zu Stavanger ist Norwegens älteste Bischofskirche.
Unten: Gamle Stavanger, die Altstadt, besticht durch hübsche Holzhäuser und gepflegte Vorgärten.

Infos und Adressen

SEHENSWÜRDIGKEITEN

Auswanderer-Dokumentationszentrum.
Domkirkeplassen 3, N-4005 Stavanger,
Tel. 90 83 10 97, hans@utvandrersenteret.no,
www.emigrationcenter.com

Eisenzeitsiedlung Ullandhaug. Rekonstruierte
Gebäude auf den Fundamenten einer Siedlung
aus der Völkerwanderungszeit. Ullandhaug-
veien 165, N-4002 Stavanger, Tel. 51 84 60 00,
jernaldergarden@uis.no, www.am.uis.no

Landa Park. Vorgeschichtliche Siedlung.
N-4110 Forsand, www.landapark.no

Museum Stavanger (MUST). Aus insgesamt
zehn Museen besteht das MUST. Sie bilden das
gesamte kulturelle und naturwissenschaftliche
Spektrum ab. Musegate 16, N-4005 Stavanger,
Tel. 51 84 27 00, www.museumstavanger.no

Norwegisches Konservenmuseum. Hier werden während der Sommersaison von Mitte Juni
bis Mitte August Sardinen für die Besucher
geräuchert (nur Di/Do). Øvre Strandgate 88,
N-4005 Stavanger, Tel. 40 72 84 70,
www.museumstavanger.no

Hinweisschild zum Konservenmuseum

Tracht und leere Dosen im Konservenmuseum

ÜBERNACHTEN

Stavanger Lille Hotell. Kleines, zentral gelegenes B&B-Hotel. WLAN gratis sowie TV. Preise
nach Saison variierend. Madlaveien 7, N-4008
Stavanger, Tel. 51 53 43 27, booking@slh.no,
www.slh.no

Stavanger Mosvangen Camping. Nur wenige
Kilometer vom Zentrum am Mosvatnet gelegener Campingplatz. Tjensvoll 1B, N-4021 Stavanger, Tel. 51 53 29 71, www.nafcamp.no/
campingplasser

ESSEN UND TRINKEN

Bølgen & Moi Stavanger. Gutes Restaurant im
Ölmuseum mit großem Angebot. Mo 11–16 Uhr,
Di–Sa 11–21.30 Uhr, So (Buffett) 12–17 Uhr,
Norsk Oljemuseum, N-4004 Stavanger,
Tel. 51 93 93 51, www.bolgenogmoi.no

Wikingergilde. Selbstbedienungslokal am
Fischpier. Fiskepirterminalen, N-4004 Stavanger, Tel. 51 86 87 88, www.matsalen.as

INFORMATION

Stavanger Touristeninformation. Domkirkeplassen 3, N-4006 Stavanger, Tel. 51 85 92 00,
www.regionstavanger.com

16 Stavanger
Stadtrundgang

Keine Stadt in Norwegen ist so dicht bebaut wie Stavanger. Mehr als 60 Prozent der Fläche werden von Straßen, Gebäuden und Hafenanlagen eingenommen. Die höchste Konzentration an Bauten und damit auch an Menschen findet sich um die uralte Keimzelle der Stadt, die Strände an der Bucht Vågen. Der Strand ist im Laufe der Jahrhunderte unter dem Pflaster verschwunden, aber darüber ist eine Stadt entstanden, die es wert ist, angeschaut zu werden.

Für den Rundgang durch die Innenstadt ist ein ganzer Tag einzuplanen. Der Vormittag gehört dem östlich des Vågen gelegenen Stadtzentrum. Ausgangspunkt ist der Bahnhof von Stavanger. Er ist zentral gelegen und alle Ziele in der Stadt sind fußläufig zu erreichen. Hier halten alle Buslinien und es gibt ausreichend Parkmöglichkeiten.

Interessantes südlich und östlich des Vågen

Vom ❶ Bahnhof führt der Weg auf der Promenade des ❷ Sees Breiavatnet zum Domkirkeplassen. Hier befindet sich die Touristeninformation. Im gleichen Gebäude ist auch das ❸ Auswandererzentrum untergebracht (s. S. 106 und 109). Leider ist das Zentrum ab dem 1. April 2014 aufgrund von Personalmangel für Besucher bis auf Weiteres geschlossen. Nur wenige Schritte von der Touristeninformation entfernt steht die 1125 im anglonormannischen Stil fertiggestellte ❹ Domkirche St. Svithun. Vom Dom geht es weiter zum ❺ Torvet, dem Haupt- und Fischmarkt am Ende des Vågen.

Mitte: Bunte Häuser am Skagenkaien
Unten: Der Fischmarkt ist nicht nur wegen der Leckereien einen Besuch wert, sondern auch wegen des Ambientes am Hafen.

Stavanger

Stadtrundgang

A Bahnhof

B See Breiavatnet

C Norwegisches Auswandererzentrum/ Touristeninformation

D Domkirche St. Svithun

E Fischmarkt (Torvet)

F Stadtwächterturm Valbergtårnet

G Norwegisches Ölmuseum

H Roots of the Vikings

I Norwegisches Seefahrtsmuseum

J Altstadt Gamle Stavanger

K Norwegisches Konservenmuseum

L Norwegisches Grafik-Museum – Ausstellung von Druckmaschinen und Demonstration verschiedener Drucktechniken.

M Neues Konzerthaus

N Bjergstedpark mit Konzerthaus

O Missionsmuseum

P Königsresidenz Ledaal

Q Breidablikk

R Rogaland Theater

S Stavanger-Museum (MUST)

Alles ums Schwarze Gold im Ölmuseum

Nicht verpassen

NORSK OLJEMUSEUM

Im Norsk Oljemuseum erfahren Sie, wie das heute geförderte Öl und Gas vor Millionen von Jahren entstanden sind und wie beides heute vor der norwegischen Küste gefördert wird. Sie erhalten Einblicke in die Technologie, die Dimensionen, die Herausforderungen und die harte Arbeit bei der Förderung. Sie können auch eine virtuelle Reise auf die Ölbohrinsel machen. Für Kinder gibt es die Bohrinsel Småtroll, die immer auf der Suche nach einer neuen Mannschaft ist. Im Museumscafé »Bølgen & Moi« können Sie sich von den Strapazen der Öl- und Gasförderung erholen.

Norwegisches Ölmuseum.

Eintritt: 120 NOK (Erw.), 60 NOK (Kinder). 1. Juni–31. Aug. tgl. 10–19 Uhr, in der übrigen Zeit Mo–Sa 10–16 Uhr, So 10–18 Uhr, Kjeringholmen, N-4004 Stavanger, Tel. 51 93 93 00, www.norskolje.museum.no

Von hier bietet sich ein schöner Blick über den Hafen und die weißen Holzhäuser zu beiden Seiten der Bucht. Auch das nächste Ziel, der **G Stadtwächterturm Valbergtårnet**, ist von hier aus zu sehen. Er diente von 1853 bis 1922 als Aussichtsturm für den Nachtwächter und beherbergt heute das kleine Wächtermuseum. Im benachbarten »Café Sting« kann nach der Besichtigung eine Kaffeepause eingelegt werden.

Danach steht der Besuch des **G Ölmuseums** auf dem Programm. Dafür sollte man sich zwei Stunden Zeit lassen. Dann heißt es »Die Wikinger sind zurück!«, eine interaktive Ausstellung über die Geschichte der Wikinger bei **H Roots of the Vikings**. Wer inzwischen Hunger bekommen hat, kann zum Ölmuseum zurückkehren und sich dort im »Bølgen & Moi« verwöhnen lassen oder durch die Breigata und die Shoppingmeile Kirkegata zum »Skjøhuset Skagen« schlendern und dort norwegische Spezialitäten probieren.

Die Altstadt westlich des Vågen

In einem der alten Lagerhäuser am Strandkajen ist das **O Seefahrtsmuseum** untergebracht. Hier

Infos und Adressen

beginnt die Nachmittagstour, die zunächst in die Altstadt ❶ **Gamle Stavanger** führt. 173 Häuser aus dem 18. und Beginn des 19. Jahrhunderts sind hier vor dem drohenden Verfall geschützt und restauriert worden. Dort befindet sich das ❷ **Norwegische Konservenmuseum** (s. S. 105 und 109), wo für Besucher auch Sardinen geräuchert werden. Nach dem Konservenmuseum geht es weiter zum ❿ **Neuen Konzerthaus**, ein 2012 eröffneter Vielzweckbau für Konzerte, Ballett und Shows. Besonders stolz sind die Stavanger auf das angeschlossene Freiluft-Amphitheater, das 10 000 Besuchern Platz bietet. Auf dem Weg geht es am ❹ **Grafikmuseum** vorbei. Es folgt ein Abstecher in den ⓫ **Bjergstedpark** mit dem Konzerthaus, in welchem die Stavanger Symphoniker residieren. Der Bjergstedpark hat eine lange Geschichte und versteht sich als Kulturpark für experimentelle Kunst. Über die Christian Tranes gate und Seehusens gate gelangt man zum ❻ **Missionsmuseum**. Es enthält Sammlungen zur Missionsgeschichte und Ethnologie in China, Japan, Thailand und Brasilien.

Der Südwesten der Stadt

Das nächste Ziel ist das ❼ **Herrenhaus Ledaal**. Es liegt in einem wunderschönen Park und wurde in den Jahren 1799 bis 1803 als Wohnsitz für die Kiellandfamilie gebaut. Ledaal wird heute als Residenz des norwegischen Königs und von der Stadt Stavanger als Repräsentationslokal genutzt. Ebenfalls von einem Park umgeben ist das ganz in der Nähe gelegene ❽ **Herrenhaus Breidablikk**. Zum Abschluss gehen wir zum ❾ **Rogaland-Theater**. Seit 1947 wird hier auf vier Bühnen gespielt. Unmittelbar benachbart ist das ❺ **Stavanger-Museum** mit dem naturhistorischen, kulturhistorischen und Kindermuseum. Von dort aus sind es nur noch 300 Meter zurück zum Ausgangspunkt des Stadtbummels.

SEHENSWÜRDIGKEITEN

Bjergsted Kulturparken. Zusammenschluss und Treffpunkt verschiedener Kulturschaffender aus den Bereichen Musik und darstellender Kunst im Bjergsted-Park (Veranstaltungsort). Sandvigå 1, N-4007 Stavanger, Tel. 41 14 14 00, post@bjergsted.no, www.bjergsted.no

Stavanger Konserthus. 2012 eröffnetes Konzerthaus mit zwei Sälen und Freiluft-Amphitheater, unmittelbar am Wasser gelegen. Sandvigå 1, N-4007 Stavanger, Tel. 51 53 70 00, www.stavanger-konserthus.no

Rogaland Teater. Eines der wichtigsten Theater Norwegens mit nationalem und internationalem Repertoire. Teaterveien 1, N-4005 Stavanger, Tel. 51 91 90 90, www.rogaland-teater.no

ÜBERNACHTEN

Rica Park Hotel Stavanger. 300 m nördlich des Bahnhofs gelegen. Tel. 51 50 05 00, Prestegårdsbakken 1, www.rica-hotels.com

ESSEN UND TRINKEN

Café Sting. Neben dem Nachtwächterturm gelegenes Café mit eigener Kunstgalerie – mit Musik von Sting im Hintergrund. Valbergjet 3, N-4006 Stavanger, Tel. 94 84 67 89, www.cafe-sting.no

INFORMATION

Stavanger Touristeninformation. Domkirkeplassen 3, N-4006 Stavanger, Tel. 51 85 92 00, info@RegionStavanger.com, www.RegionStavanger.com

17 Der Lysefjord
Zeugnis der Macht von Eis und Wasser

Gemessen an anderen Fjorden nimmt sich die Länge des Lysefjords mit 42 Kilometern eher bescheiden aus. Der Hardangerfjord bringt es auf stolze 179 Kilometer und der Sognefjord beeindruckt sogar mit 204 Kilometern. Doch das tut seiner Faszination keinen Abbruch, denn er ist einer der spektakulärsten Fjorde Norwegens. Bis zu 1000 Meter ragen die von den eiszeitlichen Gletschern glatt geschliffenen Granitwände beidseits des Fjords steil in die Höhe.

Lysefjord bedeutet so viel wie heller Fjord, ein Name, der von den hellgrauen Granitfelsen abgeleitet wird. Den Kontrast dazu bietet das dunkle, bis zu 500 Meter tiefe Wasser des Fjordes.

Viele Wege führen zum Lysefjord

Um den Lysefjord zu erreichen, ist Stavanger der beste Ausgangspunkt. Im Sommer empfiehlt es sich, mit einem der Touristenboote direkt von Stavanger bis nach Lysebotn am Ende des Fjords zu fahren. Mit dem Auto oder Bus kommt man über die E 39 und den Rv 13 bis Lauvvik zur Autofähre nach Oanes. Auf dem Fv 496 können von dort aus etwa zehn Kilometer des Fjordsüdufers erkundet werden. Das Nordufer wird über den Fv 491 und die Lysefjordbrücke erreicht. Dort führt die E 13, der landschaftlich sehr reizvolle Ryfylkevegen, eine kurze Strecke am Ufer entlang, bevor er nach Norden in Richtung Bergen abbiegt. Für die 300 Kilometer lange Strecke nach Bergen sind vier bis

Mitte: Natur pur erwartet Besucher am Lysefjord.
Unten: Pferde stehen für Reitausflüge bereit – eine besondere Art, die Region zu entdecken.

Der Lysefjord

fünf Stunden Fahrzeit einzuplanen. Wer von Oslo anreist, hat bis Lysebotn rund 520 Kilometer zurückzulegen. Das dauert mindestens sieben bis acht Stunden. Die Route führt über den Rv 42, Rv 468, Fv 795, Fv 986 und Fv 500 nach Lysebotn. Einige dieser Straßen sind im Winter geschlossen. Zug- und Flugverbindungen bestehen von Oslo nach Stavanger. Auch von Bergen aus wird Stavanger angeflogen.

Lysefjord-Erkundung

In Oanes kann der erste Stopp eingelegt werden, um im Lysefjord-Center einen Einblick in die Geologie und Geschichte der Region zu erhalten. Nicht weit entfernt wurden in Landa Siedlungsreste aus der Zeit zwischen 1500 v. Chr. bis 600 n. Chr. gefunden. Seit 1995 werden die Gebäude rekonstruiert und als »Freilichtmuseum zum Anfassen« eingerichtet, darunter die Gildehalle und die Schmiede. Unmittelbar benachbart ist das Zentrum für Isländerpferde Fossanmoen. Hier können Pferde für Reitwanderungen gemietet werden.

Weiter geht es bis zum Preikestolen. Der Predigtstuhl liegt 604 Meter über dem Fjord. Von der nur etwa 25 Meter langen und genauso breiten Felsplattform geht der Blick weit bis nach Stavanger, die umliegenden Gebirge und natürlich über den Lysefjord. Allerdings sollte man schwindelfrei sein, denn die Felswand stürzt senkrecht in die Tiefe und die Plattform ist nicht einmal durch einen symbolischen Zaun gesichert. Kletterer haben die Steilwand auch entdeckt und versuchen den kürzesten Weg hinauf zu finden. Aber auch schon der reguläre Weg dorthin ist im wahrsten Sinne des Wortes mit Steinen gepflastert. Die Wanderung von Botne am Fuße des Preikestolen führt über einen steilen Weg entlang eines Höhenrückens,

Nicht verpassen

FÜR MUTIGE – WANDERUNG ZUM KJERAG

Es gibt keinen besseren Blick über den Lysefjord als vom Plateau des 1084 Meter hohen Kjerag auf der Südseite des Lysefjordes. Die Anreise kann auf zwei Wegen erfolgen. Entweder Sie fahren mit der Fähre von Stavanger nach Lysebotn und von dort über die Serpentinenstrecke des Fv 500 bis zum Parkplatz Øygardstøl oder mit dem von Ende Juni bis Ende August täglich um 7.30 Uhr startenden Bus vom Fisketerminalen in Stavanger direkt nach Øygardstøl. Um 16.45 Uhr fährt der Bus wieder zurück. Bei Øygardstøl beginnt der anspruchsvolle Weg zum Kjerag, für den etwa zwei bis drei Stunden zu veranschlagen sind. Oben angekommen sollte man nicht versäumen, den Kjeragbolten zu besichtigen, einen fünf Kubikmeter großen Stein, der in einen Felsspalt eingekeilt ist. Mutige klettern hinauf. Nicht nur Wanderer besuchen den Kjerag, sondern auch Basejumper, die sich hier von der Klippe stürzen, obwohl es schon einen Todesfall gegeben hat.

dann durch sumpfigen Wald zur Urskarshöhe bis auf 408 Meter und weiter über ein Geröllfeld zur Plattform des Predigtstuhls. Auch von Bord eines Touristenbootes ist der Preikestolen ein beeindruckender Anblick. Manchmal fährt der Kapitän des Bootes anschließend bis dicht an den nicht weit entfernten, aus 400 Meter Höhe herabstürzenden Wasserfall Hengjanefossen heran.

Die nächste Station ist das Geisterdorf Flørli. Hier wurde erstmals von 1917 bis 1921 ein Wasserkraftwerk in den Fels gebaut. In der alten Kraftwerkshalle ist eine kulturgeschichtliche Ausstellung zu sehen. Das Kraftwerk wurde 1999 durch einen Neubau ersetzt, der auch besichtigt werden kann. Hier haben sportliche Naturen die Möglichkeit, die Klippen zu Fuß zu erklimmen. 4444 Stufen führen von der Wasserlinie bis zum Klippenrand, von wo sich ein großartiger Blick über den Fjord bietet. Bei Kjerag, etwa fünf Kilometer vor dem Ende des Fjordes, erreichen die nahezu senkrecht abfallenden Steilwände an der Südseite ihre größte Höhe von 1084 Metern. Am Ende des Fjordes angekommen, findet man die kleine Ortschaft Lysebotn, die im Wesentlichen aus Ferienhäusern besteht. Das Besondere an diesem Ort ist die von dort in 27 Haarnadelkurven sich über 900 Höhenmeter hinaufschlingende Straße in das obere Sirdal. Sie folgt dem Skinnvegen, dem Fellweg, auf dem die Jäger die Felle ihrer im Hochland erlegten Tiere an die Küste brachten.

Oben und Mitte: Die 604 Meter hohe Plattform des Preikestolen bietet nicht nur einen atemberaubenden Ausblick, sondern auch ein ebensolches Gefühl, wenn man in die Tiefe blickt.
Unten: Einer der zahlreichen Wasserfälle am Lysefjord

Infos und Adressen

SEHENSWÜRDIGKEITEN

Hengjanefossen Wasserfall. N-4110 Forsand, Tel. 51 70 36 60, info@lysefjordsenteret.no, www.lysefjordeninfo.no

Lysefjordsenteret. Informationszentrum zur Geologie und Geschichte der Region mit Gastronomie. Oanes, N-4110 Forsand, Tel. 51 70 31 23, info@lysefjordsenteret.no, www.lysefjordsenteret.no

AKTIVITÄTEN

Tide Reiser. Veranstalter von Bustouren zum Kjerag. Preise: 490 NOK (Erw.), 390 NOK (Kinder unter 16 J.). Postboks 6300, N-5893 Bergen, Tel. 55 23 87 00, reiser@tide.no, www.tide.no

Zentrum für Islandpferde Fossanmoen. Hier können Islandpferde für Reittouren gemietet werden. N-4110 Forsand, Tel. 51 70 37 61, fossamoen@fossanmoen.no, www.fossanmoen.no

ÜBERNACHTEN

Campingplatz Lysebotn. N-4127 Lysebotn, Tel. 97 51 16 51, line@visitkjerag.no, www.visitkjerag.no

Hauane Bed & Breakfast. Ein altes Bauernhaus mit Scheune und Räucherei. Gemütlich eingerichtete Räumlichkeiten, Bad und Sauna befinden sich in einem neuen Sanitärgebäude. Preise: EZ mit Frühstück 590 NOK, DZ mit Frühstück 445 NOK/Pers., 200 NOK. N-4127 Lysebotn, Tel. 98 88 77 38, kjellyse@online.no, www.lysegard.com

ESSEN UND TRINKEN

Kjerag Panoramic Restaurant. Gastronomie in 640 m Höhe am Ausgangspunkt der Kjerag-Wanderung mit einzigartigem Panoramablick auf Lysebotn und den Lysefjord. Øygardstøl, N-4127 Lysebotn, Tel. 99 49 95 99.

INFORMATION

Touristeninformation Forsand. Mo–Fr 8–15 Uhr, Servicetorget kommunehuset, N-4110 Forsand, Tel. 51 70 36 60, turistinfo@forsand.kommune.no, www.regionstavanger-ryfylke.com

Blick auf Forsand, das landschaftlich sehr reizvoll liegt

DER WESTEN

18 Der Hardangerfjord
Von Bergen bis Eidfjord

Naturerleben wird groß geschrieben im Hardangerfjord. Auf einer Länge von 172 Kilometern zeigt er eine vielfältige Landschaft mit Wasserfällen, Gletschern, Wiesen, Weiden und Obstgärten, die ihn weit über Norwegen hinaus bekannt gemacht hat. Die Seitenfjorde Granvinsfjord, Osafjord, Eidfjord und Sørfjord zweigen vom Hardangerfjord ab. Der längste davon ist mit 50 Kilometern der Sørfjord, an dessen Ende die Stadt Odda liegt.

Als Startpunkt für einen Besuch des Hardangerfjordes empfiehlt sich die nur wenig mehr als 130 Kilometer entfernte Stadt Bergen. Sie ist von Oslo aus der Luft, auf der Schiene mit der berühmten Bergenbahn und mit dem Auto über den Rv 7, die E 13 und E 16 zu erreichen. Eine direkte Fährverbindung besteht mit der Fjord Line von Hirtshals in Dänemark.

Von Bergen fährt die Fähre Hardangerfjord-Express mit einem Zwischenstopp in Halhjem nach Rosendal auf der Südseite des Fjordes. Mehrere kleinere Fährlinien verbinden die Ortschaften entlang des Fjordes auf kurzem Wege. In allen Fährhäfen befinden sich Informationsbüros für Touristen. Eine 130 Kilometer lange reine Straßenverbindung besteht von Bergen über die E 16, den Rv 13 und Fv 7 nach Granvin am Ende des Granvinsfjordes. Mit 120 Kilometern ist die Strecke von Bergen nach Rosendal etwas kürzer. Sie führt über die E 16, den Fv 7, der Rv 48 überquert die 2013 fertiggestellte, 1380 Meter lange Hardangerbrücke von Gjermundshamn nach Årsnes, und weiter geht es auf dem Rv 48 nach Rosendal. Auch durch Bus-

Seite 118/119: Vom Aussichtspunkt Aksla sieht man über das malerische Städtchen Ålesund.
Mitte: Der Hardangerfjord bei Utne ist von Bergen aus per Fähre zu erreichen.
Unten: Kunstvolle Verzierung an der Kirche von Ulvik in Hordaland

Traumhaft: Abendstimmung am Hardangerfjord

linien ist das Gebiet um den Hardangerfjord gut versorgt. Am Fjord angekommen, hat der Besucher alle Möglichkeiten,
den Fjord zu erkunden. Nahezu alle Ufer
sind durch Straßen erschlossen, die mit dem Auto
oder Fahrrad gut zu befahren sind. Drei als besonders schön ausgewiesene Landschaftsrouten befinden sich im Gebiet um den Hardangerfjord:
der Rv 7 von Halne auf der Hardangervidda zum
Steinsdalsfossen in Norheimsund, der Fv 550 von
Utne nach Jondal und der Rv 13 von Kinsarvik
nach Tyssedal.

Fjordgeschichte

Seine heutige Form verdankt der Hardangerfjord
den Kräften des Eises und Wassers. Als vor etwa
10 000 Jahren, am Ende der Eiszeit, das große Tau-
en begann, hatte das Eis bereits tiefe Täler ausge-
hobelt, deren tiefer gelegenen Bereiche nun vom
Schmelzwasser geflutet wurden. Unter dem Eis
stieg der Wasserspiegel in diesen Tälern immer
weiter an, bis sich die Wassermassen schließlich
einen Abfluss suchten. Sie durchbrachen die durch
die Gletscher aufgeschobenen Moränenwälle, ris-
sen das über ihnen liegende Eis mit sich und fanden ihren Weg in den Atlantik. Der mit 800 Metern tiefste Punkt des Hardangerfjordes liegt
daher nicht im Bereich seiner Mündung, sondern
mitten im Fjord bei Norheimsund. Die Naturge-

Nicht verpassen

ABSTECHER ZUR BARONIE ROSENDAL

Die Baronie Rosendal
ist die einzige Baronie Norwegens und wurde 1678 vom
dänischen König Christian V. (1646–
1699) an Ludvig Holgersen Rosen-
krantz und seine Frau Karen verliehen. Der Titel Baron entspricht dem
im deutschsprachigen Raum ver-
wendeten Adelstitel Freiherr. Das
1665 fertiggestellte Herrenhaus
nennt sich selbst das kleinste
Schloss Skandinaviens, ist aber
nichtsdestoweniger eine der größten Sehenswürdigkeiten der Region.
Das Gebäude wird heute als Museum und Veranstaltungszentrum für
Konzerte, Theater und Kunstaus-
stellungen genutzt. Das Museum
beherbergt u. a. Abdrücke von Frie-
sen aus Pompeji. Das Haus liegt in-
mitten eines Renaissancegartens,
der in einen Landschaftspark übergeht. Von der Pier in Rosendal ist
das Herrenhaus über den Baronivegen zu erreichen.

Baronie Rosendal. Eintritt:
150 NOK (Erw.), 50 NOK (Kinder
unter 18 J.). Baronivegen, N-5486
Rosendal, Tel. 53 48 29 99,
www.baroniet.no

121

**LEBEN MIT UND
VON DER NATUR**

Geheimtipp

Wollten Sie nicht immer schon einmal in die Fußstapfen des Überlebensspezialisten Rüdiger Nehberg treten? Im Hardanger Basecamp können Sie lernen, wie man ohne Hilfsmittel in der Natur überlebt, welche Wildpflanzen nicht nur genießbar, sondern auch schmackhaft sind, wie man auch bei Regen ein Feuer entfachen kann, um die selbst gefangenen Lachse aus dem Fjord zu grillen, und wie man sich einen Unterschlupf für die Nacht baut. Sie lernen, wie Sie mit der Karte und dem Kompass umgehen müssen. Auf geführten Touren erkunden Sie die alten Tunnel der Wasserkraftwerke in den Bergen oder bekommen einen Grundkurs im Klettern – und wissen am Ende auch, wie man ein rasiermesserscharfes Feuersteinmesser herstellt.

Hardanger Basecamp. Für Übernachtungsgäste ganzjährig geöffnet, Café: 1. Juni–30. Sept. tgl. 10–17 Uhr, Osa, N-5730 Ulvik, Tel. 91 18 82 37, www.hardangerbasecamp.com

schichte des Hardangerfjordes wird im Hardangervidda Naturzentrum in Eidfjord präsentiert. Auf drei Etagen wurden spannende Ausstellungen, Dioramen, interaktive Spiele, Aquarien, Videos und Schautafeln zusammengetragen. Der Höhepunkt ist der Panoramafilm eines Hubschrauberfluges über den Hardangerfjord und die Hardangervidda.

Wasserkraft im Dienste des Menschen

Das von der Hardangervidda in den Fjord abfließende Wasser wird heute zur Stromerzeugung genutzt. Der Bau des ersten Elektrizitätswerks wurde 1918 beendet und bildete die Grundlage für die Industrialisierung der Region um Odda, die dem bis dahin blühenden Tourismus den Garaus machte. Es war bis 1989 in Betrieb. Zwischenzeitlich sind nahezu alle Wasserfälle »gebändigt«. Der Ringedalsvatn, ein riesiger Stausee nahe Tyssedal, hat die Wasserfälle Tyssestrengene und Ringedalsfossen, die noch im 19. Jahrhundert mit 160 bzw. 300 Meter Fallhöhe eine weithin bekannte Attraktion waren, versiegen lassen. Andere Wasserfälle sind zum Glück erhalten geblieben, darunter der Vøringfossen, der zu den meist besuchten Sehenswürdigkeiten Norwegens zählt. 182 Meter, davon 145 Meter im freien Fall, stürzt das Wasser über die Felsen. Der Wasserfall ist neun Kilometer von Eidfjord entfernt und wird über die Rv 7 erreicht. Zwar wird auch er inzwischen durch den Sysendamm zur Stromerzeugung genutzt, während der Touristensaison von Anfang Juni bis Mitte September stürzen jedoch immer noch mindestens zwölf Kubikmeter Wasser pro Sekunde den Berg hinab. Zu verdanken ist das mehr als 100 000 Menschen, die mit ihren Unterschriften gegen den Ausbau des Vøringfossen protestiert hatten. Schon von unten bietet er einen grandiosen An-

blick. Wer den Wasserfall auch noch von oben betrachten möchte, kann 1500 Stufen auf dem alten, früher von Packpferden genutzten Pfad nach oben auf das Mabøfjell hinaufsteigen. Die Mühe lohnt sich, denn man wird durch einen grandiosen Ausblick belohnt. Wanderkarten und anderes Informationsmaterial gibt es in der Touristeninformation in Odda. Die Geschichte der Wasserkraftnutzung und Industrialisierung der Region um Odda dokumentiert das Norwegische Wasserkraft- und Industriestadtmuseum in Tyssedal.

Gelebtes Brauchtum im Hardanger Folkemuseum

Im Hardanger Folkemuseum ist dem Brauchtum der ihm gebührende Platz eingeräumt worden. Hier wurde ein Dorf aufgebaut, wie es bis zur Mitte des 19. Jahrhunderts typisch war. Schule, Schmiede, Wohn- und Wirtschaftsgebäude sind hier zusammengetragen worden. Eine vermutlich aus dem 13. Jahrhundert stammende Rarität ist die Årstove, ein Blockhaus mit offener Feuerstelle. Berühmt sind die bunten Trachten, die an Festtagen und bei Hochzeiten getragen werden. Die Blusen und Schürzen der Frauen wurden und werden mit der Hardangerstickerei verziert, einer Durchbruchstickerei, die ihren Ursprung in Persien hatte und im 14. Jahrhundert über Italien auch nach Norwegen kam, wo sie weiterentwickelt wurde. Jede Familie hat im Laufe der Zeit eigene geometrische Muster entwickelt, außerdem wird, anders als in den farbigen persischen Vorlagen, hier nur Weiß auf Weiß gestickt. An Festtagen werden die Trachten hervorgeholt und dann zeigen die Norweger, dass sie feiern können.

Neu ist die feste Volksmusikausstellung mit Norwegens größter Sammlung historischer Hardangerviolinen, die in Norwegen Hardingfele genannt

Oben: Das Wasser des Vøringfossen stürzt über 145 Meter im freien Fall in die Tiefe und ist ein Besuchermagnet.
Mitte: Diese alte Hütte am Hardangerfjord stammt aus dem 18. Jh.
Unten: Trachten werden aufwendig bestickt und im Alltag gern getragen.

wird. Sie ist das traditionelle Musikinstrument für die Volksmusik der Region und hat vier Spiel- und vier weitere Resonanzsaiten, die unter dem Griffbrett verlaufen. Geformt ist sie ähnlich wie eine klassische Violine, dabei aber oft mit reichen Perlmutteinlagen verziert. Die Hardangerfiedel hat einen ganz eigentümlichen Klang, der einerseits durch das Mitschwingen der Resonanzsaiten, andererseits auch dadurch entsteht, dass bis zu drei Spielsaiten gleichzeitig gestrichen werden können.

Eine Reise in die Vergangenheit ...

... machen Sie in Agatunet, einem kleinen Ort am Westufer des Sørfjordes. Hier haben seit über 3700 Jahren Menschen gelebt. Belegt wird dies durch Grabhügel, Opfergruben und Felszeichnungen, die hier gefunden wurden. Agatunet ist eine der wenigen Siedlungen, deren Ursprung bis ins Mittelalter zurückreicht. 30 Gebäude wurden bereits 1938 unter Denkmalschutz gestellt und restauriert. Das älteste Haus ist die Lagmannsstove, das Gerichtsgebäude. Es wurde um 1250 errichtet. Die Gerichtsstube wurde nach europäischem Vorbild eines Administrationsgebäudes gebaut und als Repräsentationswohnstätte genutzt. Die Lag-

Oben: Die Hardingfele oder Hardangerfiedel ist ein traditionelles Instrument norwegischer Volksmusik.
Unten: Man nennt die Region am Hardangerfjord auch Norwegens Obstgarten.

GUT ZU WISSEN

NATURZERSTÖRUNG ALS ATTRAKTION?

Die Sünden der Vergangenheit, die Region um Odda zu industrialisieren, sind heute noch überdeutlich sichtbar. Wasserfälle, die dem Stromhunger der Karbid- und Düngemittelfabriken zum Opfer gefallen sind, in Stauseen versunkene Flusstäler und ein auf Jahrzehnte mit Schwermetallen belasteter Fjord sprechen eine deutliche Sprache. Da ist es fast zynisch, wenn im Wasserkraft- und Industriestadtmuseum genau dies als Errungenschaft präsentiert wird.

mannsstove ist das einzige verbliebene Gebäude dieser Art in Norwegen.

Ferien auf dem Bauernhof

Nach der Eiszeit erfolgte die Besiedlung der eisfreien Täler recht schnell. Zunächst erschienen die Jäger und Sammler. Später wurden die fruchtbaren Böden landwirtschaftlich genutzt und auch heute noch spielt die Landwirtschaft eine große Rolle. Die geschützte Lage innerhalb der Täler macht sogar Obstbau möglich, sodass der Hardangerfjord auch als Obstgarten Norwegens gilt. In jedem Frühjahr pilgern Tausende Norweger und ausländische Gäste zur Obstblüte. Allein in der Gemeinde Ullensvang, an der Ostseite des Sørfjords gelegen, blühen 500 000 Obstbäume, vorwiegend Apfel- und Kirschbäume. Hier werden 80 Prozent aller norwegischen Kirschen geerntet. Einige Landwirte bieten Urlaub auf dem Bauernhof an. Sehr zu empfehlen für den Urlaub mit Kindern ist der »Mo Gardsferie«, denn die Inhaberfamilie Rykken lässt sich eine Menge einfallen. Der Bauernhof ist seit 1600 im Besitz der Familie, die Preise sind moderat.

Hardangerfjord für Aktive

Für diejenigen, die körperlich aktiv werden wollen, gibt es eine ganze Reihe von Angeboten. Wandern, Kajak fahren, Angeln und Baden werden nahezu überall angeboten. Drei mittelschwere, aber faszinierende Wanderungen führen von Jondal auf den Folgefonn-Gletscher. An seiner höchsten Stelle ist er 1662 Meter hoch, eine Gletscherzunge reicht bis auf 400 Meter hinab. Eine der Wanderungen führt nach Angaben des Anbieters in das blaue Eis des Juklavassbreen, eine weitere über den Sundalsweg und die dritte an der Gletscherkante entlang.

DEFTIGES AUS DER REGION

Nicht verpassen

Nach den Wanderungen, Angel- und Kajaktouren oder dem Survivaltraining soll auch der Magen zu seinem Recht kommen. Am Hardangerfjord gibt es viele Restaurants und Gaststätten, die meist nur während der Saison geöffnet sind. Eines davon ist die zum Hardangervidda Naturzentrum gehörende »Hardangerviddahallen« in Øvre Eidfjord am Rv 7, etwas außerhalb des Ortes. Hier gibt es Deftiges aus der Region, angefangen von Lachs über Forelle zu Rentierbraten und Lamm, alles traditionell zubereitet. Fisch sollte aber in keinem Menü fehlen, denn der Fjord gehört zu den vier größten Fischzuchtregionen der Welt. 40 000 Tonnen Lachse und Regenbogenforellen werden hier jedes Jahr in Fischfarmen »produziert«. Zugeständnisse an den Zeitgeist gibt es nur insofern, als auch vegetarische Gerichte auf der Karte stehen.

Hardangerviddahallen. Øvre Eidfjord, N-5784 Øvre Eidfjord, Tel. 53 67 40 10, www.hardangervidda.org

Schnee und Eis auf der Folgefonn-Halbinsel

Infos und Adressen

Die »Gute Stube« im »Utne«-Hotel

SEHENSWÜRDIGKEITEN

Agatunet. Entdeckungsreise ins Mittelalter im Rahmen von Führungen zu jeder vollen Stunde bis um 16 Uhr. Backen und Webstube 22. Juni–10. Aug. 10.00–14 Uhr, 11. Mai–19. Juni Mi–So 10–17 Uhr, 20. Juni–11. Aug. tgl. 10–17 Uhr, Aga, N-5776 Nå, Tel. 53 67 00 40, mail@hardanger. museum.no, www.agatunet.no

Hardanger Folkemuseum. Neuere Ausstellung über die Hardangerviolinen. Backtag und Handwerksvorführungen: Juli, Di 12 und 15 Uhr. Ein Museumsladen und Café gehören ebenfalls zum Angebot des Museums. N-5778 Utne, Tel. 47 47 98 84, post@hvm.museum.no, www.hardangerogvossmuseum.no

Hardangervidda Naturzentrum Eidfjord. Wissenswertes rund um den Hardangerfjord inklusive kulinarische Highlights. Øvre Eidfjord, N-5784 Øvre Eidfjord, Tel. 53 67 40 00, post@hardangervidda.org, www.hardangerviddanatursenter.no

AKTIVITÄTEN

Folgefonni Breførarlag. Gletscherwanderung auf dem Folgefonna. Preise auf Anfrage. N-5627 Jondal, Tel. 95 11 77 92, post@folgefonni-breforarlag.no, www.folgefonni-breforarlag.no

Hardangerfjord Sightseeing. Tägliche Fjordtour von Norheimsund nach Eidfjord. N-5600

Norheimsund, Tel. 51 86 87 00, booking@norled.no, www.norledfjordcruise.no

Norwegisches Wasserkraft- und Industriestadtmuseum. Eintritt: 90 NOK (Erw.), Kinder bis 12 Jahren frei, 50 NOK (Rentner/Stud.). Mai –Sept. tgl. 10–17 Uhr, Sept.–Mai Di–Fr 10 bis 15 Uhr, Führungen mit Film um 11, 13 und 15 Uhr, Naustbakken 7, N-5770 Tyssedal, Tel. 53 65 00 50, post@nvim.no, www.nvim.no

ÜBERNACHTEN

Løvfall Camping. Preise: 100 NOK (Zelt), 150 NOK (Wohnmobil), 30 NOK (Elektrizität), 500 NOK/Nacht (Hütten), 60 NOK/Pers. (Bettwäsche), 200 NOK (Endreinigung). Karen Løvfall Våge Løfallstrand 114, N-5474 Løfallstrand, Tel. 95 82 42 75, post@lovfallcamping.no, www.lovfallcamping.no

Mo Gardsferie. Ferien auf dem Bauernhof. Preis für eine Ferienwohnung pro Tag: 600 NK (1–3 Pers.), 200 NOK/Pers. (bei 4 Pers. und mehr), 80 NOK/Pers. (Bettwäsche), 300 NOK (Endreinigung). Sjusetevegen 145, N-5610 Øystese, Tel. 56 55 58 65, prsbonde@online.no, www.mogardsferie.no

Rosendal Turisthotell. Kleines Hotel in einem schönen Holzgebäude. Zimmer teilweise mit Gemeinschaftsbädern auf dem Flur. Skålagata 17, N-5470 Rosendal, Tel. 53 47 36 66, post@rosendalturisthotell.no, www.rosendalturisthotell.no

Utne Hotel. Das Utne Hotel ist das älteste, seit 1722 betriebene Hotel in Norwegen. Preise auf Anfrage. Utne sentrum, N-5778 Ullensvang, Tel. 53 66 64 00, reception@utnehotel.no, www.utnehotel.no

ESSEN UND TRINKEN

Steinstø Frukt og Kakebu. Gemütliches Café und Hofverkauf. 20. Mai–28. Okt. auch So, Café bis 2. Sept., Fyksesundvegen 768,

N-5612 Steinstø, Tel. 99 69 15 27,
post@steinsto-fruktgard.no, www.steinsto.no

Vøringfoss Kafeteria & Souvenir. Die Cafeteria
mit Souvenirladen liegt am oberen Ende des
Tales Måbødalen beim Wasserfall Vøringsfos-
sen. N-5785 Vøringsfoss, Tel. 53 66 57 20,
fossatromme@gmail.com, www.voringsfoss.no

INFORMATION

Destination Hardanger Fjord AS. Praktische
Hinweise aus erster Hand, vom Fremdenver-
kehrsverband Hardanger Fjord. Sandvenvegen
40, N-5600 Norheimsund, Tel. 56 55 38 70,
info@hardangerfjord.com,
www.hardangerfjord.com

Touristeninformation Eldfjord. Ganzjährig
geöffnet, Ostangvegen 1, N-5783 Eidfjord,
Tel. 53 67 34 00, turistinfo@visiteidfjord.no,
www.visiteidfjord.no

Touristeninformation Jondal. 15. Juni–15. Aug.
tgl. 9.30–18 Uhr, Jondal sentrum, N-5627 Jondal, Tel. 53 66 85 31, post@visitjondal.no,
www.visitjondal.no

Touristeninformation Kinsarvik. Ganzjährig
geöffnet, Kinsarvik Brygge, N-5780 Kinsarvik,
Tel. 53 66 31 12, turistinfo@kinsarvik.net,
www.visitullensvang.no

Touristeninformation Kvanndal. Nur im Sommer geöffnet, Mitte Juni–Mitte Aug., N-5736
Granvin, Tel. 56 52 58 80, kvanndal.camping@
gmail.com, www.granvin.kommune.no

Touristeninformation Odda. Saisonabhängige
Öffnungszeiten: 16. Sept.–14. Mai Mo–Fr
9–15 Uhr, 15. Mai–31. Aug. Mo–So 9–19 Uhr,
Odda sentrum, N-5750 Odda, Tel. 53 65 40 05,
turistkontor@odda.kommune.no,
www.visitodda.com

Touristeninformation Ulvik. Nur im Sommer
geöffnet, Promenaden 7, N-5730 Ulvik,
Tel. 56 52 62 80, ulvikturist@ulvik.org,
www.visitulvik.no

Das stilvolle »Utne«-Hotel ist selbst eine Antiquität: Mit 300 Jahren ist es das älteste des Landes.

19 Das Hordaland
Berge, Seen und Wasserfälle am Haukelivegen

»Der Weg ist das Ziel!« Dieser Eindruck entsteht bei der Durchquerung des Hordalandes auf dem Haukelivegen in Richtung Bergen. Der Haukelivegen ist nicht nur eine der wichtigsten Straßenverbindungen aus dem Osten in den Westen des Landes, sondern auch von unglaublicher landschaftlicher Schönheit. Bereits für die Wikinger war die Route über das Haukelifjell und den Dyrskar-Pass ein wichtiger Handelsweg.

Unser Reiseabschnitt auf dem Haukelivegen beginnt in Haukeli, einem kleinen Ort an der E 134, nach dem die Straße benannt ist. Schon nach wenigen Kilometern auf der E 134 in Richtung Osten beginnt der Anstieg auf das *Fjell*. Haukeliseter ist das erste Etappenziel auf dem Weg. Noch befindet man sich in der Provinz Telemark, aber die Grenze zu Hordaland ist nicht weit. Haukeliseter selbst ist weniger interessant, aber es bietet die notwendige Infrastruktur mit Hotels, Pensionen und Campingplätzen. Von hier aus kann man wunderschöne Wanderungen in die Umgebung unternehmen. Gern besucht wird die Haukeliseter Fjellstue. Dort erhält man neben Wanderkarten und anderem Informationsmaterial über die Region auch deftige norwegische Mahlzeiten.

Mitte: Blick auf den Kutschweg an der alten Haukeli-Passstraße
Unten: Herrliche Deckengemälde aus dem 16. Jahrhundert zieren die Stabkirche von Røldal.

Tageslicht oder Tunnelbeleuchtung?

Hinter Haukeliseter führt die Straße am See Stavatn vorbei. Kurz hinter der Grenze zur Provinz Hordaland entscheiden die Witterungsverhältnisse

Das Hordaland

über die Wahl des Weges. Entweder man nutzt den knapp sechs Kilometer langen Haukelitunnel oder man befährt die alte, vor über 120 Jahren gebaute Straße über den 1148 Meter hohen Dyrskar-Pass. Bei gutem Wetter sollte man sich für Letztere entscheiden, denn der Ausblick von dort oben ist grandios. Auch im Hochsommer liegt hier noch an vielen Stellen Schnee, dazwischen blühen Steinbrechgewächse, Silberwurz und Läusekraut. Zwergbirken und Kriechweiden bilden nur wenige Zentimeter hohe Wälder. Im Herbst werden die Wälder von den in ihnen wachsenden Steinpilzen und Maronen überragt.

Wenige Kilometer weiter beginnt der Abstieg in Richtung Røldal. Auch hier steht man vor der Entscheidung, den 1053 Meter langen Svandalstunnel und den mit 1647 Metern noch längeren Vågslidtunnel oder die Straße zu benutzen. Wer sich für die Straße entscheidet, fährt auf der nur 3,5 Meter breiten Asphaltpiste mit sieben engen Haarnadelkurven talwärts – nichts für schwache Nerven und Wohnwagengespanne.

Wintersport und Stabkirche

Røldal ist ein kleiner Ort mit nur 600 Einwohnern, die vorwiegend Landwirtschaft betreiben. Im Winter spielt der Tourismus eine größere Rolle, denn Røldal ist der schneereichste Ort Europas. Im Sommer fahren die meisten Touristen an Røldal vorbei, ohne zu wissen, dass der Ort mit seiner Stabkirche ein echtes Kleinod besitzt. Zu Anfang des 13. Jahrhunderts erbaut, ist sie eine der »jüngeren« Stabkirchen. Sie besticht durch bunte Wandmalereien, die zuletzt 1917 restauriert wurden. Aus dem Mittelalter erhalten sind das Taufbecken aus Speckstein und ein Kreuz, dem Wunderkräfte zugeschrieben werden. Noch im 19. Jahrhundert pilgerten

Geheimtipp

SKI-KITEN AUF DEM STAVATN

Ski-Kiten ist immer noch eine etwas exotische Sportart. Das beruht nicht zuletzt darauf, dass viele Bedingungen erfüllt sein müssen, um den Sport ausüben zu können. Es muss genügend große, offene Schneeflächen ohne Hindernisse geben und es muss ausreichend starker Wind wehen, der die Schirme füllen und die daran hängenden Skifahrer ziehen kann. All diese Bedingungen sind in Haukeliseter in idealer Weise vorhanden. Der Ort liegt auf etwa 1000 Meter ü. NN und weist ein subpolares Klima auf. Das hat zur Folge, dass der unmittelbar benachbarte See Stavatn fast acht Monate im Jahr zugefroren ist. Seine spiegelglatte, mehr als fünf Quadratkilometer große Eisfläche und der beständig wehende Wind bieten beste Bedingungen zum Ski-Kiten. Außerdem ist Haukeliseter auch im Winter über die E 134 gut zu erreichen.

Haukeliseter Fjellstue. Hier werden Kite-Kurse für Anfänger und Fortgeschrittene angeboten (s. S. 131).

jedes Jahr Hunderte von Menschen nach Røldal, um sich mit dem Schweiß des Christus am Kreuz zu benetzen, der auf dessen Stirn erschien. Sie erhofften sich dadurch Heilung von ihren Krankheiten. Das »Wunder« hatte aber einen ganz profanen Hintergrund: Es handelte sich um Kondenswasser.

Auf dem Weg zum Låtefossen

Von Røldal führt die alte Hordalia-Bergstraße noch einmal auf etwa 1000 Meter über den Hordabrekkene. Auch hier sind gute Nerven erforderlich, um die zehn Prozent Steigung zu überwinden. Wer sie nicht hat, fährt durch den Tunnel unter dem Røldalsfjell hindurch. Oben angekommen, hat man in beiden Fällen einen fantastischen Ausblick auf den Buerbreen, einen Ausläufer des Folgefonn-Gletschers. Hier verlassen wir den Haukelivegen, der auf der E 134 weiter nach Haugesund führt, und fahren auf der E 13 steil bergab in das Jøsendal und über den Rv 13 in Richtung Odda. Im Oddadalen angekommen, führt der Weg am Låtefossen vorbei, dessen Wasser aus 165 Meter Höhe herabstürzt. Ein beständiger Wasserschleier überzieht die Straße und den kleinen Kiosk, der dort für die Besucher aufgestellt wurde. Wegen seiner Schönheit wurde der Låtefossen unter Naturschutz gestellt. Er ist aber keineswegs der einzige Wasserfall auf dieser Route. Drei weitere werden auf dem Weg noch passiert, bevor Odda erreicht wird.

Oben: Leuchtende Herbstlandschaft am Kjelavatn bei Haukelisaeter
Mitte: Kronsbeeren wachsen hier wild. Sie sind besonders in den Wintermonaten eine Vitaminquelle.
Unten: An der Straße nach Bergen stürzt der Wasserfall Låtefossen in die Tiefe.

Infos und Adressen

AKTIVITÄTEN

Kite-Kurse auf Haukeliseter. Es werden mehrere Kurse angeboten. Ausrüstung (Schirm, Ski) kann ausgeliehen werden. Preise auf Anfrage. N-3895 Edland, Tel. 51 84 02 00, info@haukeliseter.no, www.haukeliseter.no

ÜBERNACHTEN/ ESSEN UND TRINKEN

Haukeliseter Fjellstue. Haukeliseter liegt auf 1000 ü. NN an der Europastraße E134 im Haukelifjell. Die Fjellstue hat 49 Zimmer mit insgesamt 158 Betten. Die Hotelzimmer haben Dusche/WC. Daneben gibt es Selbstversorgerzimmer für 2–5 Pers. Diese Zimmer sind mit einer Kühl-Gefrier-Kombination und einer Kochgelegenheit ausgestattet. Sanitäre Anlagen im selben Haus. Preise: EZ im Hotel 900 NOK, DZ ab 1150 NOK, EZ Selbstversorger ab 395 NOK, DZ ab 790 NOK. Das Restaurant bietet Frühstück ab 95 NOK, Lunchpakete ab 90 NOK und ein 3-Gänge-Menü ab 395 NOK an. Kinder erhalten bis zu 50 % Ermäßigung. Haukelifjell, N-3895 Edland, Tel. 35 06 27 77, info@haukeliseter.no, www.haukeliseter.no

Hordatun Hotel. Im Jahr 2009 komplett renoviertes Touristenhotel mit Restaurant und Bar. In der Bar jeden Fr Live-Musik. Preise auf Anfrage (Online-Buchung). Håra 18–20, N-5760 Røldal, Tel. 93 45 02 93, booking@hordatun.no, www.hordatun.no

INFORMATION

Haukelivegen Magazin. Das Haukelivegen-Magazin gibt aktuelle Auskünfte für Reisende auf dem Haukelivegen. www.haukelivegen.no

Touristeninformation Haukeli/Vågslid/Haukeli c/o Arbuvoll Fjellbutikk. Vågslid, N-3895 Edland, Tel. 35 07 05 55, arbuvollen@haukeli fjell.com, www.haukelifjell.com

Touristeninformtion Røldal. Kyrkjevegen 27, N-5760 Røldal, Tel. 53 65 40 05, post@roldal.no, www.roldal.no

Rustikal logieren in der »Haukeliseter Fjellstue« – ein besonderes Erlebnis

20 Bergen
Geschichte und Kultur

Bis 1880 war Bergen nicht nur die größte Stadt Norwegens, sondern besaß auch den wichtigsten Hafen des Landes. Zu dieser Zeit hatte die Stadt aber bereits eine lange und traditionsreiche Geschichte. Schon um 1070 soll König Olav Kyrre an der Stelle der heutigen Stadt einen Ort namens Björgwin gegründet haben, was so viel wie »Bergwiese« bedeutet. Die ältesten belegten Funde stammen aber erst aus dem Jahr 1130.

Wer immer auch den Grundstein gelegt haben mag, schon unmittelbar danach war Bergen ein wichtiger Handelshafen. Ab dem 13. Jahrhundert war Bergen auch zeitweise die erste echte Reichshauptstadt Norwegens, bis Oslo ihr im Jahr 1299 diesen Rang ablief, was aber nicht zum wirtschaftlichen Niedergang führte. Aus dieser Zeit stammt die Festung Bergenhus, eine der am besten erhaltenen Festungen Norwegens. Die Festung ist in den folgenden Jahrhunderten mehrfach erweitert und umgebaut worden. Mehrere Hallen, eine Kirche, der Rosenkrantzturm und zwei massive Tore wurden hinzugefügt. Eine Festungsmauer umgab den gesamten Komplex. Die Håkonshalle, eines der großen steinernen Gebäude des Königshofes, in dem die Wohnung, die Arbeitsräume des Königs und ein großer Festsaal untergebracht waren, wurde nach schweren Beschädigungen durch eine Explosion während des Zweiten Weltkrieges restauriert.

Die Bedeutung der Stadt wurde ab 1360 noch einmal gesteigert, als ein Handelskontor der Hanse, der Tyske Bryggen (»Deutscher Anleger«), gegrün-

Mitte: Blick vom Strandkaien auf den Hausberg Floyen
Unten: Selbst junge Frauen tragen hier gern zu besonderen Anlässen die landestypische Tracht.

Einfach gut!

det wurde. Das zunächst aus 20 nebeneinanderliegenden Gebäuden bestehende Hansekontor wurde schnell zu einem kompletten Wohn- und Handelsviertel. Die Stadt entwickelte sich durch den Import von Getreide und den Export von Fisch zum wichtigsten Handelszentrum Skandinaviens. Zur Blütezeit der Hanse machten die deutschen Kaufleute und Handwerker ein Viertel der Stadtbevölkerung Bergens aus. Noch heute ist der nur noch Bryggen genannte Stadtteil eine der Hauptattraktionen Bergens, wenngleich es sich nicht mehr um die alten Gebäude, sondern um Rekonstruktionen handelt, da die Stadt mehrfach von verheerenden Feuersbrünsten heimgesucht wurde. Die Hafenzeile wurde aber immer wieder nach den alten Plänen aufgebaut, sodass sich diese heute noch so darstellt wie im 14. Jahrhundert. Von der UNESCO wurde sie deswegen im Jahre 1979 zum Weltkulturerbe ernannt.

Bergen heute

Heute ist Bergen mit seinen knapp 300 000 Einwohnern die zweitgrößte Stadt in Norwegen. Traditionell wird auch heute noch Fischfang betrieben, daneben spielt aber die Aquakultur von Lachsen eine große Rolle. Berühmt ist der Fischmarkt Torgen, nur einen Steinwurf von Bryggen entfernt. Außer am Wochenende ist er täglich geöffnet. Hier findet man alles, was die Nordsee und der Nordatlantik an Meerestieren zu bieten haben, vom Kabeljau über mehrere Plattfischarten, Seeteufel und Lachse bis hin zu Hummern und neuerdings sogar Königskrabben, die sich vom Weißen Meer, wo sie ausgesetzt wurden, auf den langen Weg entlang der norwegischen Küste nach Süden gemacht haben. Obst- und Gemüsestände ergänzen das Angebot, und wer Hunger hat, findet an kleinen Imbissbuden eine große Auswahl an Gerichten.

DER SCHÖNSTE WEG NACH BERGEN

Am schnellsten geht es mit dem Flugzeug. Aus nahezu allen europäischen Metropolen gibt es Direktflüge. Der Flug zum Flughafen Bergen-Flesland führt über die atemberaubende Gebirgslandschaft Norwegens, ein Erlebnis für sich. Wer noch mehr von Norwegen sehen möchte, reist von Oslo an. Mit dem Auto ist Bergen von dort gut zu erreichen. Von Oslo führt der Rv 13 nach Bergen, eine Strecke, die man in etwa sieben Stunden bewältigen kann. Zu empfehlen ist jedoch die Fahrt mit der legendären Bergenbahn. Die 470 Kilometer lange Strecke führt über die Hardangervidda, ein Stück Arktis in Europa. Es bestehen gute Chancen, einige der rund 15 000 hier wild lebenden Rentiere zu beobachten oder, mit Glück, eine Schnee-Eule zu sehen. Etwa 300 Brücken werden dabei überquert und 182 Tunnel mit einer Gesamtlänge von 73 Kilometern durchfahren. Der längste ist der Finse-Tunnel mit 10,3 Kilometern.

WANDERUNG AUF DEM FLØYEN

Nicht verpassen

Den Blick vom 339 Meter hohen Berg Fløyen auf die Stadt und den Hafen von Bergen sollten Sie sich nicht entgehen lassen. Mit der Standseilbahn Fløibanen wird die Bergstation in wenigen Minuten erreicht. Rødhett (Rotkäppchen) und Blåmann (Blauer Mann) heißen die beiden Wagen, die traditionell rot, bzw. blau lackiert sind. An der Bergstation sind Sie zwar nicht allein, aber der Trubel der Stadt liegt doch unter Ihnen. Wem das nicht genug ist, dem sei eine der vielen Wanderungen empfohlen, die um den Fløyen möglich sind. Eine der schönsten führt von der Bergstation zunächst auf dem gut ausgebauten Blåmansveien bis zum Halvdan Griegsvei, der links abzweigt. Er führt durch den Wald zum See Nedrediket und weiter aufwärts durch das Tal zum See Storediket. Hier wendet er sich nach Süden und nach kurzer Zeit ist die Brushytte erreicht. Von dort geht es zurück, um mit der Fløien-Bahn oder zu Fuß in die Stadt zurückzukehren.

Vom Fischmarkt ist es nicht weit zur Talstation der Fløyen-Bahn, die auf den Berg Fløyen, einen der sieben Berge der Stadt, führt (s. links). Wer noch höher hinauf will, kann mit der Bergener Hochfjellseilbahn auf den Gipfel des höchsten der sieben Berge rund um Bergen, den Ulriken, fahren. Alle halbe Stunde startet ein Bus vom Fischmarkt zur Talstation. In sechs Minuten bewältigt die Gondel die Strecke zum 643 Meter hoch gelegenen Aussichtspunkt. Von dort bietet sich ein phantastischer Blick weit über die Stadt hinaus auf den Fjord. Durch den Berg wurde übrigens der 7,3 Kilometer lange Ulrikentunnel gebohrt, damit die von Oslo nach Bergen führende Bergenbahn auch wirklich dort ankommen kann.

Bergen und seine Kirchen

Sehenswerte sakrale Bauten in Bergen sind die Marienkirche, die Nykirken und die Domkirche St. Olav. Die Marienkirche ist eine romanische Basilika, die um 1130 nach dem Vorbild des Speyrer Doms erbaut wurde. Sie soll das älteste noch erhaltene Gebäude der Stadt sein. Sie liegt im nordöstlichen Teil von Bryggen und wurde als Hauptkirche des Kontors von 1408 bis 1766 ausschließlich von den dort ansässigen Hansekaufleuten genutzt. Nykirken, die »Neue Kirche«, zeigt, dass Begriffe wie neu und alt immer relativ sind. Die Kirche geht auf das Jahr 1622 zurück und hat eine wechselvolle Geschichte hinter sich. Viermal ist sie im Laufe der Jahrhunderte abgebrannt, zum ersten Mal bereits zwei Jahre nach ihrer Einweihung. Zuletzt wurde sie im Jahr 1944 zerstört, als der von der deutschen Wehrmacht konfiszierte holländische Fischkutter Voorbode im Hafen explodierte und nicht nur die Kirche, sondern auch Teile der Stadt in Schutt und Asche legte. Aber immer wieder haben die Einwohner die »Kinderkirche«, wie sie auch genannt wird, wieder aufgebaut … Kinderkirche deshalb, weil sie den Kindern gewidmet ist und das Innere auch von ihnen gestaltet wurde. Neben den von Kindern gefertigten Malereien, Mobiles und christlichen Symbolen ist ein massiver, geschnitzter Taufengel sehenswert, der ein Taufbecken in seiner Hand hält. Er wird bei Taufen an einem Seilzug von der Decke herabgelassen.

Die Domkirche St. Olav kann ebenfalls auf eine bewegte Vergangenheit zurückblicken. Um das Jahr 1150 wurde sie aus Stein erbaut und dem Heiligen Olav II. Haraldsson (995–1030) geweiht. Von 1015 bis 1028 war Olav II. König von Norwegen. In einer Schlacht mit aufständischen Bauern wurde er getötet und auf dem Schlachtfeld begraben. Deshalb wurde er als Märtyrer verehrt und soll nach seinem Tode Wunder vollbracht haben. Die Kirche ist abgebrannt, immer wieder jedoch auf- und umgebaut worden, zuletzt in den 1880er-Jahren. Aus dieser Zeit stammt der von dem norwegischen Architekten Christian Christie (1832–1906) gestaltete Altar, der einem Reliquienschrein nachgebildet wurde.

Bergen – Europäische Kulturhauptstadt 2000

Über zwei Dutzend Museen unterschiedlicher Ausrichtung und Gestaltung besitzt Bergen, darunter das Bergen-Museum mit seinen kultur- und naturhistorischen Abteilungen, das Fischereimuseum, das Bryggens Museum, das Hanseatisk Museum und das Hordamuseum. Es gibt jedoch noch mehr: So zum Beispiel das St. Jörgens Hospital, das vom Mittelalter bis zur Mitte des 20. Jahrhunderts ein Krankenhaus für Leprakranke war. Hier entdeckte der Arzt Gerhard Armauer Hansen (1841–1912) im Jahr 1873 den Lepra-Erreger. Der letzte Lepra-Patient starb dort 1946.

Oben: Bergens Theater hat eine sehenswerte Jugendstil-Innenausstattung von 1909.
Mitte: Willkommen in der Neuen Fischhalle am Torget!
Unten: Schlemmen auf dem traditionellen Fischmarkt

Bergen besitzt eine eindrucksvolle Sammlung wertvoller Kunstschätze. Die Galerien liegen dicht beieinander am Ufer des Stadtsees Lille Lungegårdsvann. Die Ausstellungen mit Werken von Munch, Picasso, Klee, Tidemand, Gude, Kandinsky und anderen Meistern bieten Einblicke in die Geschichte, Kultur und das künstlerische Engagement Bergens. Eine China-Sammlung und der sogenannte Bergener Silberschatz sind in der Kunstmeile ebenfalls zu sehen. In der Galerie S12 haben sich Glas- und Keramikkünstler zusammengeschlossen.

Auch Musikfreunde kommen auf ihre Kosten. Das bereits 1765 gegründete und damit älteste Symphonieorchester der Welt ist in Bergen beheimatet und das alljährlich in den Monaten Mai und Juni stattfindende Internationale Bergen-Festival ist

GUT ZU WISSEN

KAUFEN SIE SOUVENIRS?
Nein? Dann gehören Sie zu der Minderheit, die sich nicht in den Souvenirläden drängt. Böse Zungen behaupten, »hier bekommen Sie alles, was die Welt nicht braucht«! Und doch möchte ich eine Lanze für die Souvenirläden brechen. Besonders in den Museumsshops bekommen Sie neben dem bekannten Schnickschnack häufig interessante Bücher, Broschüren, CDs und DVDs. Auch damit werden die Museen und andere Einrichtungen finanziert. Sie tun also was Gutes!

Oben: Der Dom St. Olav wurde im 12. Jahrhundert erbaut. In seinem Gemäuer steckt noch eine Kanonenkugel aus dem 17. Jahrhundert.
Unten: Bergens berühmter Sohn: der Violinist Ole Bull

eine bekannte Größe im internationalen Musikbetrieb. Auch der berühmteste Sohn der Stadt, Edvard Grieg (1843–1907), hat hier seine Spuren hinterlassen. Troldhaugen, das Zuhause des Komponisten, ist nicht nur Museum, sondern auch Spielstätte für Musiker aus aller Welt. Grieg war aber nicht der einzige bekannte Musiker der Stadt. Der Komponist Harald Sæverud (1897–1992) lebte und arbeitete hier. Er wurde durch seine Musik zu Ibsens Drama »Peer Gynt« bekannt, eine Auftragsarbeit, die 1946 erstmals mit dem Bühnenstück aufgeführt wurde und heute als »antiromantisches Gegenstück« zur von Grieg komponierten Fassung gilt.

Daneben haben Folklore, Jazz und Rockmusik ihren Platz. Von September bis Mai finden im Jazz Forum Bergen freitags Konzerte mit in- und ausländischen Künstlern statt. Im Klub »Det Akademiske Kvarter« treffen sich ganzjährig Jazz- und Blues-Musiker zu Konzerten und Jam-Sessions. Das Theater Den nationale Scene gehört zu den führenden Häusern in Norwegen und ist das älteste des Landes. Es geht auf das von dem Violinsolisten Ole Bull (1810–1880) 1850 gegründete Det Norske Theater zurück, das jedoch nach einigen Jahren schließen musste. 1876 wurde die Stiftung Det nationale Scene gegründet, die die Arbeit an der alten Spielstätte wieder aufnahm. Seit 1993 hat die Bühne den Status eines »nationalen Theaters«.

Für Naturliebhaber ist das Akvariet, das größte Aquarium Nordeuropas, ein Muss. Im Haitunnel schwimmen Haie beängstigend nah an den Besuchern vorbei. Das jüngste Kind im Erlebnis- und Bildungsprogramm Bergens ist das Wissenschaftszentrum VilVite. Hier werden naturwissenschaftliche Erkenntnisse an 75 interaktiven Maschinen, Multimediaeinrichtungen und in Experimenten unterhaltsam und spielerisch vermittelt.

Geheimtipp

SCHLEMMEN IN BERGEN

Ein Tag in Bergen ist anstrengend! Vor allem dann, wenn man sich nicht darauf beschränkt, nur Bryggen und den Fischmarkt Torgen zu besuchen. Tagsüber genügt es, den Hunger an einem der Stände auf dem Fischmarkt zu stillen, aber der Abend sollte mit einem in aller Ruhe eingenommenen Essen ausklingen. Wo könnte das besser gehen als im auch bei Bergenern beliebten Fischrestaurant Enhjørningen an der Tyske Bryggen? Die erste urkundliche Erwähnung stammt aus dem Jahr 1304. Damit ist es das älteste Fischrestaurant Bergens, seine Namensgebung jedoch gibt Rätsel auf. Wie überall in Norwegen ist das Essen nicht billig, aber die Qualität stimmt. Vorherige Platzreservierung ist zu empfehlen.

Enhjørningen Fiskerestaurant.
Tyske Bryggen, Enhjørningsgården 29, N-5003 Bergen,
Tel. 55 30 69 50,
info@enhjorningen.no,
www.enhjorningen.no

Infos und Adressen

Die Attraktion in Bergens Aquarium sind die Haie.

SEHENSWÜRDIGKEITEN

Aquarium Bergen. Das größte Meeresaquarium Nordeuropas mit einem »begehbaren« Haifischbecken. Preise: 250 NOK (Erw.), 175 NOK (Kinder 3–13 J.) 700 NOK (2 Erw., 2 Kinder). Di–So 10–16 Uhr, Nordnesbakken 4, N-5005 Bergen, Tel. 55 55 71 71, post@akvariet.no, www.akvariet.no

Bergen Seefahrtsmuseum. Das Museum zeigt anhand vieler Schiffsmodelle die Entwicklung und Bedeutung der Seefahrt von den Wikingern bis heute. Eintritt: 50 NOK, Kinder/Stud. frei. Tgl. 11–15 Uhr, Haakon Sheteligs plass 15, N-5007 Bergen, Tel. 55 54 96 00, bergens. sjofartsmuseum@bsj.uib.no, www.bsj.uib.no

Den Nationale Scene. Engen 1, N-5011 Bergen, Tel. 55 21 06 30, info@fib.no, www.fib.no

Det Akademiske Kvarter. Olav Kyrres gate 49, N-5015 Bergen, Tel. 40 62 66 01, booking@kvarteret.no, www.kvarteret.no

Domkirche Bergen. Eine der ältesten Steinkirchen Norwegens aus dem Jahr 1150. Domkirkegaten 3, N-5017 Bergen, Tel. 55 59 32 70, domkirken.menighet@bkf.no, www.kirkemusikkibergen.no

Freilichtmuseum Horda. In 30 traditionellen Holzhäusern des Hordalands sind u. a. Schiffe,

Werkzeuge und Textilien zu sehen. Di–Fr 12–15 Uhr, So 12–16 Uhr, Tel. 47 97 95 80, N-5233 Fana, www.bymuseet.no

Gamle Bergen Museum. Ein lebendiges Museum, das die Lebensbedingungen der Menschen im 18. und 19. Jh. darstellt. Eintritt: 80 NOK (Erw.), Kinder frei. 15. Mai–31. Aug. tgl. 9–16 Uhr, Nyhavnsveien 4, N-5042 Bergen, Tel. 47 97 95 84, gamlebergen@bymuseet.no, www.bymuseet.no

Hanseatisk Museum. Hier wird die Geschichte der Hanse in Bergen dokumentiert. Eintritt: 70 NOK (Erw.), Kinder unter 16 J. frei. 1. Jan.–30. April tgl. 11–16 Uhr, 1. Mai–30. Sept. tgl. 9–17 Uhr, 1. Okt.–31. Dez. Di–Sa 11–14 Uhr, So 11–16 Uhr, Finnegården 1a, N-5003 Bergen, Tel. 53 00 61 10, hanseatisk@museumvest.no, www.museumvest.no

Kunstmuseen in Bergen. Eintritt: 100 NOK (Erw.), Kinder unter 16 J./Bergen-Card-Besitzer frei. 15. Mai–14. Sept. tgl. 11–17 Uhr, 15. Sept.–14. Mai Di–Fr 11–16 Uhr, Rasmus Meyers allé 3, N-5015 Bergen, Tel. 55 56 80 00, post@kunstmuseene.no, www.kodebergen.no

Lepramuseum. Das einzige Museum seiner Art weltweit. Hier arbeitete Gerhard Armauer Hansen, der Entdecker des Lepra-Erregers. Eintritt: 70 NOK (Erw.), Bergen-Card-Besitzer frei. 15. Mai–31. Aug. tgl. 11–15 Uhr, Kong Oscarsgate 59, N-5017 Bergen, Tel. 481 62 678, www.bymuseet.no

Marienkirche. Ursprünglich ausschließlich von den Kaufleuten der Hanse genutzte Basilika aus dem 12. Jh. Dreggen 15, N-5003 Bergen, Tel. 55 59 71 75, domkirken.menighet@bkf.no, www.bkf.no

Norwegisches Fischereimuseum. Wissenswertes über die norwegische Fischereitradition, die durch die fischreichen Meeresgründe, die

Küstenlandschaft und die Inseln begründet
wurde. 5. Mai–15. Sept. Mo–Fr 9–16 Uhr,
Sa/So 10–16 Uhr, 16. Sept.–14. Mai Mo–Fr
10–14 Uhr, So 11–16 Uhr, Sandviksboder 20,
N-5035 Bergen, Tel. 55 69 96 00.

Nykirken – »Kinderkirche« Bergen. Strandgaten 197 B, N-5004 Bergen, Tel. 55 59 32 63,
monika.solheim@bergen.kirken.no,
www.barnaskatedral.no

S12 Galleri og Verksted. Skostredet 12,
N-5017 Bergen, Tel. 93 03 35 10, post@s12.no,
www.s12.no

VilVite Wissenschaftszentrum. Tgl. 10–17 Uhr
(saisonal variierend), Thormøhlensgate 51,
N-5006 Bergen, Tel. 55 59 45 00,
post@vilvite.no, www.vilvite.no

ESSEN UND TRINKEN
Restaurant sky:skraperen. Restaurant auf dem
Berg Ulriken mit der besten Aussicht auf die
Stadt und den Hafen. Nach Angaben des Betrei-
bers bekommen Sie hier das beste Essen, das
auf einem Berggipfel zubereitet werden kann.

Gepflegte Geschichte: altes Hinweisschild in
der Hollendergate

Mai–Sept. tgl. 9–21 Uhr, Okt.–April 10–17 Uhr,
Ulrikens topp, N-5009 Bergen, Tel. 53 64 36 43,
booking@skyskraperen.no, www.ulriken643.no

ÜBERNACHTEN
In und um Bergen gibt es eine Fülle von Hotels,
von sehr einfach bis luxuriös. Daneben werden
auch Privatunterkünfte angeboten. Auskunft
und Buchung über die Touristeninformation.
Die Preise in den Privatunterkünften liegen bei
500 NOK für ein EZ, 500 NOK für ein DZ und
600 NOK für Apartments. Zusatzbetten gibt es
ab 150 NOK.

Steens Hotel. Gutes Hotel in Familienbesitz
mit insgesamt 21 Zimmern. Alle Zimmer mit
Dusche/WC, WLAN und TV. Preise: EZ ab
890 NOK, DZ ab 1090 NOK, Zusatzbett 250 NOK
(alle Preise inkl. Frühstück). Parkveien 22,
N-5007 Bergen, Tel. 55 30 88 88,
post@steenshotel.no, www.steenshotel.no

SEILBAHNEN
Bergener Hochfjellseilbahn. Preise inkl.
Bustransfer zur Talstation 245 NOK (Erw.),
135 NOK (Kinder). 1. Mai–30. Sept. 9–21 Uhr,
1. Okt.–30. April 9–17 Uhr, Ulriken 1, N-5009
Bergen, Tel. 53 64 36 43, post@ulriken.no,
www.ulriken.no

Fløibanen AS. Preise: 85 NOK (Erw.), 40 NOK
(Kinder). Mo–Fr 7–23 Uhr, Sa/So 8–23 Uhr,
Abfahrt alle 15 min, Vetrlidsallmenningen 21,
N-5014 Bergen, Tel. 55 33 68 00,
info@floibanen.no, www.floibanen.no

INFORMATION
Bergen Tourist Information. Neben kostenlo-
sem Informationsmaterial gibt es auch einen
kleinen, erfreulich gut sortierten Souvenirshop.
Tickets für Fähren, Züge und Konzerte sowie Bergen Card erhältlich. Strandkaien 3, N-5003 Bergen, Tel. 55 55 20 00, info@visitbergen.com,
www.visitbergen.com

21 Bergen
Stadtrundgang – eine Zeitreise

Nicht einmal einen Kilometer muss der Besucher auf einem Stadtrundgang in Bergen zurücklegen, um eine Zeitreise aus dem Mittelalter bis in die Neuzeit zu absolvieren. Zwischen der Festung Bergenhus bis zur Innenstadt aus der Neuzeit liegen 800 Meter räumliche, aber 800 Jahre zeitliche Distanz. Tradition und Moderne, gemütliches Kleinstadtleben und betriebsame Geschäftigkeit sind eine gelungene Symbiose eingegangen und geben der Stadt ein einzigartiges Flair.

Zu den Wurzeln der Stadt

Unser Stadtrundgang beginnt beim 🅐 Fischereimuseum bei der Anlegestelle der Fähren und Kreuzfahrtschiffe und geht weiter zu den ältesten Gebäuden der Stadt: der 🅑 Festung Bergenhus mit der Håkonshalle aus dem 13. Jahrhundert, die zu der Zeit das größte Gebäude des königlichen Palastes war. Das Gebäude wurde anlässlich der Hochzeit König Magnus Håkonsons (1238–1280) mit der dänischen Prinzessin Ingebjørg Eriksdatter (1244–1287) am 11. September 1261 zum ersten Mal offiziell genutzt. Zum 700. Jahrestag dieses Ereignisses wurde es komplett renoviert wieder eröffnet. Die Festhalle wird heute noch bei Staatsbesuchen und für Konzerte genutzt. Der 🅒 Rosenkrantzturm, dessen älteste Teile aus den 1270er-Jahren stammen, gilt als eines der wichtigsten Renaissancedenkmäler Norwegens. Im Laufe der Zeit ist er immer wieder vergrößert und umgebaut worden, auch und gerade, um den hanseatischen Kaufleuten zu zeigen, wer die Macht in der Stadt hat. Durch enge Gänge und schmale

Mitte: Jährlicher Besuchermagnet ist das Mittelalterfest in Bergen.
Unten: Die Håkonshalle, einst Palast, heute steinerner Zeuge vergangener Zeiten

Stufen gelangt man auf das Dach des Turmes und hat einen weiten Blick über die Stadt und den Hafen.

Die Hanse in Bergens Brygge

Die nächste Station ist das 1976 eröffnete 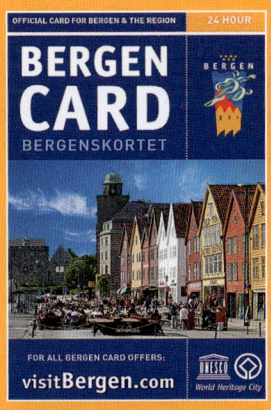 Bryggens Museum. Hier erfährt der Besucher alles über die Geschichte der Hanse in Bergen, über die angewandten Bautechniken und das Leben in den als Lager und Kontoren genutzten Gebäuden. Beim anschließenden Spaziergang durch die engen Gassen der Tyske ❺ Bryggen findet der Besucher viele der im Museum gezeigten Techniken und Details in der Architektur wieder. Zum Beispiel die gebogenen Balken, die zum Abstützen der Dächer verwendet werden. Solche Balken wachsen aus Bäumen, denen die Wurzeln an einer Seite vorsichtig gekappt werden. Unter seinem eigenen Gewicht neigt sich der Baum zur Seite, wächst aber später wieder gerade nach oben. Die Krümmung im unteren Stammbereich jedoch bleibt. Eine Technik, die auch im Schiffsbau angewandt wurde, um natürlich gewachsene, gebogene Spanten zu gewinnen.

Etwas abseits von den Holzgebäuden steht die ❻ Shøtstue, der Versammlungsraum für die hanseatischen Kaufleute, in der die Jahresversammlungen, Schulungen und Gerichtsverfahren der Hanse abgehalten wurden. Ursprünglich besaß jeder Gebäudetrakt eine Shøtstue, übrigens das einzige Gebäude, das im Winter geheizt war und in dem gekocht werden durfte, weil es aus Stein gebaut war. In den Holzhäusern war das aus gutem Grund wegen der Brandgefahr verboten. Dass Bryggen trotzdem mehrfach abbrannte, zeigt, dass die Gefahr durchaus real war. Das Thema Hanse und Bryggen wird mit dem Besuch der ❼ Marienkirche abgeschlossen. Die Gottesdienste wurden

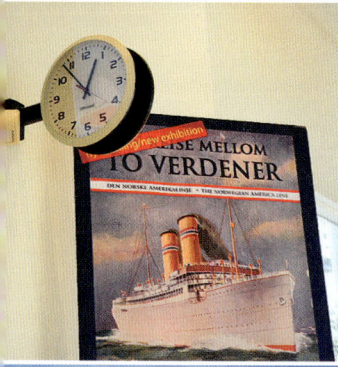

Oben: Per Touristenbahn auf Sightseeing-Tour durch die Stadt
Mitte und unten: Am Hurtigrutenkai starten die legendären Schiffsreisen. Die heutigen Schiffe ähneln mehr Cruiselinern als Frachtern.

bis 1868 in Deutsch abgehalten. Das Altarbild, ein großes Triptychon, stellt die Jungfrau Maria dar. Es stammt vermutlich aus einer Lübecker Werkstatt und wurde im späten 15. Jahrhundert hergestellt.

Der Torgen – Fischmarkt vom Feinsten

Danach wird es Zeit für eine kleine Stärkung. Die bekommt man nirgendwo besser als auf dem Torgen, dem berühmten ❶ Bergener Fischmarkt. Dort gibt es eine Fülle maritimer Köstlichkeiten, und selbst wer sich nicht für ein Fisch- oder Krabbenbrötchen entscheiden mag, darf doch an vielen Ständen kostenlos einfach einen kleinen Happen probieren. Sehenswert ist der Markt außerdem. Die gesamte Palette der norwegischen Fischarten und Meeresfrüchte wird hier in einer unglaublichen Vielfalt angeboten. Der Torgen ist aber beileibe kein reiner Fischmarkt. Neben den unvermeidlichen Souvenirs gibt es hier auch die mit Recht so beliebten Norwegerpullover und Mützen aus Schafswolle.

Sightseeing auf Rädern

Bis hierher ist man gut beraten, auf die eigenen Füße zu vertrauen, denn alle Sehenswürdigkeiten liegen dicht beieinander und durch die engen Gassen der Brygge kommen Fahrzeuge ohnehin nicht. Aber Bergen hat noch eine Menge mehr zu bieten, zum Beispiel den On & Off Sightseeing Bus. Der fährt Sie von einer Sehenswürdigkeit zur anderen. Sie können jederzeit zu- und aussteigen, sei es am ⓜ Aquarium, der Grieghalle, der ❶ Nykirken oder der ❺ Fløibanen. Startpunkt ist direkt am ❶ Fischmarkt an der Ecke Torgen/Strandkaien. Eine Alternative ist der Bergens Expressen. Ein als Lokomotive verkleideter Lkw zieht eine Reihe von offenen, Eisenbahnwaggons nachempfundenen Anhängern

Rundgang

- **Ⓐ** Fischereimuseum
- **Ⓑ** Festung Bergenhus
- **Ⓒ** Rosenkrantzturm
- **Ⓓ** Bryggens Museum
- **Ⓔ** Bryggen
- **Ⓕ** Shøtstue
- **Ⓖ** Marienkirche
- **Ⓗ** Hanseatisches Museum
- **Ⓘ** Fischmarkt Torgen
- **Ⓙ** Touristeninformation
- **Ⓚ** Theater »Den nationale Scene«

- **Ⓛ** »Kinderkirche« Nykirken
- **Ⓜ** Akvariet (Aquarium)
- **Ⓝ** Botanischer Garten
- **Ⓞ** Hurtigrutenkai
- **Ⓟ** Wissenschaftszentrum VilVite
- **Ⓠ** Lepramuseum
- **Ⓡ** Domkirche St. Olav
- **Ⓢ** Talstation der Fløyen-Bahn
- **Ⓣ** Weg nach Troldhaugen, Fantoft-Stabkirche und Talstation der Ulriken-Bergbahn
- **Ⓤ** Restaurant Enhjørningen

Altes Stadtviertel hinter der Hollendergate

LEBEN WIE IM 18. JAHRHUNDERT

Nicht verpassen

Während Bryggen immer noch ein lebendiger, intensiv genutzter Stadtteil ist, kann in Gamle Bergen, dem nördlich vom Zentrum gelegenen Alt-Bergen, das Leben betrachtet werden, wie es vor rund 100 Jahren war. Hier stehen Holzhäuser aus dem 18., 19. und 20. Jahrhundert, die nicht nur aus der Stadt selbst stammen, sondern aus der gesamten Region um Bergen. Dort wurden sie abgetragen und hier Stück für Stück wieder aufgebaut. Die Zeit scheint stehen geblieben zu sein. Das Leben der reichen Kaufleute ist ebenso nachzuempfinden wie das des armen Dienstmädchens, des Bäckers, des alternden Beamten und nicht zuletzt des Zahnreißers und seiner Patienten.

durch die Stadt. Die Tour dauert etwa eine Stunde, Erläuterungen zu den einzelnen Orten werden per Tonband in verschiedenen Sprachen gegeben. Aussteigen während der Fahrt ist allerdings nicht möglich. Tickets gibt es für 120 NOK bei der ❶ Touristeninformation oder direkt an Bord. Bergen-Card-Besitzer erhalten einen Rabatt von zehn Prozent. Start- und Endpunkt der Tour ist das ❻ Hanseatische Museum.

GUT ZU WISSEN

WENIGER IST OFT MEHR!

Sie müssen nicht alle Museen und anderen Sehenswürdigkeiten in Bergen besucht haben. Versuchen Sie daher nicht, die Stadt an einem Tag kennenzulernen. Sie setzen sich dadurch nur selbst unter Stress. Suchen Sie sich unter dem vielfältigen Angebot der Stadt die Dinge aus, an denen Sie wirklich interessiert sind. Auch dann benötigen Sie noch drei Tage!

Infos und Adressen

SEHENSWÜRDIGKEITEN

Bryggens Museum. An der Museumskasse können Tickets für die geführten Stadtrundgänge gekauft werden. Preise: 120 NOK (Erw.), Kinder unter 16 J. frei, Bergen-Card-Besitzer erhalten 10 % Ermäßigung. Dreggsalmenning 3, N-5003 Bergen, Tel. 55 30 80 30, bryggens. museum@bymuseet.no, www.bymuseet.no

Edvard Grieg Museum. (s. S. 148 und 151)

Festung Bergenhus. Bergenhus Festning, N-5003 Bergen, Tel. 47 97 95 77, bryggensmuseum@bymuseet.no, www.bymuseet.no

Grieghallen. Futuristische Konzerthalle mit vielfältigem Musikprogramm, das von Klassik bis zu Black Metal für jeden Geschmack etwas bereit hält. Edvard Griegs plass 1, N-5015 Bergen, Tel. 55 21 61 00.

Hanseatisches Museum. (s. S. 138)

ESSEN UND TRINKEN

Café Opera. Bistro-Restaurant mit norwegischen Speisen zu sehr moderaten Preisen. Im Erdgeschoss Do–Sa Live-Musik. Im Obergeschoss lässige Clubatmosphäre. 10 % Ermäßigung für Bergen-Card-Besitzer! Engen 18, N-5011 Bergen, Tel. 55 23 03 15, cafeopera@engengruppen.no, www.engengruppen.no

Gamle Bergen Tracteursted. Restaurant im ehemaligen Elsesro-Anwesen in Gamle Bergen. Typische Bergen-Küche mit Lebensmitteln aus der Region. Juli–Aug. tgl. 12–17 Uhr, Elsesro 1, N-5024 Bergen, Tel. 47 97 95 84, gbtr@online.no, www.bymuseet.no

Holbergstuen. Gutes Restaurant mit traditioneller Karte, auf der neben Fisch und Meeresfrüchten auch Wal- und Robbenfleisch angeboten wird. Guter Service zu norwegischen Preisen. 15 % Ermäßigung für Bergen-Card-Besitzer!

Blick aus dem Gastraum des »Kafe Kippers«

Torgallmenningen 6, N-5014 Bergen, Tel. 55 55 20 55, post@holbergstuen.no, www.holbergstuen.no

Kafe Kippers USF. Straßencafé und Restaurant in einer ehemaligen Sardinenfabrik am Puddefjord. Suppen, Sandwiches und kleine Gerichte sind erhältlich. 15–20 % Ermäßigung für Bergen-Card-Besitzer! Georgenes Verft 3, N-5011 Bergen, Tel. 55 30 74 10, usfterminus@ght.no, www.usf.no

ÜBERNACHTEN

Clarion Collection Havnekontoret. Vier-Sterne-Hotel in zentraler Lage mit Restaurant, Sauna und Fitnessraum. Nichtraucherzimmer werden angeboten. Sehr guter Service. Slottsgaten 1, N-5003 Bergen, Tel. 55 60 11 00, cc.havnekontoret@choice.no

First Hotel Marin. In der zweiten Reihe hinter der Tyske Bryggen gelegenes Vier-Sterne-Hotel mit Sauna, Dampfbad, Fitnessraum, Restaurant und Bar. WLAN kostenlos. Kein barrierefreier Zugang! Rosenkrantzgaten 8, N-5003 Bergen, Tel. 53 05 15 00, www.hotel.de/Booking

DIE HURTIGRUTEN –
Institution und Legende seit 1893

Postschiff der Hurtigruten kurz vor Molde, der »Stadt der Rosen«

Als das norwegische Innenministerium am 18. April 1891 eine öffentliche Ausschreibung für den Schiffsliniendienst zwischen Trondheim und Vadsøy auslobte, ahnte noch niemand, dass daraus einmal eine weltweit berühmte Schifffahrtslinie entstehen würde. Es ist vor allem der Verdienst des Kapitäns Richard With, der mit seinem Schiff Vesterålen den Zuschlag erhielt und den Grundstein für die Hurtigruten legte.

Richard With wurde am 18. August 1846 als viertes von neun Kindern in Tromsø geboren. Schon als Kind begleitete er seinen Vater auf See, der ebenfalls Kapitän war. Nach dem Besuch der Lehrerhochschule in Tromsø absolvierte er 1865 sein Steuermannsexamen. 1881 erwarb er sein erstes eigenes Schiff. Gemeinsam mit seinem Lotsen Andreas Holte führte er akribisch Buch über Kurse, Strömungen, Fahrrinnen und Landmarken entlang der norwegischen Küste. Bald waren die beiden so weit, dass sie auch nachts fahren konnten, was damals, noch ohne Radar und Satellitennavigation, eine schwierige Aufgabe war. Damit schafften sie sich eine hervorragende Ausgangsposition zur Übernahme der Postschiffslinie, die später Hurtigruten genannt werden sollte.

Hurtigruten in Bergen

Etwas abseits des historischen Stadtzentrums im Südwesten Bergens liegt der Stadtteil Jekteviken. Dort befindet sich der 2005 fertiggestellte Hurtigrutenkai, auch Hurtigrutenterminalen genannt. Von hier aus starten die Postschiffe, die schon lange keine reinen Post- und Frachtschiffe mehr sind, im Tagestakt nach Norden. Pünktlich um 20 Uhr heißt es im Sommer »Leinen los!«, im Winter erst um 22.30 Uhr. Bergen war nicht von Beginn an Ausgangspunkt der Hurtigruten. Die erste Reise mit der D/S Vesterålen startete 1893

vom etwa 344 nautische Meilen nördlich gelegenen Trondheim. Der Grund dafür lag auf der Hand. Trondheim war seit 1877 an das norwegische Eisenbahnnetz angeschlossen, 1881 kam noch eine Verbindung nach Schweden dazu. Damit war praktisch ganz Skandinavien angebunden. Bergen dagegen war zu dieser Zeit eigentlich nur über das Meer zu erreichen. Zwar wurde bereits 1876 mit dem Bau der Bergenbahn begonnen, die die beiden größten Städte Norwegens miteinander verbinden sollte, aber erst 1883 konnte die erste Teilstrecke einer Schmalspurbahn nach Voss in Betrieb genommen werden. Es dauerte dann immerhin noch 26 Jahre, bis 1909 der erste Normalspurzug aus Bergen in Oslo einrollte.

Seit 1894 sind die Schiffe der Hurtigruten aus dem täglichen Leben Norwegens nicht mehr wegzudenken. Pünktlich jeden Tag um 14.30 Uhr macht eines der insgesamt elf auf der Route verkehrenden Schiffe in Bergen an der Pier fest. Die »linesmen«, wie die Hafenarbeiter genannt werden, stehen schon bereit und warten darauf, dass die Leinen an Land gezogen werden können. Sobald das erledigt ist, wird eine Rampe an das Schiff herangefahren, über die die Passagiere von Bord gehen, während parallel dazu die große seitliche Luke geöffnet wird, durch die Fahrzeuge, Post und Fracht entladen werden.

147

22 Edvard Griegs ...
... bestes Stück und Fredrik Gades Vermächtnis

Wären Edvard Grieg und Fredrik Gade nicht Söhne der Stadt Bergen gewesen, die Stadt wäre heute um zwei Attraktionen ärmer, nämlich die Villa Troldhaugen und die Stabkirche Fantoft. Edvard Grieg hatte sich zum Komponieren auf den Trollhügel vor den Toren der Stadt zurückgezogen, während Fredrik Gade die Stabkirche in Fortun davor bewahren wollte, abgerissen und als Feuerholz verkauft zu werden.

Als *Mitt beste opus hittil*, »Mein bestes Werk bisher« bezeichnete Edvard Grieg (1843–1907) die Villa Troldhaugen, wohl, weil sie ihm Heimat und Inspiration gewesen ist. Wer Bergens berühmtesten Sohn besuchen will, muss ein wenig aus der Innenstadt herausfahren. Mit der Stadtbahn (für Bergen-Card-Besitzer ist das kostenlos) fährt man bis zur Haltestelle Hop und wendet sich dann nach links in den Troldhaugveien. Der Weg ist gut ausgeschildert und nach einem Fußmarsch von 15 bis 25 Minuten ist man am Ziel. Hier auf dem Troldhaugen, dem Trollhügel, hat sich Grieg von seinem Cousin, dem Architekten Schak August Steenberg Bull, eine Villa bauen lassen. Da er auch als etablierter Komponist den größten Teil seines Einkommens noch aus Konzerten bezog, führte er ein unstetes Leben. Seine Reisen führten ihn jedes Jahr während der Konzertsaison in die damals berühmtesten Musikstädte Europas wie Paris, Prag, London, Leipzig und Berlin. Die Sommermonate verbrachte er aber von 1885 bis zu seinem Tod in Troldhaugen. Unterhalb der Villa hatte er sich eine kleine Holzhütte bauen lassen, in die er sich zum Komponieren zurückzog. Villa, Komponistenhütte

Das Edvard-Grieg-Denkmal vor dem Konzertsaal im Troldhaugen-Anwesen

Der dem Grieghaus angegliederte Konzertsaal

sowie die Grabstätte Griegs und seiner Frau Nina sind seit 1928 als Museum der Öffentlichkeit zugänglich. Die Räume sind heute noch genauso möbliert wie zu Griegs Lebzeiten. 1985 wurde das Museum um den Troldsalen, einen Konzertsaal mit 200 Plätzen, erweitert. Ein gesonderter Museumsbau mit einer Dauerausstellung, einem Café und einem Museumsladen kam 1995 dazu. Während des Sommers und im Herbst werden im Troldsalen etwa 25 Liederabende, Klavier- und Kammermusikkonzerte mit Kompositionen nicht nur von Grieg aufgeführt. Karten für die Abendkonzerte sind über das Internet und an der Touristeninformation buchbar (s. rechts und S. 151).

Auf dem Weg zum Troldhaugen empfiehlt es sich, dem Vermächtnis von Fredrik Georg Gade (1830–1905) einen Besuch abzustatten. Gade war nicht nur erfolgreicher Kaufmann, Politiker und amerikanischer Konsul, sondern auch Kunstmäzen und Mitglied im Aufsichtsrat des Nationaltheaters (Den nationale Scene). Er rettete die Stabkirche Fantoft vor dem Abriss. Die Stabkirche wurde vermutlich um 1150 in Fortun, einem kleinen Dorf an einem Seitenarm des Sognefjords, erbaut und 1883 an ihren jetzigen Platz versetzt. Der Grund:

Nicht verpassen

KONZERTE AUF DEM TROLLHÜGEL

Ein Besuch in Bergen ohne ein Konzert mit der Musik des berühmtesten Sohns der Stadt zu hören, ist für Musikliebhaber nahezu undenkbar, zumal mit dem Troldsalen 1985 ein Konzertsaal errichtet wurde, der sich wunderbar in die Landschaft des Troldhaugen einfügt. Während der Konzerte fällt der Blick durch ein großes Panoramafenster hinter der Bühne auf die kleine Holzhütte, in die Edvard Grieg sich zum Komponieren zurückzog. Wer Grieg pur möchte, bekommt mit den täglichen Lunchkonzerten einen guten Eindruck in das Schaffen des Meisters. Bei den Abendkonzerten werden auch Werke von Mozart, Ravel, Chopin, Liszt, Schubert, Schönberg oder Britten gespielt, immer dargeboten von erstklassigen Musikern. Doch schnell muss man sein, die Konzerte sind sehr beliebt und nur selten sind noch Tickets an der Abendkasse erhältlich.

Die Kirche konnte damals nicht mehr alle Gläubigen fassen und sollte deshalb durch einen Neubau ersetzt werden. Bevor sie abgerissen und als Brennholz verkauft werden sollte, erwarb Gade die Kirche und ließ sie in seinem eigenen Garten wieder aufbauen.

Zur Kirche gelangen Sie mit der Stadtbahn bis zur Haltestelle Paradis. Dem Birkelundsbakken folgend, erreicht man sie nach etwa zehn Gehminuten. Im Jahre 1992 brannte die Kirche durch Brandstiftung vollständig nieder, wurde aber nach alten Plänen und Fotografien wieder aufgebaut. Das Holz wurde im gleichen Wald geschlagen wie das der alten Kirche und es wurden ausschließlich Holznägel verwendet, um die Konstruktion zusammenzuhalten. Auch die Imprägnierung des Holzes wurde mit traditionellen Techniken erreicht. Sie entspricht heute der Situation der Jahre von 1883 bis 1992. Was nicht durch Pläne und Fotografien rekonstruierbar war, wurde durch stilistische Anleihen aus anderen Stabkirchen, vor allem der berühmten Borgund-Stabkirche in der Kommune Lærdal, ergänzt. Die Kirche wird seit ihrer Verlegung nach Fantoft nicht mehr als sakrales Gebäude, sondern als Museum genutzt.

Oben: Im Inneren ist die Stabkirche von Fantoft originalgetreu mit Holz vertäfelt.
Unten: Die wiedererbaute Stabkirche Fantoft ist ein beinahe exakter Nachbau der Kirche von 1883.

Infos und Adressen

SEHENSWÜRDIGKEITEN

Fantoft Stabkirche. Eintritt: 55 NOK (Erw.), 30 NOK (Kinder), mit der Bergen Card frei. 18. Mai–15. Sept. Mo–So 10.30–18 Uhr, Fantoftveien 46, N-5072 Bergen, Tel. 55 28 07 10, www.fantoftstavkirke.com

Grieg Museum. Troldhaugen ist der Name des Hauses des norwegischen Komponisten Edvard Grieg, das im Stadtteil Fana, im Süden seiner Heimatstadt Bergen, am Ufer des Nordåsvannet gelegen ist. Eintritt: 100 NOK (Erw.), 50 NOK/Pers. (Gruppen/Stud. oder mit Bergen Card), Kinder unter 16 J. frei. 6. Jan–30. April tgl. 10–16 Uhr, 1. Mai–30. Sept. tgl. 9–18 Uhr, 1. Okt.–14. Dez. 10–16 Uhr, Troldhaugvegen 65, N-5232 Paradis-Bergen, Tel. 55 92 29 92, www.griegmuseum.no

KONZERTE MIT SHUTTLE-SERVICE

Von 1. Juni–14. Sept. finden tgl. Mittagskonzerte, vom 22. Juni–17. Aug. Sommerkonzerte statt, Konzertpreise inkl. Bustransfer: 250 NOK (Erw., mit Bergen Card 200 NOK), 100 NOK (Kinder). Darin enthalten sind Konzert, Eintritt in die Ausstellung und Besichtigung des Museums. Abfahrt 11 Uhr von der Touristeninformation Troldhaugen, geführte Tour und ½ Stunde Konzert im Troldsalen, Rückkehr um 14.30 Uhr. Troldhaugvegen 65, N-5232 Paradis-Bergen, Tel. 55 92 29 92, www.troldhaugen.com

ANFAHRT AUF EIGENE FAUST

Mit dem Auto fährt man von Bergen-Stadtmitte nach Troldhaugen auf der E 39 südwärts (den Schildern nach Stavanger folgend). Nach ca. 7 km die Ausfahrt nach Troldhaugen nehmen, ab da ist es noch 1 km bis zum kostenlosen Besucherparkplatz.

Mit der Tram fährt man von Bergen nach Troldhaugen in Richtung Nesttun. An der Haltestelle Hop aussteigen und den Schildern Richtung Troldhaugen folgen. Vom Bahnhof sind es dann noch ungefähr 20 Gehminuten bis zum Anwesen.

Edvard Griegs Wohnsitz, die Villa Troldhaugen, ist heute ein Museum.

23 Sognefjord
Nur Superlative – vom längsten zum schmalsten Fjord

Fjordnorwegen, das sind die Provinzen Rogaland, Hordaland, Sogn og Fjordane und Møre og Romsdal. Der Sognefjord ist das Herzstück dieser Region – Rekordhalter nicht nur unter den norwegischen, sondern nahezu allen Fjorden der Welt. Mit 1308 Meter Tiefe ist er mit Abstand der tiefste Fjord und seine 204 Kilometer Länge werden nur vom Admiralty Inlet im Nordosten Kanadas übertroffen.

Beidseits von bis zu 1524 Meter hohen Bergen eingefasst, ist der Sognefjord weit verzweigt – seine Nebenarme Fjærlandsfjord, Lustrafjord, Ardalsfjord und Aurlandsfjord reichen weit nach Norden und Süden ins Binnenland hinein. Vom Aurlandsfjord zweigt wiederum der Nærøyfjord ab. Aufgrund seiner Länge und Ausrichtung in West-Ost ist der innere Bereich des Fjordes klimatisch begünstigt. Hier herrscht im Gegensatz zum Mündungsbereich mit seinem atlantisch geprägten Klima ein kontinentales Klima mit trockenen, warmen Sommern. Im Frühjahr blühen an den Ufern Obstbäume. Auch Erdbeeren und Himbeeren werden hier angebaut. Dieser Bereich ist selbst heute noch durch traditionelle landwirtschaftliche Nutzung geprägt, allerdings gewinnt der Tourismus immer mehr an Bedeutung.

Aus dem Dornröschenschlaf erwacht

Nach wie vor ist die Anbindung der Sognefjord-Region mit Schiffen von großer Bedeutung. Von Bergen fahren die heute 37 Knoten schnellen

Mitte: Blick von der Aurland-Passstraße auf den Aurlandsfjord
Unten: Einsames Kanu auf dem Sognefjord

Auch hier schmelzen die Gletscher.

Fähr-Katamarane nach Sogndal, wo Anschlüsse an die kleineren Boote nach Kaupanger, Gudvangen oder Lærdal bestehen. Anders als noch vor 70 Jahren, als der Sognefjord fast ausschließlich mit Fährschiffen erreichbar war, ist die Region heute mit allen Verkehrsmitteln erschlossen. Auf dem Landweg machte die 1940 in Betrieb genommene Flåmbahn den Anfang, die in Myrdal an die Bergenbahn angeschlossen wurde. Flugverbindungen bestehen seit 1971 von Oslo, Bergen und Trondheim zum Flughafen Sogndal-Haukåsen. Als Letztes wurde 1986 die Straßenverbindung nach Fjærland fertiggestellt. Damit war die Region ganzjährig auch mit dem Auto und den in Oslo startenden Expressbussen erreichbar.

Der erste nach Norden vom Sognefjord abzweigende Nebenarm ist der Fjærlandsfjord, an dessen Ende der kleine Ort Fjærland liegt. Bis 1986 konnte er nur mit der Fähre von Balestrand oder Hella erreicht werden und war ein recht verschlafenes Nest, in das sich nur gelegentlich ein Tourist verirrte. Die touristische Entdeckung des Sognefjordgebietes fand aber bereits am Ende des 19. Jahrhunderts statt. Und es war nicht nur der deutsche

Nicht verpassen

WAS SIE SCHON IMMER ÜBER GLETSCHER WISSEN WOLLTEN, …

… erfahren Sie im Norsk Bremuseum, dem norwegischen Gletschermuseum. Mindestens in Europa, wenn nicht weltweit sucht es seinesgleichen. Auf auch dem Laien verständliche Weise wird erläutert, wann und warum es Eiszeiten gegeben hat, wie Gletscher entstehen und vergehen, wie sie die Landschaft formen, welche Tiere und Pflanzen sich wie angepasst haben und vieles mehr. Ganz konkret widmet sich ein Film im museumseigenen Kino dem Jostedalsbreen und den Wanderungen, die auf und in den Gletscher führen. Höhepunkt des Besuchs im Museum ist die Wanderung durch einen künstlichen Gletscher.

Norsk Bremuseum/Kino Jostedalsbreen. Breheimsenteret Nigardsbreen, N-6871 Jostedal, Tel. 57 68 32 50, jostedal@ jostedal.com, www.jostedal.com

WASSERFÄLLE IM DUTZEND

Nicht verpassen

Kaum jemand kann sich der Faszination aus großer Höhe herabstürzenden Wassers entziehen. Am und um den Sognefjord findet man Wasserfälle auf Schritt und Tritt. 840 Meter tief, davon 149 Meter im freien Fall, stürzen die Wassermassen des Kjelfossen bei Gudvangen zu Tal. Nicht weniger spektakulär ist der Kvinnafossen zwischen Leikanger und Hella, dessen Wasser sich aus 120 Meter Höhe in den Sognefjord ergießt. Dem Wasser des Viagrafossen im Verlauf des Flusses zwischen dem Anestølsvatnet und Dalavatnet im Sogndalsdalen werden potenzfördernde Kräfte zugeschrieben. Als Beleg wird der Kinderreichtum im Gebiet herangezogen. Speziell für Wasserfallenthusiasten wurde der Wasserfall-Pfad konzipiert. Die Strecke führt vom Gaularfjell bis nach Viksdalen an vierzehn Wasserfällen und sieben Bergseen vorbei. 500 Höhenmeter sind auf der 21 Kilometer langen Strecke zu bewältigen. Informationen bei der Touristeninformation in Balestrand.

Kaiser Wilhelm II., der hier gern Urlaub machte, auch Edward VII. von England besuchte regelmäßig die Region. Gekrönte Häupter sollen allerdings schon viel früher hier gelebt haben. Mehrere Grabhügel in der Nähe von Vangsnes lassen darauf schließen, dass es hier bereits zur Wikingerzeit einen Häuptlingssitz gab. Einer um das Jahr 1300 niedergeschriebenen Sage nach soll Fridtjof der Kühne in Vangsnes gelebt haben. Um ihn rankt sich eine Geschichte über Tapferkeit, Liebe und Verzweiflung, die letztlich jedoch gut ausgeht. Wilhelm II. war davon so angetan, dass er 1913 eine 26 Meter hohe Fridtjof-Statue errichten ließ.

Fjærland war aber schon lange vorher der Geheimtipp für Gletscherwanderungen auf den nord-westlich gelegenen Jostedalsbreen. 1883 kamen die ersten Besucher aus England und Deutschland, der große Tourismus setzte aber erst 1986 mit dem Bau der Straßenanbindung, des Fjærlandsvegen, ein. Heute werden bis zu 50 000 Besucher im Jahr gezählt, die einerseits nach wie vor vom Gletscher angezogen werden, andererseits auch das Angebot an leichten Wanderungen, Bootstouren auf dem Fjord oder Angeln nutzen. Eine besondere Attraktion ist das 1991 eröffnete Norsk Bremuseum, das Gletschermuseum. Hier erfährt der Besucher alles über Gletscher und Eiszeiten.

Von Meereshöhe auf 1400 Meter

Der nächste in der Reihe der Nebenarme ist der Lustrafjord. 180 Kilometer von der Mündung des Sognefjordes entfernt, hat er ein ausgesprochen mildes Klima. Sogar Tabak gedeiht hier und wurde auch kultiviert, allerdings wohl nur für den Eigenbedarf. Der Anbau wurde schon vor längerer Zeit eingestellt, weil er sich nicht rentierte. Der Obst-

bau ist dagegen immer noch ein wichtiger Wirtschaftsfaktor. Die Orte im Lustrafjord sind ideale Ausgangspunkte für die unterschiedlichsten Aktivitäten. Ausflüge zum Jotunheimen-Nationalpark, zum Feigumfossen, der mit 218 Meter Fallhöhe zu den höchsten Wasserfällen Norwegens zählt, oder zur Stabkirche Urnes (s. S. 204) am Ostufer des Fjordes bieten sich an. Über die Sognefelljstraße erreicht man auf 1400 Meter Höhe das Sommerskizentrum bei der Sognefjellhütte. Wer nicht so hoch hinaus will, kann Bootstouren auf dem Fjord machen oder kostenlos Lachse und Aale angeln.

Klein, aber fein

Der Nærøyfjord nimmt für sich in Anspruch, der schmalste Fjord der Welt zu sein. Und selbst wenn er es mit 250 Meter Breite an der schmalsten Stelle nicht sein sollte, spektakulär ist er allemal. Bis zu 1800 Meter hoch ragen die Felswände auf und lassen selbst größere Fährschiffe wie Spielzeug wirken. Eine Fahrt auf diesem Fjord gehört zum Schönsten, was Norwegen zu bieten hat. Nicht umsonst wurde der Fjord von der UNESCO zum Weltkulturerbe erhoben. Am Ende liegt der Ort Gudvangen. Von dort führt das Nærøytal in Richtung des etwa zwölf Kilometer entfernten Ortes Stalheim, welcher der

GUT ZU WISSEN

BLICK FÜR DIE KLEINEN DINGE

Es sind nicht nur die von steilen Felswänden eingefassten Fjorde, die Wasserfälle und die riesigen Gletscher, die der Landschaft ihren Reiz verleihen. Kleine, auf den ersten Blick unscheinbare Blumen, die sich einen Platz in Felsspalten erobert haben, offenbaren ihre Schönheit oft erst beim zweiten Hinsehen, genau wie Flechten, die den Felsen einen bunten Überzug verleihen. Man muss nur hinschauen. Auch das können Sie in Norwegen lernen.

Oben und unten: Der Lustrafjord und der Nærøyfjord sind beides Seitenarme des Sognefjords.

Stalheim-Schlucht den Namen gegeben hat. Durch diese Schlucht ging vom 17. bis zum Beginn des 20. Jahrhunderts der Postweg zwischen Christiania und Bergen. Berühmt ist auch die 1846 fertiggestellte Stalheimskleiva, eine Straße, die mit dreizehn Haarnadelkurven von Osten zum Ort hinaufführt.

Erlebnislandschaften

Eine ganze Reihe weiterer landschaftlich reizvoller Routen leitet durch die Sognefordregion. Eine der schönsten führt 48 Kilometer über den Aurlandsvegen von Aurland nach Lærdal. Ihren höchsten Punkt erreicht sie mit 1306 Metern. Auf der Strecke gibt es einige Aussichtspunkte, von denen sich ein prachtvolles Panorama öffnet. Nach sechs Kilometern wird in der achten Haarnadelkurve und 650 Meter über dem Fjord der Stegastein, der erste Aussichtspunkt, erreicht, dem noch viele weitere folgen. Auch im Hochsommer liegt dort gelegentlich Schnee. Daher wird die Straße auch Snovegen, Schneeweg, genannt. Sie ist nur von Juli bis Oktober geöffnet. Sei dem Jahr 2000 führt eine Alternativtrasse nicht über, sondern durch den Berg. Es ist schon ein Erlebnis der besonderen Art, durch den Lærdaltunnel zu fahren, der mit 24,5 Kilometern der längste Straßentunnel der Welt ist. Fünf Jahre lang haben sich die Tunnelbauer durch den harten Gneis des Gebirges gekämpft. Jeder Meter des Tunnels hat die Summe von 30 000 NOK gekostet. Trotzdem ist er mautfrei zu befahren. Tausend Fahrzeuge passieren ihn pro Tag.

Oben und unten: Die Aurland-Passstraße führt durch die vielfältigen und überaus reizvollen Gebirgslandschaften des Kvamsdalen, Horndalen und Erdalen.

Der von Luster am Sognefjord nach Lom zum Jotunheimen, dem Heim der Riesen, führende Sognefjellvegen (Rv 55) überwindet den mit 1430 Metern höchsten Pass und durchquert die nicht nur schönsten, sondern mit dem Galdhøppigen auch höchsten Gebirgsregionen Norwegens. Deswegen wurde er schließlich zur Nationalen Touristen Route erklärt.

Infos und Adressen

ESSEN UND TRINKEN

Ægir Mikrobrauerei. Verschiedene Biersorten und lokale Essensspezialitäten. Pb. 44, N-5742 Flåm, Tel. 57 63 20 50, www.flamsbrygga.no

Pilgrim Restaurant Holmen. Restaurant mit traditioneller norwegischer Küche und sehenswerter Galerie zeitgenössischer Malerei. N-6899 Balestrand, Tel. 91 56 28 42, www.detgylnehus.no

Pyramiden Senterkafe. Mitten in einem kleinen Shoppingcenter inkl. Frisör, Apotheke und Kinderspielplatz befindet sich dieser traditionelle Pub/Catering. Mo–Fr 9–18, Do/Sa bis 19/15 Uhr, N-6868 Gaupne, Tel. 57 68 14 61, mett-oes@online.no, www.pyramidensenter.no

ÜBERNACHTEN

Bøyum Camping. Ganzjährig geöffneter Campingplatz beim Norwegischen Gletscherzentrum. N-6848 Fjærland, Tel. 57 69 32 52, www.boyumcamping.no

Kviknes Hotel. Seit 1877 in Familienbesitz befindliches, inzwischen sehr großes Hotel mit 190 Zimmern. Das Gebäude mit allen Erweiterungen der letzten Jahrzehnte ist im ursprüng-

Glockenblumen findet man auf Weiden und am Waldrand.

Sport im und am Wasser steht hier hoch im Kurs.

lichen Schweizer Stil gehalten. Kviknevegen 6, N-6899 Balestrand, Tel. 57 69 42 00, www.kviknes.no

Skjolden Hotel. Touristenhotel mit Restaurant, Bar, Tanzsaal und eigenem Jachthafen. N-6876 Skjolden, Tel. 91 80 30 25, www.skjolden-resort.no

Sognefjord Gjestehotell. EZ, DZ und Familienzimmer mit Blick auf den Kvinnafossen. N-6894 Vangsnes, Tel. 57 69 67 22, www.sognefjord-gjestehus.no

AKTIVITÄTEN

FjordSeal Kajakk. Kajaktouren für die ganze Familie. Solvi, N-6873 Marifjøra, Tel. 95 77 41 96, www.fjordseal.com

Gamle Trevaren. Angelscheine für die Vikja. Preise auf Anfrage. N-6893 Vik i Sogn, Tel. 90 10 86 31, www.gamletrevaren.no

INFORMATION

Touristeninformationen. In jedem größeren Ort im Sognefjordgebiet gibt es eine Anlaufstelle. Zentrale Tel. 99 23 15 00, www.sognefjord.no

Visit Sognefjord AS. Tourismusorganisation für die Region Sognefjord. Trolladalen 30, N-6856 Sogndal, Tel. 57 67 14 00, www.visitsognefjord.no

24 Lærdal
Angelrevier der Könige

Es gibt sie auch in Zeiten der Aquakultur, die Wildlachse in den norwegischen Flüssen, die zu den besten der Welt gezählt werden. Immer noch werden sie traditionell mit der Angelrute gefangen, wenn sie nach vier, fünf Jahren im Meer zum Laichen in die Flüsse aufsteigen, in denen sie selbst aus dem Ei geschlüpft sind. Der in den Sognefjord mündende Lærdalselva galt als »König der Lachsflüsse«.

Daran hat sich bis heute nichts geändert, allerdings ist die Erreichbarkeit durch die Straßenanbindung deutlich verbessert worden. Die bereits zu Anfang des 19. Jahrhunderts zum Wildlachsangeln hierher gekommenen britischen Adeligen waren noch auf Schiffe angewiesen, um den Fluss zu erreichen. Heute kann jedermann mit dem Auto bis an den Fluss fahren und sein Glück versuchen, vorausgesetzt, er hat eine Angellizenz erworben. Zu dem Vergnügen, sich sein eigenes Mittagessen fangen zu dürfen, kommt dann noch der Genuss beim Verzehr der Beute, denn der ist unübertroffen. Die ebenfalls aus der Region stammenden Zuchtlachse halten keinem Vergleich mit ihren wilden Verwandten aus dem Fluss stand. Warum das so ist, erfährt der Besucher im Norsk Villakssenter, dem norwegischen Wildlachszentrum in Lærdalsøyri. Hier bleiben keine Fragen über die Eigenschaften und den Lebenszyklus des Salmo salar, wie der Atlantische Lachs mit wissenschaftlichem Namen heißt, offen. Auch die Forschungsergebnisse in der erfolgreichen Bekämpfung eines Parasiten, dem beinahe der gesamte Wildlachsbestand im Lærdalselva zum Opfer gefallen war, werden dargestellt. In einem 22-minütigen, preisge-

Mitte: Die Altstadt von Lærdal, die Gamle Laerdalsóyri, stammt aus dem 18. Jahrhundert.
Unten: Im Norsk Villakssenter erleben Besucher vergangene Zeiten: ein Lachsfischer mit Fang auf der Heimfahrt.

krönten Film wird das Leben eines weiblichen Lachses erzählt, mit den Augen des Tieres gesehen. Damit die Information nicht in der Theorie stecken bleibt, hat das Zentrum auch ein 20 Meter langes Aquarium eingerichtet, in dem Lachse und die nahe verwandte Meerforelle fast zum Anfassen nahe zu beobachten sind. Nicht zuletzt die Fangmethoden werden im Wildlachszentrum vermittelt. Dazu gehören auch praktische Tipps wie die Herstellung eigener Köderfliegen und die Auswahl der besten Fangplätze.

Interessantes abseits des Lærdalselva

Aber auch Nichtangler finden in und um Lærdalsøyri Sehenswertes. Zwar hat ein Großfeuer im Januar 2014 einige der schönsten der 161 in Gamle Lærdalsøyri unter Denkmalschutz stehenden Gebäude aus dem 18. und 19. Jahrhundert zerstört, ein Besuch des alten Ortskerns ist aber immer noch zu empfehlen, denn er ist ein lebendiges Beispiel für die zu jener Zeit typische Bauweise norwegischer Dörfer. Aus dem Ort heraus führt ein umfangreiches Netz von Wanderwegen. Einer der schönsten Wege ist der Galdanvegen, der von Seltun zum Gehöft Galdane und von dort weiter bis nach Sjurhaugen und zurück nach Seltun führt. Der Galdanevegen ist Teil des alten Königsweges, einer der historischen Ost-West-Verbindungen. Die Wanderung beginnt kurz hinter dem winzigen Ort Seltun, der von Lærdalsøyri 18 Kilometer entfernt an der E 16 liegt. Dort zweigt die alte Straße links ab. Nach knapp zwei Kilometern ist das aus fünf grasgedeckten Gebäuden bestehende restaurierte Anwesen Galdane erreicht. Die Geschichte des Gehöfts lässt sich bis ins 17. Jahrhundert zurückverfolgen. Einen Abstecher wert ist der Wasserfall Sjurhaugfossen, der nicht weit von Galdane in mehreren Kaskaden von den Felsen stürzt.

Infos und Adressen

INFORMATION
Lærdal Touristeninformation. Das Büro der Touristeninformation befindet sich im Gebäude des Wildlachszentrums. Neben Wanderkarten, Briefmarken und Postkarten werden auch Tickets für Fjordfahrten und Angelscheine angeboten. Eine Tagesangelkarte ist ab 50 NOK erhältlich. Tel. 48 27 75 26, post@sognefjord.no, www.de.sognefjord.no

AKTIVITÄTEN
Norsk Villakssenter. Das Besucherzentrum des norwegischen Wildlachsmuseums präsentiert im Rahmen von Ausstellungen, audiovisuell und live im Aquarium Wissenswertes zum Leben(-sraum) der Wildlachse und Meerforellen. Eintritt: 90 NOK (Erw.), 60 NOK (Kinder von 5–16 J.). 1.–30. Mai 12–18 Uhr, 1. Juni–30. Aug. 10–18 Uhr, 1.–30. Sept. 12–18 Uhr, N-6886 Lærdal, Tel. 91 55 10 43, www.norsk-villakssenter.no

Stabkirche Borgund. Ein lohnendes Wanderziel ist die dem Heiligen Andreas gewidmete Stabkirche Borgund (s. S. 202), die nur 27 km von Lærdalsøyri entfernt ist. Sie ist mit dem Auto über die E 16 erreichbar.

Wildlachse ganz nah im Villakssenter

25 Das Vestkapp
Kap Hoorn des Nordens

An bis zu 110 Tagen im Jahr herrschen am Vestkapp Stürme, die vorbeifahrenden Schiffen zum Verhängnis werden können. Bereits im 9. Jahrhundert war das Vestkapp bei den Seeleuten gefürchtet. Der markante Felsen am Ende der Halbinsel Stadlandet ist zum Symbol geworden für Dutzende von Schiffen mit Hunderten von Seeleuten, die hier vor und an den Klippen ums Leben gekommen sind.

Den »größten Friedhof Norwegens« hat man die am Vestkapp vorbeiführende Meeresstraße Stadhavet auch genannt. Schon Harald Schönhaar (852–933), der erste König Norwegens, vermied es, im Herbst um das sturmumtoste Kap zu segeln. Belegt ist, dass im Jahr 1594 ganze fünfzehn Schiffe vor dem Vestkapp gesunken sind und dabei fast 500 Menschen zu Tode kamen. Auch 1869 fegte ein schwerer Orkan über das Vestkapp. Bis heute steht die genaue Zahl der damals ertrunkenen Fischer nicht fest. Aus neuerer Zeit ist das Unglück des Fischkutters Brenning bekannt, der im Jahr 1956 im Sturm kenterte und alle neunzehn Besatzungsmitglieder mit in die Tiefe riss. Eine weitere, noch größere Katastrophe konnte hingegen im letzten Moment verhindert werden, als im Jahr 2003 das Hurtigrutenschiff Midnatsol bei starkem Sturm einen Motorschaden hatte und auf die Klippen zuzutreiben drohte. Zum Glück konnte der Anker das Schiff 150 Meter vor dem Kliff halten ... Insgesamt achtundfünfzig Schiffswracks wurden im Stadhavet bisher entdeckt, die genaue Zahl wird aber wohl nie ermittelt werden. Mittlerweile sind sie zumindest begehrte Ziele für Taucher geworden.

Blick vom Städtchen Honningsvåg auf das Vestkapp

Ein Tunnel für Schiffe

Bis heute legen selbst erfahrene Fischer gern einmal einen Ruhetag ein, wenn der Wetterbericht meldet, dass ein Sturmtief heranzieht. Dann heißt es, nördlich oder südlich der Halbinsel Stadlandet so lange zu warten, bis sich die Wetterbedingungen wieder bessern. Das kostet Zeit und Geld. Kein Wunder, dass deshalb schon seit Langem eine Möglichkeit gesucht wurde, die gefährlichen Klippen zu umgehen. Und tatsächlich kam man bereits vor Jahrhunderten auf die Idee, die Schiffe über Land zu transportieren. Bei Dragseidet wurden die Schiffe über Land auf die andere Seite der Halbinsel gezogen. Der höchste Punkt dieses Weges ist der Kongshaugen, der Königshügel, auf dem Olav Tryggvason (968–1000) im Jahre 997 die Bauern der Regionen Firda, Sygna, Møre und Raumdøla zwang, das Christentum anzunehmen. Ein 1913 errichtetes Denkmal auf dem Kongshaugen erinnert bis heute daran.

Zukunftspläne

Der Schiffstransport über Land wurde bis weit in das 20. Jahrhundert beibehalten und auch heute noch wird darüber nachgedacht, diesen Weg zu wählen. Allerdings sehen diese Pläne den Bau eines gigantischen Schiffstunnels durch die Halbinsel Stadlandet vor, der auch von großen Passagierschiffen und den Postschiffen der Hurtigruten genutzt werden kann. Der Tunnel soll 1,7 Kilometer lang, 37 Meter hoch, 36 Meter breit und zwölf Meter tief werden. Außerdem soll er an der schmalsten Stelle der Halbinsel von Eide am Moldefjord bis nach Kjøde am Vanylvsfjord gebohrt werden. Die geschätzten Kosten belaufen sich im Moment auf 1,7 Milliarden Kronen, von denen die norwegische Regierung eine Milliarde übernehmen will. Für den Rest werden aber noch Investoren gesucht.

Einfach gut!

EIN AUSFLUG ZUM WEIBSBILD
Wer am Vestkapp nicht sonnenbaden, surfen, segeln oder tauchen will, dem sei ein Besuch des »Weibsbildes« angeraten. So wird der Felsen genannt, der am Vestkapp nahezu senkrecht aus dem Meer aufsteigt. Hier, in der luftigen Höhe von 497 Metern über den Wellen, hat man einen grandiosen Blick nicht nur auf das Meer, sondern weit über die Halbinsel Stadlandet in das Hinterland bis zu den Sunnmørealpen, dem Berg Hornelen und dem 55 Kilometer entfernten Gletscher Ålfotbreen. Von Leikanger führt eine gut ausgebaute Straße auf das Plateau des Felsens. Die auf dem »Weibsbild« errichtete Messstation des norwegischen meteorologischen Dienstes zeichnet rund um die Uhr Wetterdaten auf. Das Vestkapp ist auch bei Ornithologen ein beliebter Beobachtungspunkt, denn von hier aus kann man im Frühjahr und Herbst den Vogelzug nahezu in Augenhöhe mit den Vögeln beobachten.

Ein Mekka für Surfer

So gefürchtet das Vestkapp bei den Seeleuten ist, so faszinierend ist es für Wassersportler. Anders als mit dem Schiff ist die Anreise über Land problemlos möglich. Von Ålesund führt der Rv 61 nach Åheim und von dort über den Rv 620 und Rv 618 nach Selje, dem größten Ort auf der Halbinsel mit seinem 500 Meter langen weißen Sandstrand, der zum Baden einlädt, denn das Vestkapp bremst die kühlen Winde aus dem Norden und die kleine vorgelagerte Insel Selja bricht die Wellen. Das ist bei den Stränden von Hoddevik und Ervika anders. Hier streichen die Wellen ungebremst in die Bucht. Was für Schiffe eine große Gefahr darstellt, wird von den Surfern begeistert aufgenommen. Wenn der Wind aus Südwest bis Nordwest bläst, schlägt ihre Stunde. Am Ervikstrand herrschen dann ideale Bedingungen sowohl für Anfänger als auch für Könner auf dem Brett. Zu den ganz Harten zählen allerdings die Surfer, die sich im Winter am Strand von Hoddevik treffen. Kräftige Westwinde verschaffen ihnen dort hohe Wellen und ein eiskaltes »Vergnügen«.

Oben: Malerisch: die Selje gamle kirke mit bunten Fischerhütten
Unten: Hier haben die Menschen noch Muße.

Infos und Adressen

SEHENSWÜRDIGKEITEN

Selje Kloster. Auf der Insel Selja, mit dem Boot 15 Minuten von Selje entfernt, liegen die Ruinen des von Benediktinern gegründeten Selje Klosters. Der Klosterturm ist als einziges Gebäude erhalten. Buchung bei der Touristeninformation. Eintritt: 220 NOK (Erw.), 100 NOK (Kinder 4–12 J.), Kinder unter 4 J. frei. N-6740 Selje, Tel. 99 04 60 22, turistinfo@selje.kommune.no, www.seljekloster.no

ESSEN UND TRINKEN

Auf der Halbinsel Stadlandet sind nur in Selje Hotelbetten und ein Restaurant verfügbar. Das direkt am Vestkapp gelegene Restaurant Vestkapphuset ist seit 2012 bis auf Weiteres geschlossen.

Kraftstasjonen Restaurant. Gutes Restaurant, ca. 50 km südwestlich von Selje. Das Kraftstasjonen ist von Norwegian Foodprints, einer Kontrollorganisation norwegischer Landwirte, zertifiziert. Die im Restaurant angebotenen Gerichte bestehen ausschließlich aus lokalen norwegischen Zutaten. Gate 1, N-6700 Måløy, Tel. 91 39 80 91, post@kraftstasjonen.no, www.kraftstasjonen.no

ÜBERNACHTEN

Selje Hotel. Schönes Hotel, direkt am Selje-Strand. 49 Zimmer, Restaurant, Bar, Schwimmbad, Whirlpool und Gesundheitsbad, Fitnessraum, Sauna. Preis: EZ ab 975 NOK, DZ ab 650 NOK/Pers. inkl. Frühstück. N-6740 Selje, Tel. 57 85 88 80, post@seljehotel.no, www.seljehotel.no

AKTIVITÄTEN

Hoddevik. Wunderschöner Sandstrand in der Hoddevika-Bucht. Idealer Startplatz für Surfer, vorzugsweise in den Sommermonaten. N-6751 Stadlandet, Tel. 57 85 66 06, Sunniva1@start.no

INFORMATION

Selje Touristenbüro. Sunnivahuset, N-6740 Selje, Tel. 40 44 60 11, turistinfo@selje.kommune.no, www.nordfjord.no

Die guten Windverhältnisse sind ein Traum für Surfer. Aber auch zum Baden ist der Strand ideal.

26 Insel Runde
Besuch bei Papageitaucher & Co.

225 Vogelarten, von A wie Austernfischer bis Z wie Zwergmöwe, bevölkern jedes Jahr zur Zug- und Brutzeit die nur 6,4 Quadratkilometer große Insel Runde. Damit gibt es auf der Insel mehr Vogelarten als Einwohner, das sind nämlich ganze 150. Gegenüber den bis zu 500 000 Vögeln, die jedes Jahr zum Brüten auf die Insel kommen, sind sie deutlich in der Minderzahl. Auch einige Tausend Touristen jährlich verschieben das Verhältnis nicht wesentlich.

Runde liegt etwa 30 Kilometer südwestlich von Ålesund in der Gemeinde Herøy. Von Ålesund kommend, ist die Fähre Sulesund–Hareid, die in Runde anlegt, das Verkehrsmittel der Wahl. Von Süden über die E 39 kommend, ist Runde über Volda durch den Eiksundtunnel und die Rundebrua (Runde-Brücke) auch ohne Fähre zu erreichen. Durch eine nacheiszeitliche Landhebung entstanden, erhebt sich Runde als steiles Gebirge aus dem Meer. Höchster Punkt ist der Runde-Varden mit 333 Metern. In den Felswänden im Westen der Insel liegen die Vogelkolonien, während sich die 150 Einwohner auf die Orte Runde und Goksøyr verteilen. Im flachen Unterland wird noch heute Landwirtschaft betrieben. Daneben bilden Fischerei und in zunehmendem Maße Tourismus die Lebensgrundlage der Einwohner.

Mitte und unten: Die Insel Runde liegt im Sørøyane-Archipel und ist nicht nur für Ornithologen einen Besuch wert: Gut 500 000 Seevögel wie diese Tordalken kommen jedes Jahr.

Vögel vom Penthouse bis zum Souterrain

Auf Runde angekommen, empfiehlt sich eine Wanderung zu den Vogelklippen bei Rundebran-

Rund 3500 Basstölpel-Paare brüten hier.

den im Nordwesten der Insel. Ein Pfad
führt von dort durch die nicht minder
artenreiche Vegetation nach Kvalneset
und zur alten Leuchtturmstation, die nach
dem Abzug des Leuchtturmwärters als Ferien-
unterkunft genutzt wird. Der Vogelfelsen auf
Runde ist der größte Norwegens südlich des Polarkreises und der drittgrößte Vogelfelsen Norwegens überhaupt. Hier brüten regelmäßig mehr als
60 verschiedene Vogelarten, weitere elf tun dies
gelegentlich auf der Insel. Die größten Kolonien
bilden Lummen, Papageitaucher, Dreizehenmöwen, Basstölpel und Kormorane. Andere, darunter
Seeadler, Habicht, Wander- und Gerfalke, sind
während des ganzen Jahres um die Insel herum
zu beobachten, brüten jedoch auf anderen Inseln
oder auf dem Festland. Für alle anderen dort bisher beobachteten Arten ist Runde ein wichtiger
Rastplatz auf dem Weg in die Brut- und Überwin-
terungsgebiete. Für Seevögel sind die Vogelfelsen
auf Runde ideal. Die Insel liegt in fischreichen Gewässern, wo es Nahrung im Überfluss gibt, und die
steilen, bis zu 250 Meter hohen Felswände bieten
sicheren Schutz für die Brut. Auf den ersten Blick
sieht das Vogelgewimmel in den Kolonien chao-
tisch aus, bei genauerem Hinsehen wird jedoch er-

Geheimtipp

**LEFSE UND
SVELE BEI KNUT**
Bei Knut Asle Goksøyr
sind Sie in guten Händen.
Mit einem Lächeln und zu
moderaten Preisen organisiert er
Inselrundfahrten zu den Vogelfelsen, eine Seehundsafari zu den benachbarten Inseln Grasøyane oder
Angeltouren, dazu Übernachtungs-
möglichkeiten wahlweise auf dem
Campingplatz, in einer Hütte oder
im Ferienhaus bis hin zum ehemaligen Lotsenhaus. Auch für das leibliche Wohl wird im »Runde Kafé« mit
norwegischer Hausmannskost gesorgt. Die Karte bietet eine Auswahl
an warmen Fisch- und Fleischge-
richten, belegten Broten und lecke-
ren Kuchen. Eine besondere Spezialität sind die nach eigener Aussage
des Inhabers die »besten Svele der
Insel«, eine Art Eierkuchen.

Goksøyr Camping. Knut Asle
Goksøyr, Tel. 70 08 59 05,
camping@goksoyr.no,
www.insel-runde.de
Runde Kafé. Tel. 70 08 59 15.

kennbar, dass jede Art ihr eigenes Stockwerk in der Steilwand besetzt hat.

Die Papageitaucher, mit wissenschaftlichem Namen Fratercula arctica, was so viel wie Arktisches Brüderchen bedeutet, sind immer weit oben auf dem Plateau, quasi im Penthouse, zu finden. Dort, wo sich schon eine Vegetationsdecke gebildet hat, graben die Vögel dicht unter der Oberfläche einen Tunnel, in den sie ihr einziges Ei legen. 100000 Paare brüten auf Runde. Nur wenig unterhalb brüten die Eissturmvögel, elegante Flieger, die ohne Flügelschlag stundenlang über dem Meer segeln können. Auf schmalen Felsbändern wiederum sitzen die Lummen. Auch sie brüten nur ein Ei aus, das sie direkt auf das Felsband legen. Das Ei ist birnenförmig und rollt um seine eigene Achse, sodass es nicht von dem Felssims fällt. Direkt daneben, auf einzelnen Felsvorsprüngen, bauen Dreizehenmöwen ihre Nester. Noch eine Etage tiefer brüten die Tordalken. Die Gryllteisten schließlich wohnen im Souterrain schon fast an der Wasserlinie und bauen ihre Nester zwischen den Felsen, die aus der Steilwand herabgefallen sind. Die Basstölpel halten sich etwas separat von den Brutplätzen der anderen Vögel auf »eigenen« Felsen auf, ebenso wie Meerscharben und Kormorane.

Oben: Täglich starten Exkursionen mit Fischerbooten zu den Vogelkolonien.
Mitte: Papageientaucher sind das Wahrzeichen der Vogelinsel.
Unten: Die Insel ist landschaftlich sehr reizvoll und gut mit Wanderwegen erschlossen.

Wissenschaft und Naturschutz

2009 wurde das Runde Informationszentrum geöffnet, eine Forschungs- und Ausbildungsstation mit angeschlossenem Informationszentrum. Die dort engagierten Wissenschaftler bearbeiten eine Fülle von Projekten, die von Optimierungsmethoden in der Fischerei über Gewässerreinhaltung und Forschungen im Zusammenhang mit der CO_2-Aufnahme des Meerswassers bis zur Nutzung von Wellenenergie reicht. Dem Informationszentrum ist auch eine Wetterstation angeschlossen.

Infos und Adressen

ÜBERNACHTEN/ESSEN UND TRINKEN

Christineborg Kysthotel. Kleines, gemütliches Hotel mit 31 Zimmern mit Dusche/WC, 60 Betten. Preis: EZ 480 NOK, DZ 660 NOK. Saison 24. Juni–01. Aug., N-6096 Runde, Tel. 70 08 59 50, www.christineborg.no

Runde Miljøsenter – Hotel. Preis: Wohnung (bis 5 Pers.) 2000 NOK, DZ 1500 NOK, EZ 900 NOK. N-6096 Runde, Tel. 70 08 08 00, post@rundecentre.no, www.rundecentre.no

Runde Leuchtturm. Der Leuchtturm liegt auf Kvalneset im Nordwesten der Insel. Er war von 1767–2002 bemannt, heute arbeitet er automatisch. Der Ålesund & Sunnmøre Touristenverein hat den Leuchtturm als Selbstversorgerhütte übernommen. Kvalneset, N-6096 Runde, Tel. 70 12 58 04, info@aast.no, www.turistforeningen.no

AKTIVITÄTEN

Umweltzentrum Runde. Ausstellungen und Café. Preis: 85 NOK (Erw.), 35 NOK (Kinder), 200 NOK (Familien, 2 Erw. mit bis zu 4 Ki.). So 13–17 Uhr und nach Anmeldung, N-6096 Runde, Tel. 70 08 08 00, booking@rundecentre.no, www.rundecentre.no

INFORMATION

Touristeninformation. Die Touristeninformation war bis 2013 im Runde Kafé untergebracht. Vor Ort erteilt Goksøyr Camping Auskunft über Wandermöglichkeiten und Ausflüge, Angeln, Seehundsafaris und Kajakverleih. 1. Mai–31. Mai Mo–So 10–16 Uhr, 1. Juni–31. Aug. Mo–So 10–18 Uhr, N-6096 Runde, Tel. 70 33 03 92, runde.turistinformasjon@gmail.com

Das Leuchtfeuer von Runde gab es bereits 1767, um den Storfjord zu markieren. Der Steinturm stammt aus dem Jahr 1825.

27 Ålesund
Auferstehung im Jugendstil

Als in der Nacht vom 22. zum 23. Januar 1904 in einer Margarinefabrik in Ålesund eine Petroleumlampe umfiel, begann die Katastrophe. Nur 16 Stunden später waren 850 Häuser der Innenstadt in Flammen aufgegangen und 10 000 Einwohner der Stadt, nahezu 85 Prozent, obdachlos geworden. Was folgte, war ein beispielloser Wiederaufbau und die Chance für junge norwegische Architekten, die Stadt von Grund auf zu erneuern.

Rasche Hilfe war in den stürmischen Wintertagen nach dem Brand dringend notwendig. Aus allen Teilen des Landes wurden Hilfskräfte und Handwerker herbeigeholt, um die schlimmsten Folgen des Brandes zu beseitigen. Unerwartete Hilfe kam aus Deutschland. Kaiser Wilhelm II., der in Norwegen regelmäßig seinen Urlaub verbracht und auch Ålesund häufig besucht hatte, reagierte sofort. Bereits vier Tage nach dem Brand erreichten vier Schiffe mit Hilfsgütern den Hafen der Stadt. Nach ihrer Entladung dienten sie als Notunterkünfte für die obdachlos gewordenen Einwohner. Sie dankten ihm, indem sie eine Hauptstraße nach ihm benannten und ein Denkmal im Stadtpark errichteten.

Das verheerende Feuer wurde zum Anlass genommen, nur noch aus Stein gemauerte Häuser in der Innenstadt zuzulassen. Die mit der Planung beauftragten Architekten waren durch den damals international modernen Jugendstil mit seinen dekorativ geschwungenen Linien, flächenhaften floralen Ornamenten und der Aufgabe von Symmetrien stark beeinflusst. Gleichzeitig unterlagen sie jedoch auch nationalromantischen Impulsen. Dar-

Ålesund besticht durch seine liebevoll gestalteten Jugendstilfassaden. Ein Spaziergang durch das Städtchen lohnt!

Ålesund kann gut mit dem Rad »erfahren« werden.

aus entstand eine einzigartige Stilmischung, die den Reiz der Stadt ausmacht. Bereits 1907 waren die Schäden des Feuers weitgehend beseitigt und die Stadt erstrahlte in neuem Glanz.

Ålesund ist, gemessen an der tausendjährigen Geschichte anderer norwegischer Städte, eine junge Stadt. Zwar waren auch hier 1000 Jahre alte Siedlungsreste gefunden worden und es hat auch schon im 12. Jahrhundert eine Kirche gegeben, auf deren Resten die 1904 erbaute Borgund-Kirche steht. Aber erst in der Mitte des 15. Jahrhunderts wurde der Ort erstmalig urkundlich als Niederlassung Bergener Kaufleute erwähnt. Es dauerte dann immerhin noch etwa 400 Jahre, bis König Oscar I. von Schweden (1799–1858) Ålesund im Jahre 1848 die Stadtrechte verlieh. Seit dieser Zeit wuchs die Stadt kontinuierlich. Insbesondere die Fischerei trug zu ihrem Wachstum und Wohlstand bei. Sie wurde einer der wichtigsten Fischereihäfen und ist bis heute der größte Exporthafen Norwegens für Stockfisch.

Ålesund zu Fuß entdecken

Ein Spaziergang durch die Stadt versetzt den Besucher in die Zeit des beginnenden 20. Jahrhunderts

HIER MUSS ES FISCH SEIN!

Geheimtipp

Es muss nicht immer Fisch sein, was auf den Tisch kommt, aber in Ålesund sollte man sich maritime Leckerbissen nicht entgehen lassen. Nicht umsonst besitzt die Stadt den wichtigsten Fischereihafen Norwegens. Frischer kann man Fische, Hummer und Königskrabben nicht bekommen. Aber auf die Zubereitung kommt es an! Und davon verstehen die Köche im »Sjøbua Fiskerestaurant« eine Menge. Es zählt zu den bekanntesten Fischrestaurants Norwegens und ist in einem alten, aber liebevoll restaurierten Speicher am Hafen untergebracht. Die Gäste betreten das Lokal von der Straßenseite, die Meeresfrüchte werden den Köchen jeden Tag frisch direkt vom Kutter in die Küche gereicht. Im Sommer wird das Essen auch auf einem zur Terrasse umfunktionierten Schwimmponton gereicht.

Sjøbua Fiskerestaurant. Mo–Fr 16–1 Uhr, warme Küche bis 23 Uhr, Sa/So geschl., Brunholmgate 1, N-6004 Ålesund, Tel. 70 12 71 00, www.sjoebua.no

zurück. Sie liegt, malerisch durch Brücken verbunden, über drei Inseln im Brosundet verteilt. Sie sollten nicht versäumen, durch die Fußgängerzone zu schlendern und am pittoresken ⑥ **Brosundet**, dem Meeresarm, an dem Ålesund liegt, den Fischern zuzusehen, die ihren Fang direkt vom Kutter aus verkaufen. Man kann die Stadt auf eigene Faust erkunden oder sich einer Stadtführung anschließen, die in der Saison vom 20. Juni bis 25. August täglich um zwölf Uhr angeboten werden. Braucht man ein Jugenstilmuseum, wenn die ganze Innenstadt aus liebevoll gepflegten Jugendstilhäusern besteht, die quasi ein lebendes Museum darstellen? Wer sich *nur* an den Gebäuden erfreuen will, kann die Frage getrost mit nein beantworten. Aber das 2003 von Königin Sonja eingeweihte Jugenstilmuseum oder besser gesagt das ⑦ **Jugendstilsenteret** in der Apotekergata 16 ist mehr als ein Museum im herkömmlichen Sinn und deshalb allemal einen Besuch wert. Das denkmalgeschützte Gebäude, in dem vormals die Svaneapoteke untergebracht war, ist Museum, Galerie, öffentliche Bibliothek, Veranstaltungszentrum und Treffpunkt für Architektur- und Kunstinteressierte. Nicht umsonst ist im gleichen Gebäude auch das ⑧ **Kube Art Museum** untergebracht, das auch zeitgenössische Kunst zeigt. Für Gruppen und Einzelpersonen werden dort Führungen durch die wechselnden Ausstellungen angeboten. Im früheren Labor und Büro des Apothekers sind jetzt ein Café und ein Museumsladen eingerichtet.

Auch wenn die Fischerei nicht jedermanns Sache ist, lohnt sich ein Besuch im ⑨ **Fischereimuseum** in der Straße Molovegen 10, am Eingang zum alten Hafen der Stadt. Untergebracht ist es in einem der wenigen Holzhäuser der Stadt, die dem großen Feuer 1904 entgangen sind. Es ist auch das einzige Gebäude aus dem 19. Jahrhundert, das umfassend restauriert wurde. Schon von Weitem

Rundgang

Legende zur Karte

Mit Ausnahme des Atlanterhavsparken und des Sunmøre Museums, die etwas außerhalb des Stadtzentrums liegen, sind alle Sehenswürdigkeiten fußläufig erreichbar. Die Reihenfolge ist nicht zwingend vorgegeben, wird aber erfahrungsgemäß so gewählt.

🅐 Hurtigrutenkai

🅑 Touristeninformation, Skateflukaia – Direkt auf dem Weg zur Stadt gelegen, kann man sich hier ausführlich informieren lassen.

🅒 Brosundet – die Meeresbucht, um die die Stadt gebaut ist.

🅓 Jugendstilzentrum und **Kube Art Museum** – Apotekergata.

🅔 Ålesund Kirche – Kirkegata.

🅕 Fischereimuseum – Molovegen.

🅖 Teaterfabrikken – Molovegen.

🅗 Aalesund-Museum – Rasmus Rønnebergsgata.

🅘 Løvenvold kino – Løvenvoldgata.

🅙 Parken Kulturhus und **Ålesunds Kunstforening** – Parkgate.

🅚 Hausberg Aksla mit **Restaurant Fjellstua** und Wanderwegen.

🅛 Sunnmøre Museum – Borgundgavlen.

🅜 Atlanterhavsparken – Tueneset.

Florale Jugendstilelemente an den Häusern

Oben: Die Alte Svane-Apotheke mit ihrem holzvertäfelten Verkaufsraum
Mitte: Sogar die Polizei steigt hier aufs Fahrrad um.
Unten: Das Fischereimuseum von Ålesund befindet sich in einem restaurierten Speicher aus dem Jahr 1861.

fällt das markante weiße Gebäude ins Auge. Im Erdgeschoss erfährt der Besucher alles über den Dorschfang, den daraus bereiteten Stockfisch sowie die Gewinnung, Verarbeitung und Haltbarmachung eines der wichtigsten Handelsgüter des 19. und 20. Jahrhunderts, nämlich des für medizinische Zwecke genutzten Dorschlebertrans. Seit 2009 informiert eine zusätzliche Ausstellung über die Entwicklung der Tiefseefischerei von den Anfängen bis heute.

Sehenswert ist auch die **❺ Kirche** aus dem Jahr 1909. Sie liegt etwas abseits vom Stadtkern in der Kirkegata und ist für ihre schönen Fresken berühmt. Die Giebelfenster sind mit sehr schönen Glasmalereien versehen, die von Kaiser Wilhelm II. gestiftet wurden.

Das **❻ Aalesund-Museum** in der Rasmus Rønnebergsgata ist das klassische historische Museum, das die Entwicklung der Stadt und ihre Bedeutung als Handels- und Industriezentrum der Region Sunnmøre darstellt. Der große Brand von 1904 und der Wiederaufbau der Stadt nehmen dabei breiten Raum ein. Auch ein düsteres Kapitel der Geschichte, die Besetzung Norwegens durch die deutsche Wehrmacht während des Zweiten Weltkrieges, wird ausführlich behandelt.

GUT ZU WISSEN

NICHT ZU VIEL DES GUTEN

Wer möchte nicht möglichst viel sehen und erleben. Häufig wird schon vor der Reise eine Liste all der Sehenswürdigkeiten erstellt, die man gesehen haben muss. Vor Ort wird dann abgehakt. Drei Museen und ein Stadtrundgang an einem Vormittag! Das Soll ist erfüllt, aber das Erleben und Aufnehmen bleiben auf der Strecke. Deshalb: nicht zu viel des Guten, mag das Angebot auch noch so reichhaltig sein!

Atlanterhavsparken

Nicht verpassen

Der  **Atlantikpark**, norwegisch Atlanterhavsparken, auf der Halbinsel Tueneset,
nur wenige Autominuten vom Zentrum Ålesunds entfernt, ist eine echte Attraktion. Auf
4000 Quadratmetern Ausstellungsfläche findet
der Besucher elf große Aquarien, in denen Unter-
wasserlandschaften mit ihren typischen Tieren
und Pflanzen nachgebaut sind. Da tummelt sich
alles, was im Nordatlantik Rang und Namen hat.
Nur wenige Zentimeter große Garnelen, mehr
als einen halben Meter messende Hummer, See-
Anemonen, Seewolf und Kabeljau sind hier in ihrem (fast) natürlichen Lebensraum zu beobachten.
Absoluter Publikumsmagnet ist jedoch ein riesiges
Becken: Vier Millionen Liter fasst diese Meeres-
landschaft, in der Kabeljau und Meeraal ebenso zu
Hause sind wie Dornhai und Nagelrochen. Zweimal am Tag drücken sich die Besucher die Nase an
der riesigen Scheibe platt – dann nämlich werden
die Tiere von Tauchern gefüttert.

Ålesund als »Basislager«

Ålesund ist auch Ausgangspunkt für Exkursionen
auf das Meer hinaus oder über Land. Maritimes
erlebt man mit Fjord- und Angelfahrten oder bei
einem Besuch der Vogelinsel Runde (s. S. 164)
oder in den Geirangerfjord (s. S. 180). »Landrat-
ten« werden auf gut ausgebauten Wegen zu Wanderungen eingeladen, zum Beispiel auf den Suk-
kertoppen, den Zuckerhut auf der Insel Hessa, die
über eine Brücke mit der Altstadt verbunden ist.
Vom 314 Meter hohen Gipfel geht der Blick noch
sehr viel weiter als vom Aksla auf die Stadt und
den Fjord. Mit Auto oder Bus führen die E 36, E 139
und der Rv 63 durch die Fjordlandschaft zum
Trollstigen mit der Trollwand, Europas höchster
Steilwand. Ausführliche Informationen gibt es im
Touristenbüro in der Skateflukaia.

ZEITREISE IN DIE VERGANGENHEIT

Wenn die Zeit ausreicht,
lohnt sich ein Abstecher
zum Sunnmøre Museum, ein
wunderbar in die Landschaft ein-
gepasstes Freilichtmuseum in der
Bucht Borgundkaupangen, nur
etwa vier Kilometer vom Stadtzentrum entfernt. Seit 1931 sind
annähernd 50 Gebäude aus der
Sunnmøre-Region hier zusammengetragen und liebevoll restauriert
worden. Eine der Attraktionen ist
die Sammlung alter Boote, darunter
das Wikingerschiff Borgundknar-
ren, mit dem auch kurze Fahrten
angeboten werden. Ein Besuch im
Mittelaltermuseum, das ebenfalls
auf dem Gelände errichtet wurde,
ist ebenfalls zu empfehlen. Kom-
plettiert wird das Angebot durch einen etwa 1,5 Kilometer langen Na-
turwanderpfad.

ⓛ Sunnmøre Museum. 1. Okt.–
31. April Di–Fr 10–15 Uhr, 1. Mai–
30. Sept. Mo–Fr 10–16 Uhr, So
12–16 Uhr, Sa im Juli 10–16 Uhr,
Borgundgavlen, N-6015 Ålesund,
Tel. 70 16 48 70,
www.sunnmore.museum.no

Ein Rochen im sehenswerten
Aquarium von Ålesund

Infos und Adressen

SEHENSWÜRDIGKEITEN

Ålesund Kirke. Kirkegata 2, N-6004 Ålesund, Tel. 70 16 53 00, www.kirken-aalesund.no

Ålesundsmuseum. Eintritt: 50 NOK (Erw.), 30 NOK (Kinder 6–16 J.), Kinder unter 6 J. frei, 100 NOK (Familienticket 2 Erw., 2 Kinder). Mo–Fr 9–15 Uhr, Sa/So geschl., Rasmus Rønnebergsgate 16, Tel. 70 16 48 42, aalesunds.museum@c2i.net

Atlanterhavsparken Tueneset. Eintritt: 180 NOK, 80 NOK (Kinder 3–5 J.), Kinder unter 3 J. frei. 1. Sept.–31. Mai Mo–Sa 11–16 Uhr, So 11–18 Uhr, 1. Juni–31. Aug. So– Fr 10–18 Uhr, Sa 10–16 Uhr, Tueneset, N-6006 Ålesund, Tel. 70 10 70 64, tor-erik@atlanterhavsparken.no, www.atlanterhavsparken.no

Fischereimuseum. Eintritt: 50 NOK (Erw.), 30 NOK (Kinder). Molovegen 10, N-6002 Ålesund, Tel. 70 12 31 70, olem@aalesunds. museum.no, www.aalesunds.museum.no

Jugendstilmuseum und Kube Art Museum. Eintritt: 80 NOK (Erw.), unter 18 Jahren frei. Preise schließen beide Museen ein. Juni–Aug. Di–So 10–17 Uhr, Sept.–Mai Di–Sa 11–16 Uhr, mit Café und Museumsladen. Apotekergate 16, N-6004 Ålesund, Tel. 70 10 49 70, post@jugendstil senteret.no, www.jugendstilsenteret.no

ESSEN UND TRINKEN

Apoteker'n Café. Café im Jugendstilzentrum, bekannt für seine exzellenten Kuchen. Apotekergate 16, N-6004 Ålesund, Tel. 70 10 49 70, post@jugendstilsenteret.no, www.jugendstilsenteret.no

Brasserie Normandie. Erstklassiges Restaurant im Rica Parken Hotel mit lokaler und internationaler Küche. Storgata 16, N-6002 Ålesund, Tel. 70 13 23 00, www.rica.no

Fjellstua. Panoramarestaurant mit großer Terrasse und Blick auf die Stadt und das Meer aus der Vogelperspektive. Feb.–April 12–16 Uhr, Mai 11–17 Uhr, Juni 10–20 Uhr, Juli 9–21/22 Uhr, Aug. 11–20 Uhr, Sept. 11–17 Uhr, Okt./Nov. 12–16 Uhr, Aksla, N-6007 Ålesund, Tel. 70 10 74 00, fjellstua@online.no, www.fjellstua.no

Maki Brosundet. Kleines, aber feines Restaurant im Hotel Brosundet mit lokalen und internationalen Fischgerichten, von norwegischem Stockfisch bis zu peruanischer Ceviche. 7-Gänge-Menü ab 850 NOK, einfache Gerichte ab 310 NOK. Apotekergate 5, N-6004 Ålesund, Tel. 70 11 45 00, restaurant@maki.no, www.brosundet.no

Pause gefällig? Hier geht's zum Pub.

Molja Restaurant. Restaurant im Scandic Hotel mit sehr schönem Blick auf den Hafen. Moloveien 6, N-6004 Ålesund, Tel. 21 61 45 10, www.scandichotels.no/alesund

ÜBERNACHTEN

Clarion Collection Hotel Bryggen. Direkt am Brosundet gelegenes Hotel in einem umgebauten, ehemaligen Speicherhaus. Apotekergate 1–3, N-6004 Ålesund, Tel. 70 10 33 00, bryggen@choice.no, www.choicehotels.no

Radisson Blu Hotel, Ålesund. Preise saisonal unterschiedlich, im Juni EZ ab 796 NOK/Nacht, DZ ab 965 NOK/Nacht. Sorenskriver Bullsgate 7, N-6002 Ålesund, Tel. 70 16 00 00, sales.alesund@radissonblu.com, www.radissonblu.com

Rica Hotel Scandinavic. 1905 im Jugendstil errichtetes und 2003/04 renoviertes Hotel der Mittelklasse. Løvenvoldgate 8, N-6002 Ålesund, Tel. 70 15 78 00, www.rica.no

Volsdalen Camping. Kleiner Campingplatz, ca. 3 km östlich des Stadtzentrums an der E 136. Preise: 180 NOK (Zelt), 350 NOK (Wohnmobil/Caravan) zzgl. 30 NOK (Strom), ab 550 NOK (Hütten). Sjømannsvegen 1, N-6001 Ålesund, Tel. 70 12 58 90, www.volsdalencamping.no

Schild an der alten Apotheke an der Apotekergata

Detail einer Jugenstilfassade

AKTIVITÄTEN

62°NORD AS. Reiseanbieter von Ausflügen und Rundreisen mit Boot und Helikopter. Skansekaia, N-6002 Ålesund, Tel. 70 11 44 30, post@62.no, www.62.no

Actin Your Adventure. Veranstalter von Angel- und Bootstouren. Steinvågvn 67, N-6005 Ålesund, Tel. 92 09 57 45, stein.magne@actin.no, www.actin.no

INFORMATION

Noreon Guides & Excursions. Veranstalter maßgeschneiderter, nach den Wünschen der Kunden gestalteter Stadtrundgänge. Dauer ca. 1,5 Stunden. Tickets gibt es bei der Touristeninformation. Die Organisation verfügt über 90 zertifizierte Fremdenführer, die den Gästen die Stadt in 14 Sprachen erklären. Borgundveien 395, N-6015 Ålesund, Tel. 46 78 50 80, hilde.ostby@noreon.no, www.noreon.no

Touristeninformation Ålesund. Destinasjon Ålesund & Sunnmøre, Skateflukaia, N-6002 Ålesund, Tel. 70 16 34 30, info@visitalesund.com, www.visitalesund-geiranger.com

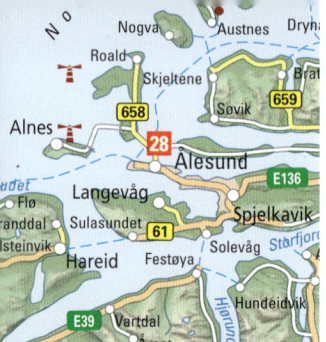

28 Ålesund
Kultur und Gaumenfreuden

Theater, Konzert, Tanz, bildende Künste und nicht zuletzt die Kochkunst haben ihren festen Platz im Leben der Stadt. Mehrere Festivals und eine Vielzahl von Einzelveranstaltungen decken das gesamte Spektrum kulturellen Schaffens ab. Aber damit nicht genug. Musik und Gaumenfreuden sind in der Stadt eine harmonische Verbindung eingegangen. Dazu gehören auch Abendkonzerte bei einem guten Wein oder ein Dinner mit Musikuntermalung.

Mitte und unten: Kultur und Tradition werden in Ålesund gepflegt – wie beim Jugendfest, einem Rock-Open-Air der Extraklasse.

Die Hauptspielstätte für alle Sparten der Bühnenkunst ist das 1998 eröffnete ❶ Parken Kulturhus in der Parkgate. Renommierte Theatertruppen wie Den Norske Opera aus Oslo oder das Tourneetheater Riksteateret geben hier immer wieder Gastspiele. Alljährlich im Oktober jeden Jahres findet hier das Ålesund Theaterfestival mit Gastspielen internationaler Ensembles statt. Von der Klassik bis zur modernen zeitgenössischen Kunst werden Theater, Konzerte und Tanzveranstaltungen für Erwachsene und Kinder angeboten. Noch weiter gefasst ist das Spektrum des Nynorsk Festivals, das ebenfalls jedes Jahr in der Nähe von Ålesund im Ivar Aasen Zentrum in Hovdebygda stattfindet. Neben Theateraufführungen gehören Literaturlesungen, Musik und die bildenden Künste zu den Schwerpunkten des Festivals. Benny Goodman, Duke Ellington, Gene Krupa und Lionel Hampton lassen grüßen, wenn das zweitägige Midtsommerjazz-Festival im Mai stattfindet. Von Swing bis Mambo reicht das Spektrum der Musik, die in den 1920er-Jahren des letzten Jahrhunderts aus dem Dixieland und dem Chicago Jazz hervorging und bis heute aktuell ist. Beim alljährlich im August stattfindenden »Jugendfest« trifft man das Who is Who der internationalen und nationalen Rockszene bei Freiluftkonzerten in der Color Line-Arena Ålesunds.

In den Wintermonaten öffnet zwei- bis dreimal pro Monat das ⓓ **Kube Art Museum** (s. S. 170) in der Apotekergate 16 die Türen für die schon zur Tradition gewordenen Donnerstagskonzerte. Kleine Streicher-, Bläser- und Gitarrenensembles spielen klassische Kammermusik. Aber es wird nicht nur Musik auf fertigen Instrumenten gemacht. An einigen Abenden gibt es auch Einführungen in die faszinierende Kunst des Instrumentenbaus. Dabei kann jeder auch einmal selbst Hand anlegen. Darüber hinaus können die Gäste über das ganze Jahr hinweg Ausstellungen und Konzerte besuchen.

Cineasten werden sich im liebevoll restaurierten ❶ **Løvenvold kino** mit seinen im alten Stil gehaltenen Freskenmalereien nicht nur wegen der Filme wohlfühlen. Nicht hinter Museumsmauern versteckt, sondern über die gesamte Stadt verteilt sind Beispiele bildender Kunst. Sildekona die Heringsfrau, Avisgutten der Zeitungsjunge, Skårungen der Fischerjunge oder das Buholm-Denkmal, das eine aufs Meer blickende Frau darstellt, dokumentieren den Kunstsinn der Bürger Ålesunds.

Kunst geht durch den Magen

Wer den Gaumenfreuden verfallen ist, kann sich von den Kochkünstlern verwöhnen lassen, die alljährlich im August/September aus allen Teilen des Landes zum Norwegischen Gourmet-Festival und der Norwegischen Meisterschaft für Köche nach Ålesund anreisen. Neben internationalen Gerichten und neuen Kreationen liegt ein Schwerpunkt

Geheimtipp

DOPPELTER GENUSS IN DER TEATERFABRIKKEN

Kunst und Schlemmen, das geht selten zusammen. Meist ist das eine das Anhängsel des anderen. Nicht so in der »Teaterfabrikken«, einem Theaterrestaurant mit Kleinkunstbühne für Musik, Comedy, Varieté und Kabarett, nicht einmal 200 Meter vom Fischereimuseum entfernt (s. S. 171). Die »Teaterfabrikken« residiert seit 1996 in einer ehemaligen Lebertranfabrik, die sehr behutsam auf den neuen Zweck umgebaut wurde. Eines der größeren Probleme war die Beseitigung des allgegenwärtigen Trangeruchs. Die alten, hölzernen Balken und Stützen wurden nicht verändert. Die Innenausstattung reicht von gemütlich mit Plüschsesseln und Clubtischen bis rustikal mit Holzbänken und -tischen. Theateraufführungen und Kabarett sind wegen eventueller Sprachbarrieren nicht für jedermann geeignet.

Ⓖ **Teaterfabrikken AS.** Moloveien 22, N-6004 Ålesund, Tel. 70 10 04 10, post@teaterfabrikken.no, www.teaterfabrikken.no

des Wettstreits auf der heimisch norwegischen Küche, die traditionell stark auf Fisch ausgerichtet ist. Ålesund ist Norwegens größter Exporthafen für Stock- und Klippfisch. So ist es nicht verwunderlich, dass jedes Jahr auf dem Gourmet-Festival der beste Stock- und Klippfisch-Koch des Landes ausgezeichnet wird. Köche aus anderen Regionen haben es hier schwer, denn man weiß, dass die besten Stock- und Klippfisch-Gerichte in den Restaurants in und um Ålesund serviert werden.

Fisch und mehr ...

Die norwegische Küche lässt sich nicht nur auf Fisch reduzieren. Auch in der »Fischhauptstadt« Ålesund können Sie andere norwegische Spezialitäten kosten. Zartes Rentierfleisch aus der Finnmark, Braten von Lämmern, die das ganze Leben auf den Weiden in Küstennähe verbracht haben, oder saftige Süßkirschen aus dem Hardangerfjord, wenn Sie zur Reifezeit der Früchte in die Stadt gebracht werden. Wer sich nicht für die norwegischen Spezialitäten begeistern kann, findet vielleicht einmal zur Abwechslung Lokale mit internationaler, italienischer, asiatischer und indischer Küche, die durchaus zu empfehlen sind, auch wenn man sich eigentlich immer aus dem Land ernähren soll, in dem man gerade weilt.

Oben und unten: Die kurzen Sommer und die lange Winterzeit finden auch ihren Niederschlag in der traditionellen norwegischen Landesküche: Fisch in allen Varianten, köstlich und oft kreativ zubereitet.

Infos und Adressen

KINO UND KULTUREVENTS

Ålesund Theaterfestival. Informationen beim künstlerischen Leiter Inger Bakke. inger@hostscena.no, www.hostscena.no

Jugendfest. Das seit dem Jahr 2000 alljährlich veranstaltete Jugendfest erfreut sich immer größerer Beliebtheit. Inzwischen findet es aus Kapazitätsgründen im Stadion der Stadt statt. Nationale und internationale Bands treten auf. Momentium AS, Sjøvegen 77, N-6052 Giske, www.momentium.no/festivaler/jugendfest

Løvenvold kino. Nicht nur das Kinoprogramm, auch das nostalgische Ambiente zieht begeisterte Cineasten an. Løvenvoldgata 11, N-6002 Ålesund, Tel. 40 60 60 85, jenseo@alesund.kommune.no

Midtsommerjazz-Festival. Momentium AS, Sjøvegen 77, N-6052 Giske, www.momentium.no/festivaler/midtsommerjazz

Nynorsk Festival. Ivar Asen Tunet. N-6160 Hovdebygda, Tel. 70 04 75 70, admin@aasentunet.no, www.aasentunet.no

Parken Kulturhus – Städtisches Zentrum für Bühnenkunst. Parkgate 3 B, N-6002 Ålesund,

Indisch essen im »Tajmahal Tandoori«

Was anders kann die Spezialität im »Hummer og Kanari« auch sein?

Tel. 70 12 22 37, turidb@alesund.kommune.no, www.alesund.kommune.no/kultur

ESSEN UND TRINKEN

Hummer og Kanari. In einem wunderschönen Jugendstilhaus untergebrachtes Restaurant mit internationaler und regionaler Küche zu günstigen Preisen. Bestellung am Tresen, Gerichte werden serviert. Kongensgate 19, N-6002 Ålesund, Tel. 70 12 80 08, www.hummerkanari.no

Tajmahal Tandoori Restaurant. Zentral gelegenes Restaurant mit traditioneller indischer Küche. Speisen und Getränke zu ortsüblichen Preisen. Hauptgerichte ab 290 NOK, vegetarische Gerichte ab 185 NOK. Mo–Sa 11–23 Uhr, So 12–23 Uhr, Kongensgate 18, N-6002 Ålesund, Tel. 70 12 03 00, www.tajmahaltandoori.no

Stilvolles Ambiente im »Hummer og Kanari«

29 Geirangerfjord
Weltnaturerbe und Touristen-magnet

Der Geirangerfjord ist weder der längste, noch der tiefste oder schmalste und schon gar nicht der breiteste Fjord Norwegens. In diesen Kategorien erreicht er allenfalls Mittelmaß. Was ihn vor allen anderen heraushebt, sind seine landschaftliche Schönheit, sein Klima, seine Tier- und Pflanzenwelt und nicht zuletzt seine Kulturgeschichte. Immerhin reichen die Spuren menschlicher Besiedlung fast 10 000 Jahre zurück.

Mit leichten Windungen schneidet sich der Geirangerfjord von seiner Mündung in den Sunnylvsfjord, der seinerseits ein Nebenarm des Storfjordes ist, 15 Kilometer weit in die Gebirgslandschaft der Sunnmøre-Alpen ein. Bis zu 1,3 Kilometer breit verläuft er annähernd in West-Ost-Richtung bis zum Ort Geiranger. Beidseits des Fjordes ragen die Felswände mehrere Hundert Meter in den Himmel. An den steilsten Hängen steht der nackte Fels an, von Dutzenden Wasserfällen blank gewaschen.

Um diese Wasserfälle mit den klingenden Namen Brautschleier, Freier oder Sieben Schwestern ranken sich Geschichten von Liebe, Verzweiflung und Tod. In weniger steilen Bereichen wuchert üppiges Grün. Offene Wiesenflächen mit bunten Blumen wechseln mit Busch- oder Baumgruppen bis hin zu kleinen Wäldern. Lawinen brechen im Winter häufig Schneisen in diese Wälder. Auf den ersten Blick kahl, bieten sie bei genauerem Hinsehen Lebensraum für speziell angepasste Pionierpflanzen, die sich dort rasch ausbreiten können. Im Verlauf von Jahren und Jahrzehnten müssen sie wieder

Mitte und unten: Der Geirangerfjord ist Natur pur. Neben der malerischen Landschaft findet man hier auch eine reiche und seltene Flora und Fauna. Mit etwas Glück trifft man sogar auf Elche.

Geirangerfjord

Wäldern weichen, bis ihnen die nächste Lawine erneut Lebensraum schafft.

420 Millionen Jahre Entstehungsgeschichte

Um die Entstehung dieser Landschaft zu verstehen, ist ein Blick zurück in die Vergangenheit nötig. Vor etwa 420 bis 380 Millionen Jahren kollidierten hier drei Kontinentalplatten miteinander. Bei dem Zusammenprall wurde ein gigantisches Gebirge aufgeschoben. Mindestens 10 000 Meter hoch waren die Berge, die dann im Verlauf vieler Millionen Jahre durch die Erosion fast völlig abgetragen wurden. Als sich im Jura vor 199 bis 145 Millionen Jahren die Kontinentalplatten wieder voneinander trennten und der Nordatlantik entstand, wurde das Gebirge regelrecht auseinandergerissen. Im Tertiär, vor 65 bis 2,5 Millionen Jahren, wurden die Reste des Gebirges wieder gehoben und erreichten ihre heutige Höhe. Flüsse kerbten auf ihrem Weg zum Meer tiefe Täler in die Berge, die von den Gletschern während der Eiszeiten in den letzten 2,5 Millionen Jahren zu breiten Trogtälern ausgeschoben wurden. Die Gletscher gaben der Landschaft im wahrsten Sinne des Wortes den »letzten Schliff«.

Einzigartige Vielfalt auf 62° Nord

Seit der letzten Eiszeit, die vor etwa 10 000 Jahren endete, hat sich im Fjord eine Pflanzen- und Tierwelt etabliert, die an die herrschenden Bedingungen optimal angepasst ist. Im Inneren des Fjordes herrscht ein spezielles Lokalklima. Geschützt vor den starken Winden der Küste und im Regenschatten der Berge ist es so mild, dass sogar Obstbäume gedeihen können. Das Wasser des Fjordes verhindert außerdem eine zu starke Abkühlung im

Nicht verpassen

GEIRANGER FJORDSENTER

Das Geiranger Fjordsenter wurde im Gefolge der Eintragung des Fjordes in die Liste der Weltnaturerbe errichtet und informiert über die Geschichte der Region. Beginnend mit der ersten Besiedlung durch Menschen bis heute, erhält der Besucher einen Einblick in das Leben der Menschen, die Landschaft mit den hier vorkommenden Tieren und Pflanzen und die Veränderungen, denen die Landschaft unterworfen ist. Eine aufwendige Multimedia-Show mit einer speziell komponierten Musik zeigt den Geirangerfjord im Wechsel der Jahreszeiten. Vom 15. Juni bis 31. August gibt es von 11 bis 14 Uhr einen stündlichen Bus-Pendelverkehr von der Ortsmitte bis zum Center, der Fahrpreis enthält den Besuch des Fjordsenter und einen Abstecher zum Aussichtspunkt Flydalsjuvet.

Geiranger Fjordsenter. Etwa 1 km außerhalb der Ortsmitte von Geiranger. N-6216 Geiranger, Tel. 70 26 38 10, www.verdsarvfjord.no

Tosende Wasserfälle rauschen die steilen Felsen im Fjord hinab.

Der Wasserfall stürzt 30 Meter in die Tiefe.

WANDERUNG HINTER DEN WASSERFALL

Geheimtipp

Ein Erlebnis der besonderen Art ist die Wanderung zum Wasserfall Storseterfossen. Von Geiranger führt der Weg zunächst auf dem Rv 63 bis nach Hole. Dort zweigt ein noch mit Fahrzeugen befahrbarer Schotterweg zum Vesteråsgård ab, einem Bauernhof mit Gastronomie. Zu Fuß ist er nach etwa zehn Minuten erreicht. Hier endet die Straße und der Weg führt über einen schmalen Trampelpfad steil bergan. Er ist als offizieller Wanderweg mit einer grünen »1« markiert. Der Wasserfall wird nach 30 Minuten sichtbar, aber es dauert weitere 30 Minuten, bis das kleine Plateau oberhalb erreicht ist. Das Wasser stürzt hier 35 Meter tief in einem weiten Bogen über die Felsen. Eine steile, mit einem schmalbrüstigen Geländer gesicherte Treppe führt vom Plateau über 20 Stufen auf eine kleine Plattform hinter dem Wasserfall. Auf dem gleichen Weg geht es wieder zurück nach Geiranger.

Winter. Das gibt es auf 62° Nord, fast am Polarkreis, sonst nirgendwo auf der Welt. An den warmen Südhängen wachsen Laubgehölze, unterbrochen von Wiesen, in denen Glockenblumen, Leimkräuter, Storchschnabel und Hahnenfuß blühen. Auf trockeneren, felsigen Abschnitten können sich noch Alpenleimkraut, Schafgarbe, Johanniskraut und Weidenröschen behaupten. Größere Stauden wie Fingerhut und Eisenhut bevorzugen feuchte Standorte. Orchideen, Moltebeeren und Wollgras finden sich in Sümpfen, die auf kleinen Plateaus entstanden sind. Hier wachsen auch Birken, Erlen und Weiden. Je höher man kommt, umso kleinwüchsiger werden die Gehölze, bis auch die nicht mehr existieren können. Hier beginnt das Reich der Moose und Flechten, die auf den Felsen bunte Überzüge bilden.

Derartig vielfältige Landschaften bieten natürlich auch Lebensraum für Tiere. Ein Spezialist ist der Schwarze Apollofalter. Seine Raupen leben ausschließlich an Lerchenspornarten. Weniger wählerisch sind Rentier, Hirsch und Reh, die regelmäßig bei der Äsung zu beobachten sind. Manchmal schauen auch Elche vorbei. Luchse und Füchse leben von den zahlreichen Kleinsäugern, vorwiegend Lemmingen. Über 100 Vogelarten sind regel-

mäßig zu beobachten. Da das Meer nicht weit ist, kommen auch häufig Schweinswale auf der Suche nach Fischen in den Fjord.

9000 Jahre Besiedlungsgeschichte

Kein Wunder also, dass unmittelbar nach dem Abschmelzen der eiszeitlichen Gletscher die ersten nomadisierenden Jäger in den Fjord kamen. Sie folgten ihrer Hauptbeute, den Rentieren, auf ihren Wanderungen. Auf gut 9000 Jahre werden die ältesten Spuren datiert. Später wurden dauerhafte Siedlungen errichtet, die Rentierjagd spielte aber immer noch eine große Rolle. Die Tiere wurden zwischen aufgeschichteten Steinmauern in eine Umzäunung getrieben und aus Verstecken heraus erlegt. Aus der Zeit vor 3500 Jahren sind solche Fallen auf dem *Fjell*, der Hochebene, erhalten. Die heute sichtbaren Spuren früherer Besiedlung sind die hoch oben auf winzigen Plateaus gelegenen Bauernhöfe. Die meisten sind längst verlassen, einige aber liebevoll restauriert. Jedes Fleckchen Grün wurde von den Bauern genutzt, die oft nur über Leitern zum Fjord hinab gelangen konnten. Aber die Mühe lohnte sich, denn im milden Klima des Fjords gediehen sogar Aprikosen.

GUT ZU WISSEN

NATUR STATT GETÜMMEL

Der Geirangerfjord ist für jeden Norwegenbesucher ein absolutes Muss! Zu eindrucksvoll ist die Landschaft, um sie nicht zu bestaunen. Aber braucht man auch wirklich das sommerliche Getümmel in Geiranger, wo sich Trauben von Touristen in Souvenirshops und vor Imbissbuden drängeln? Ich denke nicht, denn es gibt Alternativen: Man muss nur einen Spaziergang aus dem Ort hinaus in das Tal unternehmen, um Ruhe und Natur zu genießen.

Oben, Mitte und unten: Durch das außergewöhnlich milde Klima ist der Fjord auch Lebensraum für Tiere und Pflanzen, die sich auf die Bedingungen spezialisiert haben. Wanderwege erschließen diese atemberaubend schöne Landschaft für Besucher.

UNESCO-Weltnaturerbe

All dies hat das Komitee für das Welterbe der UNESCO im Jahr 2005 bewogen, den Geirangerfjord und den Nærøyfjord in die Liste der Weltnaturerbestätten aufzunehmen. In der Begründung heißt es: »Nærøy- und Geirangerfjord gelten als die mit Abstand schönsten Fjordlandschaften der Welt. Deren erhabene Natur kommt durch die schmalen, steil abfallenden Talwände zum Ausdruck, die sich von 500 Meter unter dem Meeresspiegel bis zu 1400 Meter über dem Meeresspiegel erstrecken. Zahlreiche Wasserfälle stürzen sich die extrem steilen Felswände herab und zahllose Wildbäche fließen von schneebedeckten Gipfeln, Gletschern und Gletscherseen durch Laub- und Nadelwälder hinunter in den Fjord. Die Vielfalt weiterer Naturphänomene zu Wasser und Land, wie unterseeische Moränen und Meeressäugetiere, verstärken das Naturerlebnis. Überreste alter, jetzt verlassener Bauernhöfe und Almhütten, die den Wert dieses Gebietes unterstützen und verstärken, geben der dramatischen Naturlandschaft eine kulturelle Dimension.«

Segen und Fluch – der Tourismus

Der Geirangerfjord ist der bekannteste aller norwegischen Fjorde. Seit nunmehr 150 Jahren werden organisierte Touren dorthin durchgeführt. Die Hurtigruten fährt vom 15. April bis zum 15. September täglich durch den Fjord nach Geiranger. Häufig ankern sogar mehrere Kreuzfahrtschiffe gleichzeitig dort und entlassen ihre Passagiere an Land. Das hat auch dazu geführt, dass Geiranger während der Urlaubssaison hoffnungslos überfüllt ist. Allerdings wird die Infrastruktur stetig verbessert, sodass ausreichend Speiselokale, Souvenirshops und nicht zuletzt Toiletten zur Verfügung stehen.

Oben: Sagenumwoben sind die »Sieben Schwestern«, wo nebeneinander sieben Wasserfälle in die Tiefe stürzen.
Unten: Auf den fruchtbaren Hochebenen wirkt die Landschaft bereits alpin.

Infos und Adressen

ÜBERNACHTEN/ESSEN UND TRINKEN

Überall in Geiranger findet man kleine Fast-Food-Restaurants und Kioske, die Snacks, Kuchen, Speiseeis und Getränke verkaufen. Da die meisten Touristen mit Kreuzfahrtschiffen anreisen, auf denen die Verpflegung im Preis inbegriffen ist, wird auch kaum mehr verlangt.

Hotel Geiranger. Hotel im Zentrum von Geiranger, das bis in das Jahr 1860 zurück reicht. Fast alle Zimmer mit Blick auf den Fjord. N-6216 Geiranger, Tel. 70 26 30 05, booking@hotel-geiranger.no, www.hotel-geiranger.no

Naustkroa Restaurant. Rustikales Restaurant der Mittelklasse, direkt am Ufer des Fjordes. Norwegische Hausmannskost – Spezialitäten sind Lachs und Fleischklöße –, aber auch Steaks und Pizza zu moderaten Preisen. N-6216 Geiranger Sentrum, Tel. 70 26 32 30, post@olebuda.no, www.olebuda.no

Union Hotel Geiranger. Das Hotel befindet sich seit 1897 in Familienbesitz. Es liegt auf einem Hügel oberhalb des Ortes Geiranger, ca. 1 km vom Zentrum entfernt. N-6216 Geiranger, Tel. 70 26 83 00, geiranger@hotel-union.no, www.hotel-union.no

CAMPEN

Geiranger Camping. Campingplatz mit eigenem Strand im Zentrum von Geiranger, mit Platz für 150 Zelte, Wohnmobile oder Caravans. Im Kiosk sind Grundnahrungsmittel erhältlich. N-6216 Geiranger, Tel. 70 26 31 20, www.geirangercamping.no

INFORMATION

Geiranger Fjordsenter. Ausflüge und Kajaks für Touren (1–3 Std.). 1. Juni–1. Sept. tgl. 10–18 Uhr, 2. Sept.–31. Mai Mo–Sa 10–15 Uhr, So nach Vereinbarung, N-6216 Geiranger, Tel. 70 26 38 10, booking@fjordsenter.no, www.verdsarvfjord.no

Touristeninformation Geiranger. Stadtpläne, Wanderkarten und Informationsbroschüren sowie Karten für das Geiranger Fjordsenter erhältlich. Gamle Fergekai, N-6116 Geiranger, Tel. 70 26 30 99, tourist@geiranger.no, www.geiranger.no

Geiranger Camping liegt mit Panoramablick zu den Kreuzfahrtschiffen im Zentrum des Fjords und ist ein guter Ausgangspunkt für Erkundungen.

30 Gamle Strynefjells-vegen
Der Weg ins Hinterland

Die Hauptverkehrswege Norwegens waren und sind traditionell Wasserwege, aber es bestand immer auch die Notwendigkeit, das Hinterland mit Waren und Post zu versorgen. Da es zu den von Westen nach Osten verlaufenden Warenströmen keine schiffbaren Alternativen gab, musste jedes Gramm Ware daher mühsam auf Schultern, Pferden, Fuhrwerken oder Kutschen durch die Bergwelt Norwegens transportiert werden.

Ein Beispiel dafür ist der Strynefjellsvegen. Vor 1894 existierten für den Warenverkehr von Stryn am Meer und Skjåg auf der anderen Seite des »hohen Gebirges« nur einige wenige Saumpfade. Von der Planung bis zur Einweihung der Straße, die ein Musterbeispiel dafür ist, wie man einen Verkehrsweg optimal in die Landschaft einpassen kann, vergingen 13 Jahre. In Handarbeit wurde die Trasse eingeebnet, wurden die Begrenzungssteine aus dem Granit geschlagen und Randmauern errichtet. Nur im Sommer war die Strecke in ganzer Länge passierbar. Auf der 27 Kilometer langen Strecke fährt der Besucher aus der schroffen Felslandschaft der jüngeren westlichen Berge in das alte, durch Erosion und Gletscherschliff abgerundete östliche Gebirge. Fast 100 Jahre lang blieb der Strynefjellsvegen die einzige Straßenverbindung ins Hinterland. Erst 1978 wurde ein neues Teilstück mit drei Tunneln für den Verkehr freigegeben, das ganzjährig befahrbar ist. Landschaftlich wesentlich reizvoller ist aber die alte Streckenführung, die heute Gamle Strynefjellsvegen heißt. Sie ist immer noch die einzige Straßenanbindung an

Mitte: Blick von Stryn auf die alte Strynefjellstraße, im Hintergrund die Gletscher des Jostedal
Unten: Über knapp 30 km führt die alte Strynefjellstraße Rv 258, die 1881 bis 1978 in Gebrauch war.

Gamle Strynefjellsvegen

das Stryne Sommerskizentrum. 1997 wurde die Strecke zur »Touristenstraße« und 2003, nach weiteren Umgestaltungsmaßnahmen, zu einer der »Grünen Straßen« Norwegens, die durch landschaftlich besonders reizvolle Gebiete führen. Auf der Strecke lohnt es sich daher, anzuhalten und die Landschaft zu genießen. Das erste Ziel auf dem Weg nach Skjåg ist die alte Jøl-Brücke aus dem Jahr 1883. Die Bogenbrücke aus Gneisblöcken ragt an ihrem höchsten Punkt 60 Meter über den Fluss. Acht Meter Mauerwerk bilden den Bogen. Am Ende der Brücke beginnt ein steiler Trampelpfad, auf dem früher Kühe ins Skjerdingsdal getrieben wurden.

Der nächste Stopp wird am See Vassvendtjerna eingelegt. Vassvenda heißt so viel wie Wasserscheide. Der See hat nämlich zwei Abflüsse, einen nach Westen fließenden, der im Nordfjord mündet, und einen nach Osten, der in die Glomma fließt, die ihrerseits bei Fredrikstad ins Meer mündet. Am See steht auch die Vassvendigsherberge, eine Steinhütte, an welcher der alte Pfad durch das Gebirge vorbeiführt. Auch heute noch wird sie gelegentlich von Rentierhirten zur Übernachtung genutzt.

Der See Heillstuguvatnet, der das nächste Etappenziel darstellt, hat seinen Namen von den »Barmherzigkeitshütten«, die an seinen Ufern gebaut wurden. Es galt als gutes Werk, sie für Notleidende zu errichten. Eine davon ist in Resten erhalten, liegt aber auf der Südseite des Sees. Besser erreichbar sind die Spuren eines Siedlungsplatzes aus der jüngeren Steinzeit um 4000 v. Chr. auf einer Landzunge am Nordufer des Sees. Dort führt die Straße vorbei. Doch allein schon das Erleben der weitgehend unberührten Natur, in der Steinadler am Himmel kreisen und Alpenschneehühner ihre Nahrung suchen, ist die Fahrt auf dem Gamle Strynefjellsvegen wert.

Infos und Adressen

ÜBERNACHTEN

Hotel Hjelle. Als Familienbetrieb geführtes Hotel am Ostufer des Sees Strynsvatnet, 27 km von Stryn, 20 km vom Sommerskizentrum und 5 km vom Jostedal-Nationalpark entfernt. N-6798 Hjelledalen, Tel. 57 87 27 50, www.hjelle.com

Hotel Videseter. Gemütliches Hotel mit 29 Zimmern in der Nähe des Sommerskizentrums (Mai–Sept.). N-6798 Hjelledalen, Tel. 93 09 14 44, mail@videseter.com, www.videseter.com

Stryn Hotel. Visnesvegen 1, N-6783 Stryn, Tel. 57 87 07 00, post@strynhotel.no, www.strynhotel.no

CAMPEN

Kleivenes Camping. Campingplatz am Gamle Strynefjellsvegen. N-6783 Stryn, Tel. 57 87 75 13, camping@kleivenes.no, www.kleivenes.no

AKTIVITÄTEN

Stryn Sommerski AS. Skispaß mit Schneegarantie auf dem Strynefjellet, 45 km östlich von Stryn. Ende Mai–Mitte Juli tgl. 10–16 Uhr, Tonningsgata 16, N-6783 Stryn, Tel. 41 76 68 66, www.stryn.no

INFORMATION

Stryn Touristenbüro. Perhusvegen 24, N-6782 Stryn, Tel. 57 87 40 54, t-info@nordfjord.no, www.nordfjord.no

DAS LANDES-INNERE

31 Die Hardangervidda
Europas größte Hochebene

Mehr als 9000 Quadratkilometer groß ist die Hardangervidda und damit die größte Hochebene Europas. Die Insel Rügen würde zehnmal dort hineinpassen. Davon sind 3422 Quadratkilometer als Nationalpark ausgewiesen. Während sich im Saarland aber mehr als eine Million Menschen drängeln, ist die Hardangervidda fast menschenleer. Eine einzigartige Landschaft, offen, wild und weitgehend naturbelassen, mehr als 1000 Meter über dem Meer gelegen.

Unzählige Bäche und Flüsse durchziehen das Land. Sie sind ausgesprochen fischreich, genauso wie die vielen Seen, Weiher und Tümpel, die in die Tundralandschaft eingebettet sind. Die Hardangervidda hat eine 550 Millionen Jahre alte Geschichte. Sie beginnt in der Zeit, als die Kontinentalplatte, auf der sich das heutige Norwegen befindet, noch südlich des Äquators lag und die Hardangervidda Teil des Meeresbodens war. Im Laufe der Jahrmillionen haben sich die Platten verschoben und die Hardangervidda wurde über den Meeresspiegel angehoben. Das heutige Bild der Hochebene ist das Ergebnis der »Arbeit« von Gletschern, die das Gebiet während der letzten Eiszeit regelrecht abgeschliffen haben. Nur wenige, sanft ansteigende Gipfel haben der Kraft der fließenden Eismassen widerstehen können. Der Sandfløggi ist mit 1719 Metern die höchste Erhebung der Hochebene. Schroffere Abschnitte gibt es nur im höheren westlichen Teil der Hardangervidda, dort, wo die Ebene zum Sørfjord und zum Eidfjord hin abfällt. Nur wenige Siedlungen und Straßen und die berühmte Bergen-

Seite 188/189: Berge und Fjelle prägen das Landesinnere.
Mitte: Wilde Natur: Stromschnellen des Bjoreio-Flusses im Naturreservat Bjoreidalen
Unten: Auf der Hardangervidda trifft man sogar auf die seltenen Luchse.

Eine der steilsten Zugstrecken der Welt

bahn unterbrechen das Bild, verlieren sich jedoch in der Weite.

Hardangervidda – die kaum Erreichbare

Die Hardangervidda ist kaum durch Straßen erschlossen, die beste Möglichkeit, die Region zu erkunden, ist die Bergenbahn, die zwischen Oslo und Bergen verkehrt. Sie hält in Myrdal, Finse, Haugastøl, Ustaoset und Geilo. In Myrdal hat sie Anschluss an die Flåmbahn. Mit dem Auto ist es ungleich schwieriger, die Hardangervidda zu erreichen. Als Ausgangspunkt für Exkursionen in die Hardangervidda, ob zu Fuß, mit dem Fahrrad oder auf Skiern, bietet sich das verkehrstechnisch noch am besten erschlossene Geilo an. Von Oslo sind 245 Kilometer zurückzulegen. Folgen Sie ab Oslo der E 18 nach Sandvika. Ab Sandvika nehmen Sie die E 16 nach Hønefoss, ab Hønefoss folgen Sie dem Fv 7 und dem Rv 7 nach Geilo. Ein Expressbus der NOR-WAY AS verkehrt auf der gleichen Strecke. Bergen ist 240 Kilometer entfernt. Von dort gelangen Sie über die E 16 nach Voss und weiter über den Fv 13 nach Granvin und auf dem Rv 7

Geheimtipp

865 HÖHEN-METER MIT DER FLÅMBAHN

Vom Bahnhof Myrdal führt die Strecke zum Kjosfossen. Dort wird ein Fotostopp eingelegt. Im Sommer tanzen Huldren, Feen aus der norwegischen Mythologie, am Wasserfall, dargestellt von Studentinnen der norwegischen Ballettschule. Bei der Weiterfahrt werden fünf Gleisstrecken in unterschiedlichen Höhen sichtbar – vier für die Flåm-, eine für die Bergenbahn. Dann folgt der Nåli, der längste Tunnel der Strecke. Vorbei geht es an der Alm Kårdal mit ihren 150 Ziegen tiefer in das Flåmsdalen hinein zum Rjoandefossen, der 140 Meter in die Tiefe stürzt. Kurz vor dem Endbahnhof Flåm wird die Kirche aus dem Jahr 1667 passiert. Die restlichen drei Kilometer führen durch das grüne Flusstal, das sich zum Aurlandfjord öffnet. 865 Höhenmeter mit Steigungen bis zu 5,5 Prozent hat die Bahn bis dorthin überwunden.

MOLTEBEEREN – EIN SÜSSES GEHEIMNIS

Geheimtipp

Berühmt ist die Hardangervidda wegen der reichen Moltebeerenbestände. Moltebeeren, mit wissenschaftlichem Namen Rubus chamaemorus, werden wegen ihres Geschmacks fast in Gold aufgewogen. Sie gehören zu den Rosengewächsen. Ihre nächsten Verwandten sind Brombeeren und Himbeeren. Jeder Norweger, der weiß, wo Moltebeeren wachsen, behält dieses Wissen für sich. Wenn er sich unbeobachtet glaubt, geht er zur Reifezeit Ende Juli schon im Morgengrauen los, um die Früchte zu sammeln. Man kann Moltebeeren roh essen oder zu Marmelade und Gelee verarbeiten. Sie sind reich an Vitaminen und Spurenelementen und wurden von Seeleuten aufgrund ihres hohen Gehaltes an Vitamin C als wirksames Mittel gegen Skorbut angesehen. Hinzu kommt, dass sie wegen der in ihnen enthaltenen Benzoesäure gut lagerfähig sind, also auch lange Seereisen überdauern können, ohne zu verderben.

nach Geilo. Von Stavanger ist es mit über 350 Kilometer schon deutlich weiter. Die E 39 und der Rv 7 führen nach Geilo. Auch von Trondheim ist Geilo erreichbar, die Strecke über die E 6 und den Rv 7 ist allerdings mehr als 500 Kilometer lang.

Tierparadies Hardangervidda

15 000 Rentiere leben heute noch auf der Hardangervidda, die größte wildlebende Population Norwegens, 23 weitere Säugetierarten findet man hier, darunter Luchs, Polarfuchs, Vielfraß, Schneehase und Berglemming. Sie alle finden hier ideale Lebensbedingungen vor. Kein Wunder also, dass die Hardangervidda bereits vor etwa 8000 Jahren auch von nomadisierenden Jägern besiedelt war, die den Rentierherden nach dem Ende der Eiszeit auf die Hochebene gefolgt waren. So warm und sonnig der Sommer auf der Hardangervidda auch sein kann, der Winter stellt Pflanzen und Tiere dieser Region auf eine harte Probe. Arktische Kälte sorgt dafür, dass hier nur vergleichsweise wenige Arten überleben können. Dazu zählen die Rentiere. Sie haben sich im Laufe der Evolution an das Leben in Schnee und Eis angepasst. Mit ihren breiten Hufen sinken sie auch im weichen und tiefen Schnee kaum ein und mit den scharfen Kanten der Hufe sind sie in der Lage, selbst verharschten Schnee aufzukratzen, um an die Gräser, Kräuter und vor allem Flechten zu gelangen, von denen sie leben. Selbst niedrigste Vegetation können sie abweiden. Allerdings um den Preis, dass die Zähne vorzeitig abnutzen, weil mit den Pflanzen auch Sand und kleine Steine aufgenommen werden. Kaum ein Rentier stirbt daher an Altersschwäche. Es verhungert oder wird das Opfer von Räubern wie Luchs und Vielfraß, die sofort zur Stelle sind, wenn ein Tier krank oder schwach wird. Der Vielfraß hat seinen Namen nicht etwa deshalb, weil er

viel frisst, die deutsche Bezeichnung leitet sich vielmehr vom norwegischen Wort *Fjellfross* ab – *Fjell* für Hochland und *Fross* für Katze, also Hochlandkatze. Allerdings ist der Vielfraß keine Katze. Er zählt zu den Mardern und ist die größte Marderart weltweit.

Die hier an ihrer südlichen Verbreitungsgrenze lebenden Polarfüchse ernähren sich hauptsächlich von Berglemmingen, den am besten an das arktische Klima angepassten Nagetieren. Die Berglemminge halten keinen Winterschlaf, sondern bauen ein Tunnelsystem unter dem Schnee, um an ihre Nahrung zu kommen. Der Schnee bildet einen idealen Schutz gegen Kälte und Wind, er bewahrt sie aber nicht davor, von ihren Feinden, den Polarfüchsen und Schnee-Eulen, aufgespürt zu werden, denn beide haben so feine Ohren, dass sie die Nager unter der Schneedecke laufen hören. Die hohen Verluste durch die Polarfüchse und Schnee-Eulen machen die Berglemminge jedoch durch ihre Vermehrungsrate mehr als wett. In Jahren mit günstigem Nahrungsangebot vermehren sie sich so stark, dass sie nicht einmal durch ihre Fressfeinde »in Schach gehalten«, werden können. Dann brechen riesige Mengen von ihnen auf, um neue Lebensräume zu erobern, die meisten von ihnen kommen jedoch auf diesen Wanderungen um.

Eldorado für Ornithologen und Botaniker

Anders als die Berglemminge ziehen die meisten der in der Hardangervidda lebenden Vogelarten im Winter in den Süden. Es sind nicht sehr viele Arten, die man hier während der Brutzeit oder auf dem Zug von und nach Norden antrifft, aber »Birder«, wie die enthusiastischen Vogelbeobachter auch genannt werden, kommen hier auf ihre

Oben: Entspannte Pause nach einer Wanderung
Mitte: Polarfüchse leben in Norwegen und auch in Alaska, Sibirien und Grönland.
Unten: Reizvoll ist der Weg zur Bjoreidalshytta.

Kosten. Deren Beobachtungslisten lesen sich wie das Who is Who der Vogelprominenz, vom Rotsternigen Blaukehlchen über die Falkenraubmöwe bis zum Merlin (ein Falke) und zur Schellente, die in Baumhöhlen brütet. Schnee-Eule, Doppelschnepfe, Schneehuhn und Odinshühnchen sind weitere Prominente. Die beste Zeit für Vogelbeobachtungen ist von Mitte Juni bis Mitte Juli. Dann sind die in der Hardangervidda brütenden Vögel schon angekommen und gleichzeitig rasten noch viele Durchzügler hier, die weiter in den Norden wollen.

Faszinierende Pflanzenvielfalt

Aber auch die Botaniker sind hier in ihrem Element. Nirgendwo sonst in Kontinentaleuropa finden sie so viele arktische Pflanzen wie hier. Insgesamt wurden in der Hardangervidda rund 450 verschiedene Pflanzenarten registriert. Während der niederschlagsreichere westliche Teil der Hardangervidda noch eine vergleichsweise üppige Vegetation aus Gräsern, Kräutern und kleinen Zwerggehölzen aufweist, sind der östliche und nördliche Teil schon als arktische Tundra zu bezeichnen. Hier gedeihen Pflanzen, die ansonsten nur sehr viel weiter nördlich auf der Bäreninsel, Spitzbergen oder in Nordsibirien verbreitet sind: die Polarweide, Nördliche Alpennelke, der Schneehahnenfuß und die Einblütige Glockenblume, um nur ein paar zu nennen.

Oben, Mitte und unten: Polarforscher wie Roald Amundsen bereiteten sich hier auf Expeditionen vor. Heute kann man auf gut markierten Routen Landschaft und Tierwelt erleben wie das Rotsternige Blaukehlchen, das für seinen melodischen Gesang bekannt ist.

Infos und Adressen

AKTIVITÄTEN

Angelkarte Hardangervidda. Für die Gebiete Storheller, Berunuten, Austre Vollane, Mogen, Li, Bitdal, Rauland und Statsallmenning werden Angelkarten angeboten. Alle Seen sind Forellengewässer mit Fischen bis zu 1 kg. Verkaufsstellen vor Ort: Touristenbüro in Rauland, Mogen Touristenhütte, Rathaus in Åmot. Tel. 35 07 32 08.

Flåmbahn. Postboks 75, N-5742 Flåm, Tel. 57 63 21 00, flaamsbana@visitflam.com, www.visitflam.co

Flåmsbahn-Museum. Mai–Sept. tgl. 9–17 Uhr, Eintritt frei. Bahnhof. N-5742 Flåm, Tel. 57 63 23 10, post@flaamsbana-museet.no, www.visitflam.com

Rallarvegen Bikerental–Finse. Tel. 32 08 75 64, mail@rallarvegen.com, www.rallarvegen.com

ÜBERNACHTEN

Finsehütte des DNT. Die Hütte liegt 600 m südlich des Bahnhofs auf einer Halbinsel am Finsevatn mit Blick auf den Gletscher Hardangerjökulen im Süden und dem Bergrücken Hallingskarvet im Norden. Sie ist ein guter Ausgangspunkt für Gletscher- und Gipfeltouren, im Winter für Skitouren. Keine Straßenadresse, direkt am Rallarvegen, N-5719 Finse.

Hotel Finse1222. Das 100 Jahre alte Berghotel ist ganzjährig geöffnet und verfügt mit Boggi'n über die heißeste Disco in Finse. Im Hotelshop werden neben Sportartikeln auch Lebensmittel verkauft. Im Sommer werden Fahrräder, im Winter Skiausrüstungen vermietet. N-5719 Finse, Tel. 56 52 71 00, booking@finse1222.no, www.finse1222.no

Vatnahalsen Høyfjellshotell. Ganzjährig geöffnetes, gutes Familienhotel mit 40 Zimmern und Restaurant. N-5718 Myrdal, Tel. 57 63 37 22, post@vatnahalsen.com, www.vatnahalsen.no

Skillingsboller oder Zimtschnecken sind ein norwegisches Nationalgericht.

Norefjord Camping. Campingplatz am Ostrand der Hardangervidda am Rv 40. 45 Stellplätze für Wohnmobile, Wohnwagen und Zelte. Stromanschluss. 15 Hütten für 2–4 Pers. Preise auf Anfrage (Online-Buchung). N-3629 Nore, Tel. 90 67 51 12, post@norefjordcamp.no, www.norefjordcamp.no

ESSEN UND TRINKEN

Cafe Rallaren. Café im Bahnhof Myrdal, wo Flåmbahn und Bergenbahn sich treffen. N-5718 Myrdal, Tel. 57 63 37 56, info@caferallaren.no, www.caferallaren.no

Geilolia Skarvegrotta. Das Restaurant wurde der Landschaft des Hallingskarvet, eines Gebirgszuges nördlich des Hardangervidda-Nationalparks, nachempfunden. Bakkestølveien 80, N-3580 Geilo, Tel. 32 09 00 00, servering@geiloskisenter.no, www.geilolia.no

TRANSPORT

NOR-WAY Bussekspress AS. Karl Johans gate 2, N-0154 Oslo, Tel. 81 54 44 44, www.nor-way.no

INFORMATION

Touristeninformation Flåm. N-5742 Flåm, Tel. 57 63 14 00, info@visitflam.com, www.geilo.no

Touristeninformation Geilo. Mo–Fr 8.30–16 Uhr, Sa 9–15 Uhr, Vesleslåttveien 13, N-3580 Geilo, Tel. 32 09 59 00, turistinfo@geilo.no, www.visitgeilo.no

WANDERN
in Südnorwegen

Norwegen ist das Wanderland schlechthin. Hier findet jeder eine Route, die seinen Wünschen entspricht, ob klassisch zu Fuß, mit dem Fahrrad, auf Skiern, Schneeschuhen oder mit dem Kajak. Auch jahreszeitlich gibt es kaum Beschränkungen. Von der See bis zum Hochgebirge, über gut ausgebaute Wege oder schmale Pfade bis hin zu Kletterpartien gibt es eine Fülle von Wandermöglichkeiten, zeitlich gestaffelt von wenigen Stunden bis über mehrere Tage.

Mit geringem Planungsaufwand sind Informationen über das Internet erhältlich. Einen umfassenden Überblick bietet die vom norwegischen Handels-, Wirtschafts- und Fischereiministerium betriebene offizielle Tourismus-Internetplattform www.visitnorway.de mit einer Fülle von Links zu Routenbeschreibungen, Unterkünften, Restaurants, Tourismusbüros und Anbietern von Wandertouren.

Wanderungen auf eigene Faust

Wer seine Wanderrouten auf eigene Faust plant, ist gut beraten, nicht nur Kartenmaterial zu beschaffen, sondern auch an die richtige Ausrüstung zu den-

Links: Verdiente Rast in Aurlandsdalen

197

ken. Wanderungen erfordern angemessenes Schuhwerk, mit Flipflops sind Verletzungen vorprogrammiert. So schön das Wetter in Norwegen auch sein kann, es kann jederzeit umschlagen. Vor jeder längeren Wanderung ist daher ein Blick auf die Wettervorhersage unabdingbar. Regenfeste, warme Bekleidung sollte immer mitgeführt werden ebenso wie eine Notration Verpflegung und Wasser. Informieren Sie auch eine Vertrauensperson über die Route und die voraussichtliche Dauer der Wanderung. Wer nicht in Hotels übernachten will, kann dies in der freien Natur tun. In Norwegen gilt nämlich das Jedermannsrecht: Auf dem Land, in Wäldern und Bergen dürfen Zelte für eine Nacht aufgestellt werden. Ausge-

nommen sind nur bewirtschaftete landwirtschaftliche Flächen und Rastplätze. Zu Gebäuden ist ein Mindestabstand von 150 Metern einzuhalten.

Eine Alternative zum Zelt bieten die Wanderhütten des norwegischen Wandervereins DNT (Den Norske Turistforening, www.dnt.no), der insgesamt 550 Hütten betreibt. Es gibt sie in drei Kategorien. Da sind zunächst die bewirtschafteten Hütten, in denen Frühstück und Abendessen angeboten werden. In den Selbstversorgerhütten stehen Lebensmittel und eine Kochgelegenheit zur Verfügung. In Hütten ohne Service können lediglich Kochgelegenheiten genutzt werden. Allein in der Hardangervidda betreut der DNT ein 1200 Kilometer langes Netz von Wanderwegen. Sie folgen häufig uralten Handelsrouten. Bereits 1879 wurde in dem Nationalpark die erste Wanderhütte errichtet, heute sind es fast 40. Ob Sie eine Tagestour planen oder mehrtägig von Hütte zu Hütte wandern wollen, beim DNT bekommen Sie ausführliches Informationsmaterial und – das Wichtigste! – den Universalschlüssel für die Hüttentüren. Beliebt ist die rund 15 Kilometer lange Strecke von Kinsarvik am Hardangerfjord nach Stavali oder eine Halbtageswanderung von Finse zum 1440 Meter hohen Blåisen. Eine kurze Strecke läuft man auf dem Rallarvegen.

Wandern mit dem Rad

Viele Strecken wie der Rallervegen sind auch für Fahrradfahrer bestens geeignet. Der insgesamt 82 Kilometer lange Rallar-

Wegweiser zu DNT-Hütte Krækkja

Bei manchen Wanderungen muss auch schon mal eine Brücke überquert werden.

vegen, zu Deutsch Bahnarbeiterweg, wurde ursprünglich gebaut, um Baumaterial für die Bergenbahn von Oslo nach Bergen zu transportieren. Seit 1974 wird er nur noch als Wander- und Radweg genutzt. Der erste Abschnitt führt von Finse 37 Kilometer über die Hardangervidda nach Myrdal. Nächstes Ziel ist das 17 Kilometer entfernte Flåm am Ende des Aurlandfjordes. Es geht zumeist bergab, weshalb in umgekehrter Richtung sehr gute Kondition erforderlich ist – immerhin sind insgesamt 865 Höhenmeter zu überwinden! Von Flåm empfiehlt es sich daher, mit der Flåmbahn zurück nach Myrdal und von dort mit der Bergenbahn nach Finse zu fahren. Wer kein eigenes Fahrrad mitführt, kann sich in Finse oder Myrdal ein Leihrad nehmen und in Flåm wieder abgeben.

Geführte Touren

Wer sich einer geführten Tour anschließen will, kann in allen Jahreszeiten auf ein riesiges Angebot zugreifen. Neben den »klassischen« Wanderungen werden Ski- und Schneeschuhwanderungen mit Übernachtung in einer Schneehöhle ebenso angeboten wie Touren zu Moschusochsen und Elchen. Sich einem Wanderführer anzuvertrauen hat den Vorteil, dass man sich keine Sorgen um Unterkunft, Verpflegung, die richtige Route und pünktliche Ankunft am Ziel zu machen braucht. Manche Touren sollte man grundsätzlich mit einem ortskundigen Guide unternehmen. Das gilt insbesondere für manche nicht ganz ungefährlichen Berg- und Gletscherwanderungen.

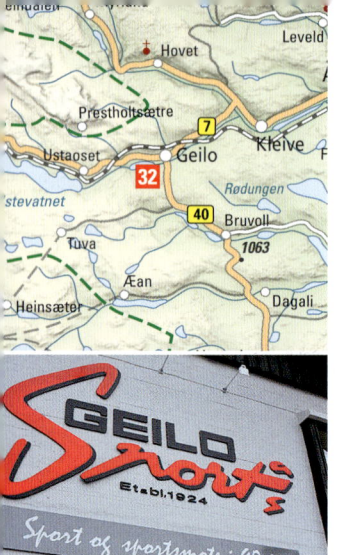

32 Geilo
Wintersport ohne Grenzen und Wanderparadies

Unter Wintersportlern ist Geilo das Synonym für eines der besten Wintersportreviere Norwegens. Sichere Schneeverhältnisse von Ende November bis in den April, 220 Kilometer Loipen, 39 Abfahrten, 18 Schlepp- und Sessellifte und nicht zuletzt eine intakte Infrastruktur einschließlich Après-Ski garantieren den Erfolg des Urlaubs. Weniger bekannt ist Geilo im Sommer als Ausgangspunkt für Wanderer und Mountainbiker.

Die touristische Entdeckung Geilos begann mit der Inbetriebnahme der Bergenbahn im Jahr 1909. Vorher war Geilo wegen seiner Abgeschiedenheit am Ostrand der Hardangervidda, exakt auf der Hälfte des Weges von Oslo nach Bergen, kaum zugänglich. Heute existieren neben der Bergenbahn auch gute Straßenverbindungen aus allen Teilen Norwegens nach Geilo. Der 1988 gestartete Versuch, auch eine Luftfahrtverbindung herzustellen, scheiterte 2003. Der 30 Kilometer von Geilo entfernte Flughafen Dagali ist seitdem nur noch für private Maschinen auf einer auf 850 Meter verkürzten Rollbahn erreichbar.

Das Sommer-Wanderangebot ist ausgesprochen vielfältig und auf die individuellen Bedürfnisse der Gäste abgestimmt. Eine sehr schöne Wanderung führt von Geilo auf den 1859 Meter hohen Prestholtskarvet im Hallingskarvet-Nationalpark. Mit dem Sessellift geht es zunächst auf den 1078 Meter hohen Geilotoppen. Von dort führt ein markierter Wanderweg acht Kilometer durch einfaches Gelände nach Prestholtseter, wo der

Mitte: Geilo ist Wanderparadies und beliebtes Wintersportzentrum.
Unten: Im Freilichtmuseum erfährt man Interessantes über die Geschichte der Region.

Infos und Adressen

1,5-stündige Aufstieg zum Prestholtskarvet beginnt. Dabei sind 600 Höhenmeter zu überwinden.

Speziell als Familienwanderung wird eine Tour zum Ustetind angeboten, von dessen 1376 Meter hohem Gipfel man einen wunderschönen Blick auf das Ustedalen und Geilo hat. 3,5 Stunden sind für den Weg einzuplanen, der in Kikut, fünf Kilometer südlich von Geilo, beginnt. Die Wanderung führt über schmale, aber gut begehbare Pfade auf den Berg. Geführte Touren werden von Hardangervidda Fjellguiding angeboten.

Wer die Region um Geilo mit dem Mountainbike erkunden will, kann im Geilo Summer Park Fahrräder ausleihen. Für Gäste, die auf dem Rallarvegen nach Flåm fahren wollen, gibt es einen speziellen Service. Vom Bahnhof Geilo startet täglich um 10.15 Uhr ein Zug der Bergenbahn nach Myrdal, der auch Fahrräder transportiert. 179 NOK kostet die Fahrt. Von Myrdal geht es dann mit Muskelkraft nach Flåm, wo das geliehene Fahrrad abgegeben werden kann. Eine Alternative ist die Rückfahrt mit der Flåmbahn nach Myrdal, dafür werden 90 NOK fällig. Von dort geht es wieder mit der Bergenbahn zurück nach Geilo. Auch wer das Glück auf dem Rücken der Pferde sucht, findet in Geilo Angebote, die vom einfachen Reitkurs bis zu ausgedehnten Reittouren in die angrenzenden Nationalparks reichen.

Für diejenigen, die sich ihr Mittagessen selbst fangen wollen, hat die Kommune Hol, zu der Geilo gehört, 80 Seen und Flüsse zum Angeln freigegeben. Die Saison dauert von Mai bis September. In den meisten Gewässern lebt ein guter Bestand an Forellen, aber auch Wandersaiblinge, Verwandte der Lachse, kommen in einigen Gewässern vor. Angellizenzen werden bei der Touristeninformation, in Wanderhütten und vielen Läden verkauft.

AKTIVITÄTEN

Geilo Hestesenter. Zentral gelegener, ganzjährig geöffneter Pferdehof, der Reitkurse und Ausritte in die Umgebung veranstaltet. Zum Hof gehören 30 Pferde, hauptsächlich Isländer, Norwegische *Döle-hest* (norwegisches Kaltblut) und einige Schwarzwälder Füchse.
N-3580 Geilo, Tel. 32 09 01 81, www.geilohest.no

Geilo Summer Park bike hire.
Geilo Skisenter AS, Bakkestølveien 80, N-3580 Geilo,
Tel. 32 09 00 00,
aktiviteter@geiloskisenter.no,
www.geiloskisenter.no

Hardangervidda Fjellguiding.
Auf dem Portal finden sich u. a. Hinweise zu Skitouren, Schneeschuhwandern und das komplette Sommerprogramm.
Tel. 97 54 18 60,
www.fjellguiding.no

ESSEN UND TRINKEN/ ÜBERNACHTEN
S. S. 195 (Hardangervidda).

INFORMATION
Geilo Touristeninformation. Hier ist u. a. eine Kombi-Lizenz für Angler erhältlich, gültig für die Regionen Geilo, Haugastøl und Øystre. Preise: 150 NOK für 3 Tage, 300 NOK für eine Woche und 600 NOK für die gesamte Saison. Mo–Fr 8.30–16 Uhr, Sa 9–15 Uhr, Vesleslåttveien 13, N-3580 Geilo, Tel. 32 09 59 00, www.geilo.no

33 Die Stabkirche Borgund
Relikt aus dem frühen Mittelalter

Die Stabkirche Borgund ist eines der wenigen erhaltenen Sakralgebäude aus dem frühen Mittelalter. Stabkirchen waren zu dieser Zeit zwar die charakteristischen Gotteshäuser in Norwegen, von den ursprünglich wohl mehr als 700 Stabkirchen sind jedoch nur 28 erhalten, die als authentisch gelten. Wind und Wetter haben am Holz genagt, Feuer haben sie in Flammen aufgehen lassen ... und auch während kriegerischer Auseinandersetzungen sind viele zerstört worden.

Die Stabkirche Borgund ist nicht wesentlich älter als die älteste erhaltene Stabkirche Urnes. Auch sie wurde zu Beginn der Christianisierung Norwegens errichtet und dem Apostel Andreas geweiht. Nicht nur aus statischen Gründen sind mehrere Andreaskreuze in die Holzkonstruktion integriert. Die Stabkirche Borgund ersetzte die Vorgängerkirche, weil deren tragende Pfosten verrottet waren. Drachenköpfe, Tiermasken, Runeninschriften und eine »Geisterschwelle« im Westportal der Kirche sind in Holz geschnitzte Zeugen für die Adaption vieler heidnischer Gebräuche durch das nach der Wikingerzeit aufkommende Christentum in Norwegen. Noch ganz in der Tradition der vorchristlichen Götterverehrung wurde auch der Standort der Kirche abseits der Siedlungen gewählt.

Die zeitliche Einordnung für den Bau der Kirche ist sehr genau. Dendrologische Untersuchungen haben ergeben, dass das Holz für die Stabkirche Bor-

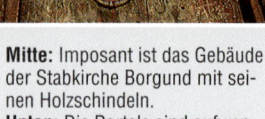

Mitte: Imposant ist das Gebäude der Stabkirche Borgund mit seinen Holzschindeln.
Unten: Die Portale sind aufwendig mit Tierornamenten gestaltet.

Die Stabkirche Borgund

gund im Jahr 1180 geschlagen und bereits kurz
danach verarbeitet worden ist. Damit ist sie zwar
nicht die älteste erhaltene Stabkirche, sie wurde
jedoch durch ihre Konstruktion Vorbild für viele
andere nach diesem Muster erbaute Kirchen, die
als »Borgund-Typ« bezeichnet werden. Eine Anek-
dote am Rande: Nicht nur im Mittelalter war die
Stabkirche Borgund Vorbild für andere Kirchen. In
Rapid City (South Dakota, USA) steht ein original-
getreuer Nachbau.

Viele Konstruktionselemente und Einrichtungen
sind im Original erhalten, darunter der Steinaltar
und das Taufbecken aus Speckstein. Die Kanzel allerdings ist erst in den Jahren 1550 bis 1570, nach
der Reformation, eingebaut worden, vorher gab es
dort keine. Sechs übereinandergeschachtelte, mit
Holzschindeln gedeckte Dächer schützen den In-
nenraum, das höchste trägt einen Dachreiter mit
einer kleinen Glocke. Neben der Kirche steht ein
separater Glockenturm mit den Hauptglocken.

Bis 1868 wurde die Kirche als Gotteshaus benutzt,
dann wurde sie durch einen Neubau in unmittel-
barer Nachbarschaft ersetzt. 1877 übernahm der
Fortidsminneforeningen, ein Verein für Denkmal-
pflege, die Kirche. Heute ist sie ein viel besuchtes
Museum mit mehreren Tausend Besuchern im Jahr.
Für sie ist die Stabkirche von Anfang Mai bis Ende
September geöffnet. Gruppen werden nach An-
meldung auch außerhalb dieser Zeiten durch die
Kirche geführt. Im Jahr 2005 wurde ein Informa-
tionszentrum in der Nähe der Stabkirche eröffnet.
Dort wurde eine Ausstellung zur Geschichte und
Konstruktion der Stabkirchen in Norwegen erstellt.
Für das leibliche Wohl der Besucher wird in einer
angeschlossenen Cafeteria gesorgt. Die Stabkirche
Borgund samt Informationszentrum liegt in der
Nähe des kleinen Ortes Lærdalsøry, ungefähr
220 Kilometer von Bergen entfernt.

Infos und Adressen

SEHENSWÜRDIGKEITEN

Borgund Stabkirche. Erreichbar
mit dem Auto von Bergen über
die E 16 und den Rv 630.
Eintritt: 90 NOK (Erw.), 80 NOK
(Kinder ab 5 J./Stud.), 220 NOK
(Familien). 1. Mai–10. Juni und
22. Aug.–30. Sept. tgl. 10–17 Uhr,
11. Juni–21. Aug. tgl. 8–20 Uhr,
N-6888 Borgund, Tel. 57 66 81 09,
www.stavechurch.com

ESSEN UND TRINKEN

**Kafé & Restaurant Lærdal Ferie
og Fritidspark.** Grandavegen 5,
N-6886 Lærdal, Tel. 45 56 22 02,
www.green-norway.no

ÜBERNACHTEN

**Borgund Hyttesenter og Cam-
ping.** Campingplatz an der E 16 im
Lærdal. Stellplätze für Zelte, Wohnmobile und Wohnwagen. Hütten mit
Dusche/WC, Küche, TV, Snackbar.
Die Stabkirche Borgund ist fußläufig
erreichbar. Borgund, N-6887
Lærdal, Tel. 90 62 08 59,
www.hyttesenter.com

Lindstrøm Hotell. Hotel in der
alten Poststation von Lærdal.
Restaurant und Bar im Hause,
freies WLAN in der Lobby.
N-6886 Lærdal, Tel. 57 66 69 00,
www.lindstroemhotel.no

34 Die Stabkirche Urnes
Ältestes Zeugnis des christlichen Mittelalters

Um das Jahr 1030 war die kleine Halbinsel Orneset im Lustrafjord einer der Brückenköpfe für die Christianisierung Norwegens. Nur wenige Jahrzehnte nachdem sich der norwegische König Harald Blauzahn (Haraldr blát nn, 910–987) hatte taufen lassen und auch seinen Untertanen das Christentum befahl, wurde hier die erste Stabkirche errichtet. Der »Alte Brauch«, wie die ursprüngliche Götterverehrung hieß, lebte aber noch lange Zeit parallel zum Christentum weiter.

Der Bau von Kirchen markiert auch einen Wendepunkt in der Religionsausübung. In der vorchristlichen Zeit galten Seen, Flüsse, Moore, markante Felsen oder Bäume als heilig und wurden als sakrale Kultstätten und Thingplätze genutzt. Mit dem Christentum verlagerten sich die Rituale in sakrale Gebäude, die Kirchen. Die Symbole des »Alten Brauches« wurden jedoch noch lange weiter verwendet und auch von der Kirche geduldet. Vor allem Tiere und Menschen, daneben aber ebenso Fabelwesen wie Drachen und Dämonen wurden in verschlungenen Schnitzarbeiten dargestellt. Diese Darstellungsweise hat sich aus dem sogenannten »Germanischen Tierstil« entwickelt und ist namengebend für den »Urnes-Stil« des frühen Mittelalters, der als zusätzliche Komponente viele florale Elemente zeigt. Eine zentrale Rolle in der Götterverehrung der vorchristlichen Zeit spielte auch die Esche Yggdrasill, der Weltbaum, der in das Nordportal geschnitzt wurde. Als Achse der Welt verbindet er die drei Ebenen: Himmel mit den Göttern, Mittelwelt mit den

Sehenswert ist das filigran geschnitzte Nordportal der Stabkirche. Seit 1979 gehört sie zum UNESCO-Weltkulturerbe.

Die Stabkirche Urnes

Menschen, Unterwelt mit dem Totenreich und der Heimat der Zwerge. Außerdem stützt er den Himmel.

Die Stabkirche Urnes ist nicht die größte und vielleicht auch nicht die spektakulärste, aber mit Sicherheit die älteste erhaltene Stabkirche Norwegens. Die ursprüngliche Kirche aus dem 11. Jahrhundert wurde bereits in der ersten Hälfte des 12. Jahrhunderts durch einen Neubau ersetzt. Das Portal mit den ornamentalen Schnitzereien, einige Wandverkleidungen und Eckpfeiler aus der ersten Kirche wurden jedoch wiederverwendet und sind bis heute erhalten, obwohl auch die zweite Kirche schon wenig später einem weiteren Neubau weichen musste. Die Baumstämme hierfür sind nach dendrologischen Untersuchungen in der Zeit zwischen 1129 und 1130 geschlagen worden. Um zu verhindern, dass das Holz im Kontakt mit dem Boden faulte, wurde der Holzrahmen, auf dem man die Kirche errichtete, auf ein Steinfundament gelegt. Die Bögen im Gewölbe der Kirche sind aus rund gewachsenen, starken Ästen gefertigt worden. Seit 1880 dient die Kirche nicht mehr als Sakralgebäude. Betreut und unterhalten wird sie vom Norwegischen Verein für Denkmalpflege. 1979 wurde sie von der UNESCO in die Liste der Weltkulturerbestätten aufgenommen.

Für das körperliche Wohlergehen nach so viel Geschichte und Mythologie wird auf dem »Urnes Hof« gesorgt. Der Bauernhof aus dem 13. Jahrhundert liegt in unmittelbarer Nähe zur Kirche. Im Café werden einfache Mahlzeiten, daneben Obst, Säfte und Hirschfleisch aus eigener Produktion angeboten. Mehrere Hofgebäude sind zu Gästehäusern mit Zwei- und Mehrbettzimmern umgebaut worden. Die Stabkirche Urnes liegt, 241 Kilometer von Bergen entfernt, abgelegen im Lustrafjord.

Infos und Adressen

SEHENSWÜRDIGKEITEN

Urnes Stabkirche. Erreichbar über die E 16 und Rv 55 bis Solvorn, von dort mit der Fähre nach Ornes. Eintritt: 90 NOK (Erw.), 70 NOK (Kinder ab 5 J./Stud.), 220 NOK (Familien). 5. Mai–30. Sept. 10.30–17.45 Uhr, N-6870 Ornes, Tel. 57 67 88 40, www.stavechurch.com

ÜBERNACHTEN

Urnes Gard og Hjortefarm, Urnes Hof und Hirschfarm. Einfache Übernachtungsmöglichkeit mit Frühstück im alten Kochhaus, in der Scheune oder im Gästehaus. In Gattern werden Hirsche gehalten, Führungen sind möglich. N-6870 Ornes, Tel. 91 53 27 84, www.urnes.no

Walaker Hotel. Komfortables Hotel aus dem 17. Jh., 2006 renoviert. Alle Räume mit Bad/WC, antiken Möbeln und alten englischen Tapeten. N-6879 Solvorn, Tel. 57 68 20 80, www.walaker.com

ESSEN UND TRINKEN

Wer nicht auf dem Urnes-Hof oder im Walaker-Hotels essen will, findet in unmittelbarer Nähe keine Alternative. Im Lebensmittelladen in Solvorn kann man sich selbst versorgen. Das nächste Einkaufszentrum befindet sich im 22 km entfernten Sogndal.

35 Jostedal Nationalpark
Ein Gletscher zum Anfassen

Der Jostedalsbreen trennt, 100 Kilometer lang und 15 Kilometer breit von West nach Ost verlaufend, wie eine eisige Mauer das Sognefjordgebiet im Süden von der Region um den Sorgfjord im Norden. Das Eis, das eine Dicke von bis zu 500 Metern aufweist, überdeckt eine Fläche von 487 Quadratkilometern. Damit ist der Jostedalsbreen der größte Gletscher Europas. Neun Kilometer lang ist der Nigardsbreen, die längste seiner 22 Gletscherzungen, die zu Tal fließen.

Nicht nur der Gletscher selbst, sondern auch 823 Quadratkilometer des angrenzenden Jostedalen sind seit 1991 als Nationalpark geschützt. Viele Wege führen zum Nationalpark. Den besten Zugang hat man von der Südseite, von Bergen über die E 16, den Rv 13, Rv 55 und Rv 604 bis Jostedal, von Oslo über den Rv 7, die E 52 und E 16 bis zum Rv 55 und Rv 604.

Vielfältige Natur erleben

Einmal im Gebiet angekommen, führen von den Orten Jostedalen, Veitastrond, Fjærland, Stardalen, Oldedalen und Lodalen gut ausgebaute Straßen in den Park. Schon auf dem Weg dorthin wird die ganze Vielfalt der Landschaft deutlich. Vom Fjord über die von den Gletschern ausgeschobenen und heute mit üppiger Vegetation bewachsenen und landwirtschaftlich genutzten Täler, gewaltig aufgeschobenen Moränen bis hin zu kahlen Felslandschaften, von denen Wasserfälle herabstürzen, und natürlich den eisigen Gletschern sind alle Landschaftsformen auf engem Raum zu sehen. Ent-

Mitte und unten: Der Jostedal Nationalpark ist der viertgrößte Norwegens. Die Landschaft ist hier vielfältig: Fruchtbare Almen, Fjorde und karge Gletschergebiete wechseln sich ab.

sprechend vielfältig sind auch die Möglichkeiten, diese Landschaften zu erleben. Wanderungen auf gekennzeichneten Naturpfaden, Kajaktouren auf dem Gletschersee in Jostedal, Rafting auf dem Jostedøla vom Jostedalsbreen Nationalpark zum Lusterfjord und Bootsfahrten auf verschiedenen Gletscherseen gehören zum Angebot.

In den Gewässern rund um den Jostedalsbreen kann man Forellen, Bergforellen, Lachse und Aale angeln. »Troll Autos«, offene Wagen für bis zu sieben Personen, fahren vom Parkplatz in Briksdalen circa drei Kilometer in Richtung Gletscher. Von dort aus sind es etwa 500 Meter zu Fuß bis zum Briksdalsbreen, der wie ein geologisches Geschichtsbuch Auskunft über die Entwicklung der Gletscherlandschaft gibt.

Gletscherkunde zum Anfassen

Gletscher gelten weltweit als Reste großer Eisschilde, die nach dem Ende der letzten Eiszeit vor etwa 10 000 Jahren nicht vollständig abgeschmolzen sind. Beim Jostedalsbreen (und noch einigen anderen Gletschern) ist das nicht so. Nachdem die Eismassen verschiedener Eiszeiten die heute vorhandenen Täler im Jostedal Nationalpark ausgeschoben und gewaltige Moränen zurückgelassen hatten, schmolzen sie vollständig ab. Vor etwa 2500 Jahren begann eine neue Kälteperiode, und die Gletscher begannen wieder zu wachsen. Sie hatte ihren Höhepunkt in der »kleinen Eiszeit« etwa um das Jahr 1750. Zu dieser Zeit hatte auch der Jostedalsbreen seine größte Ausdehnung. Im Jahr 1743 zerstörte der Nigardsbreen bei seinem Vorstoß das Dorf Nigard. Er hatte in 50 Jahren drei Kilometer Länge zugelegt. Seit 1748 hat er sich wieder um fünf Kilometer zurückgezogen, seit 1982 aber wieder 200 Meter gewonnen, während

Nicht verpassen

MIT BUS UND BOOT AUF DEN GLETSCHER

Um 8.45 Uhr startet der erste Gletscherbus jeden Tag von Sogndal zum Nigardsbreen. Unterwegs hält er in Solvorn, Hafslo, Marifjøra Bru, Gaupne und dem Breheimsenteret. Der Nigardsbreen ist leicht zu erreichen und auch die Wanderungen um die Eistürme und Spalten sind für jedermann möglich. Bevor jedoch der Gletscher erwandert wird, sollte man eine Bootsfahrt mit der MS Jostedalsrypa über den vor dem Gletscher liegenden See machen. Wer will, kann zudem in ungefähr 35 Minuten am Seeufer entlang zum Gletscher wandern. Dort führen speziell ausgebildete Gletscher-Führer durch das Eis. Es werden ein Familienspaziergang, eine kurze und eine lange Eiswanderung angeboten. Kinder müssen für den Familienspaziergang sechs, für die Wanderungen zwölf Jahre alt sein. Spätestens um 16.55 Uhr geht es zurück. Bezahlt wird im Bus. Die einfache Fahrt kostet für Erwachsene 136 NOK, für Kinder 68 NOK.

andere Gletscherzungen seitdem um über 150 Meter zurückgewichen sind. Für die Glaziologie ist der Jostedalsbreen mit seinen Gletscherzungen ein ideales Studienobjekt. Nirgendwo sonst gibt es so viele »frische« Moränen und »junges« Eis an so gut zugänglichen Stellen.

Der Nationalpark umfasst nicht nur den Gletscher, sondern auch die eisfreien Gebiete der Umgebung. So vielfältig wie die Landschaft, so vielfältig ist die Tier- und Pflanzenwelt. Mit dem Rückzug des Eises kehrten auch Rothirsch und Elch zurück. Sie sind im Nationalpark nicht selten, man benötigt jedoch ein wenig Geduld, um sie zu Gesicht zu bekommen. Auch Rentiere und selbst Braunbären leben hier. Vor den Tieren waren schon die Pflanzen zurückgekommen, zunächst Moose und Flechten, später Heidekraut und niedrige Büsche, zuletzt ein Wald aus Erlen, Birken und Kiefern. In den Bächen sind Forelle, Lachs und Aal ebenso zu Hause wie der Nationalvogel Norwegens, die Wasseramsel. Sie ist der einzige Singvogel, der im und am Wasser leben kann, läuft am Grunde der Bäche entlang und sucht dort nach Wasserinsekten. Bis zu 15 Sekunden bleibt sie unter Wasser, dann muss sie Luft holen. In den sauberen Bächen des Jostedal Nationalparks kann man sie immer wieder beobachten.

GUT ZU WISSEN

WAS MAN BRAUCHT, IST GEDULD!

Haben Sie schon einmal zwei, drei oder sogar vier Stunden und länger darauf gewartet, dass sich ein Tier zeigt, das Sie einmal in freier Wildbahn sehen wollen? Das Wissen darüber, dass in einem bestimmten Gebiet Elche, Rentiere oder Wasseramseln leben, verführt leicht zu der Annahme, dass sie auch just in dem Moment auftauchen, in dem wir sie sehen wollen. Weit gefehlt! Was man braucht, ist Geduld ... zwei, drei, vier Stunden oder mehr.

Oben: Auch für Kinder sind die Gletscher spannend.
Unten: In den eisfreien Gebieten des Nationalparks leben viele Tiere und man findet eine vielfältige Pflanzenwelt.

Infos und Adressen

SEHENSWÜRDIGKEITEN

Breheimsenteret Gletschermuseum. Informationszentrum und Museum für Breheimen Nationalpark. Hier können u. a. auch Gletschertouren gebucht werden. 1. Mai–20. Juni, 10–17 Uhr, 21. Juni–25. Aug. 9–18 Uhr, 26. Aug.–30. Sept. 10–17 Uhr, Nigardsbreen, N-6871 Jostedal, Tel. 57 68 32 50, jostedal@jostedal.com, www.jostedal.com

AKTIVITÄTEN

Ice-Troll Glacier Hiking & Kayaking. Anbieter von Boots- und Kajaktouren sowie Gletscherwanderungen. Preise: Motorboot-Tour ca. 2 Std., 750 NOK (Erw.), Kajak-Tour Nigardsvatn ca. 5–7 Std., 750 NOK (Erw.). N-6871 Jostedal, Tel. 97 01 43 70, info@icetroll.com, www.icetroll.com

River Pig Glacier Rafting. Anbieter von Rafting-Touren auf dem Jostedøla. Preise: Elvepurka-Tour ca. 2,5–3 Std., 600 NOK/Pers. N-6871 Jostedal, Tel. 97 01 43 70, info@riverpig.no, www.riverpig.no

ÜBERNACHTEN/ESSEN UND TRINKEN

Breheimsenteret Lunch Restaurant. Kontaktdaten wie Besucherzentrum des Gletschermuseums (s. Sehenswürdigkeiten).

Briksdalsbre Fjellstove. Ehemaliger Bauernhof. Neben Hotelzimmern werden auch Hütten angeboten. Preise: EZ ab 890 NOK, DZ ab 1090 NOK, Extrabett 250 NOK (inkl. Frühstück). N-6792 Briksdalsbre, Tel. 57 87 68 00, post@briksdalsbre.no, www.briksdalsbre.no

Jostedal Camping. Der Campingplatz bietet Hütten und Bungalows in verschiedenen Größen. Preise: 22. Juni–24. Aug. 210 NOK (Auto, Zelt oder Caravan/Wohnmobil) zzgl. 30 NOK/Pers., 10 NOK (Kinder 6–16 J.). Gjerde, N-6871 Jostedal, Tel. 97 75 67 89, post@jostedal camping.no, www.jostedalcamping.no

Jostedal Hotel. Kleines Hotel nahe des Nigardsbreen. 46 Betten, Zimmer mit TV und WLAN. Preise: EZ NOK 1020 NOK, DZ 1190 NOK (inkl. Frühstück). Gjerde, N-6871 Jostedal, Tel. 57 68 31 19, post@jostedalhotel.no, www.jostedalhotel.no

Melkevoll Bretun. Campingplatz am Ende des Oldedalen für Wohnmobile, Caravans und Zelte. Hütten für 4–10 Pers. Preise: 1. Mai–30. Sept. 120 NOK (Stellplatz), 30 NOK/Pers., 10 NOK (Kinder 4–12 J.). Oldedalen, N-6792 Briksdalsbre, Tel. 57 87 38 64, www.melkevoll.no

An eine Gletscherspalte erinnert das Gebäude, in dem das Gletschermuseum untergebracht ist.

36 Der Bøyabreen
Das Rennpferd unter den Gletschern

Gletscher fließen, wenn auch langsam, stetig zu Tal. Diese Fließbewegung ist in der Regel so langsam, dass sie durch einfache Beobachtung nicht wahrgenommen werden kann. Beim Bøyabreen und beim Supphellebreen, zwei der insgesamt 22 Gletscherzungen des Jostedalbreen, ist das anders. Sie fließen mit der für Gletscher atemberaubenden Geschwindigkeit von zwei Meter pro Tag talwärts.

Wer wenig Zeit hat oder die anstrengenden Wanderungen auf dem Briksdalsbreen oder dem Nigardsbreen scheut, muss auf das Erlebnis, hautnah an einen Gletscher heranzukommen, nicht verzichten. Der Bøyabreen und der Supphellebreen, in der Nähe von Fjærland gelegen, bieten dazu Gelegenheit. Der tiefste Punkt des Bøyabreen liegt nur 150 Meter über dem Meeresspiegel. Dort fließt er mit zwei Meter pro Tag über eine steile Felskante herab bis an das Ufer eines kleinen Sees, an dem das Eis noch eine Barriere bildet. Das ist die höchste Fließgeschwindigkeit aller Gletscher in Norwegen. Man kann dort ohne Anstrengung bis an das Eis heranwandern und den Gletscher im wahrsten Sinne des Wortes »begreifen«. Allerdings teilt auch der Bøyabreen das Schicksal der anderen Gletscherzungen: Er schmilzt dahin. Im Jahr 2007 war die Verbindung des über die Felskante fließenden Eisstromes mit der Eisbarriere am Fuß der Felsen erstmals komplett abgerissen. Es wird also Zeit hinzufahren.

Nicht nur, weil es auf dem Weg liegt, sondern vor allem, weil es ungeheuer interessant ist, sollten

Mitte: Stark geschmolzen ist die Eiszunge des Bøyabreen-Gletschers.
Unten: Mammut in dem 2014 eingerichteten pädagogischen Spielplatz vor dem Norwegischen Gletschermuseum

Der Bøyabreen

Sie vorher dem Norsk Bremuseum noch einen Besuch abstatten, um alles Wissenswerte (nicht nur) über den Bøyabreen zu erfahren. So vorbereitet, geht es vom Gletschermuseum sieben Kilometer über die Reichsstraße 5 in Richtung Skei weiter. 250 Meter vor dem Fjærlandstunnel zweigt rechts eine schmale Straße ab, die nach 600 Meter an einem Parkplatz endet. Von dort führt ein Fußweg am Westufer des Brevatnet vorbei zu der Eisbarriere des Bøyabreen. Man muss kein geübter Kletterer sein, um über die Felsen auch bis direkt an die Gletscherzunge herankommen zu können.

Weiter zum Supphellebreen

Noch tiefer herab als der Bøyabreen, nämlich bis auf 60 Meter über dem Meer, fließt der Supphellebreen. Damit ist er der am niedrigsten gelegene Gletscher Norwegens südlich des Polarkreises. Er liegt ein wenig versteckt am Ende des Supphelledalen, etwa sechs Kilometer vom Gletschermuseum entfernt. Von der Reichsstraße 5 zweigt auf Höhe des Gletschermuseums eine Straße in das Supphelledalen ab und führt parallel zum Gletscherfluss zur Gletscherzunge. Der Weg ist fast bis zum Schwemmfächer des Gletscherabflusses mit Fahrzeugen befahrbar. Von dort ist die Eisbarriere nach 250 Meter Fußweg erreicht.

Wer den steilen Aufstieg nicht scheut, kann der Flatbrehytta noch einen Besuch abstatten oder dort sogar übernachten. Die Hütte liegt gut einen Kilometer vom Ende des Weges in nordwestlicher Richtung oberhalb des Gletschers auf etwa 1000 Meter Höhe. Die »Flatbrehytta« ist eine private, unbewirtschaftete Übernachtungshütte und bietet eine wunderschöne Aussicht auf das umgebende Gebirge und den Fjærlandsfjord. Die Hütte hat 18 Betten und ist einfach eingerichtet. Bei Übernachtung müssen Schlafsäcke mitgebracht werden.

Infos und Adressen

SEHENSWÜRDIGKEITEN
Norsk Bremuseum – Norwegisches Gletschermuseum. Beste Vorbereitung für den Gletscherbesuch. N-6848 Fjærland, Tel. 57 69 32 88, www.bre.museum.no

ÜBERNACHTEN/ ESSEN UND TRINKEN
Fjærland Fjordstue Hotell. Freundliches, in Weiß gehaltenes Hotel mit herrlicher Seeterrasse. Mundal, N-6848 Fjærland, Tel. 41 00 02 00, www.fjaerlandhotell.no

Flatbrehytta. Da es in der Hütte nur einige wenige Lebensmittel zu kaufen gibt, muss man selbst für Proviant sorgen. Kontakt über Andre Øygard, Tel. 93 23 51 84, www.brekick.no

Hotel Mundal AS. Das Gebäude aus dem Jahr 1891 verströmt Atmosphäre. Nur während der Sommersaison geöffnet, N-6848 Fjærland, Tel. 91 90 99 90, www.hotelmundal.no

Sandvik Camping. Sehr gut ausgestatteter Campingplatz, auch mit Hütten. Sandvikvegen 17, N-6868 Gaupne, Tel. 57 68 11 53, www.sandvikcamping.com

INFORMATION
Touristeninformation Fjærland. N-6848 Fjærland, Tel. 57 69 32 33, info@fjaerland.org, www.fjaerland.org

37 Trollstigen und Trollveggen
Aufstiege für Mutige

Mut und fahrerisches Können sind gefragt, um den Trollstigen, den Trollweg, mit seinen elf Haarnadelkurven, neun Prozent Steigung und 852 Höhenmetern zu bewältigen. Immerhin stellen sich jedes Jahr mehr als 160 000 Fahrer dieser Herausforderung. Die Erkletterung des Trollveggen, der mit 1700 Metern höchsten Steilwand Europas, erfordert ungleich mehr Mut und Vorbereitung, ist aber bislang auch nur von einer Handvoll Seilschaften bestiegen worden.

Acht Jahre Bauzeit waren nötig, um den Trollstigen in den Fels zu schlagen. Seit seiner Eröffnung gehört er zu den schönsten und bekanntesten Straßen Norwegens. Er darf sich mit dem Titel »Norwegische Landschaftsroute« schmücken und ist Teil der »Goldenen Route«, die von Åndalsnes bis zum Geirangerfjord führt. Auch heute noch ist die Straße sehr schmal und überdies durch Steinschlag gefährdet. Allerdings sind in den letzten Jahren erhebliche Anstrengungen zur Entschärfung sowohl einiger der engsten Kurven als auch zur Vermeidung von Steinschlag getroffen worden. Zuletzt wurden im Jahr 2005 umgerechnet zwei Millionen Euro in die Unterhaltungs- und Umbauarbeiten investiert. Trotzdem ist der Trollstigen weiterhin nur in den Sommermonaten, je nach den Witterungsbedingungen von Mitte Mai bis Ende August, geöffnet. Vor dem Ausbau des Trollstigen zu einer von Fahrzeugen passierbaren Straße im Jahre 1936 gab es an dieser Stelle nur einen schmalen Saumpfad, der zum Teil noch erhalten ist und von vielen Wanderern genutzt wird, um einmal ohne Motorunterstützung

Der Trollstigen ist eine anspruchsvolle Passstraße mit Traumpanorama und gehört zu den beliebtesten Touristenstrecken des Landes.

Trollstigen/Trollveggen

die Trollsleiter hinauf oder hinunter zu steigen.

Gleichgültig, ob man aus dem Isterdal kommend den Trollstigen hinauffährt oder in Gegenrichtung unterwegs ist, es lohnt sich, an den wenigen Ausweichstellen anzuhalten und den Blick zu genießen, denn es sind immer andere Perspektiven, aus denen man das Tal und natürlich den Trollstigen sieht. Ein Muss ist der Stopp an der Brücke über den Wasserfall Stigfossen, der in wunderschönen Kaskaden 320 Meter über die Felsen rauscht. Die größte Fallhöhe beträgt 40 Meter. Er wird aus dem Alnesvatnet und dem Bispetvatnet gespeist, zwei Seen, die auf 744 Meter beziehungsweise 1002 Meter Höhe liegen. Bei stärkerem Wind, der hier nicht gerade selten ist, weht der Sprühnebel des Stigfossen auch über die Straße und die Besucher, die sich zu nahe herangewagt haben.

Tourismus versus Naturerleben

Einmal oben angekommen, wird man für den Angstschweiß entschädigt, der angesichts der engen Straße und des bedrohlichen Gegenverkehrs auf der Serpentinenstrecke ausbrechen kann. Die beste Aussicht bietet sich dem Besucher von der in 852 Meter Höhe errichteten Aussichtsplattform am »Trollstigen Kafé«. Allerdings blüht auf der Passhöhe der Tourismus in Reinkultur. Mehr als eine halbe Million Besucher pro Saison lässt sich den wirklich spektakulären Ausblick nicht entgehen. Parkplätze, Café und sanitäre Einrichtungen sind auf die großen Besucherzahlen zwar eingerichtet, doch in der Hochsaison drängeln sich hier trotzdem die Menschen. Dem ist aber leicht zu entgehen, denn nur wenige Hundert Meter vom Parkplatz und Trubel entfernt gehört vom Aussichtspunkt Utsikten der Blick auf den Trollstigen

Einfach gut !

AUF DEN SPUREN DER GIPFELSTÜRMER

Åndalsnes hat als Stadt nicht viel zu bieten, denn sie wurde 1940 bei einem Bombenangriff völlig zerstört. Wenn Sie aber wissen wollen, wer Arne Randers Heen und Ralph Høibakk waren oder was der Finne Jorma Öster gemacht hat, dann müssen Sie nach Åndalsnes fahren. Im dortigen Gipfelmuseum erfahren Sie es! Hier wird die abenteuerliche Geschichte des Bergsteigens in der Region nachgezeichnet. Legendäre Bergsteiger wie Arne Randers Heen und Ralph Høibakk, die 1958 erstmals den Trollrücken, die mit über 40 Seillängen längste Kletterführe Norwegens, bezwungen haben, werden ebenso vorgestellt wie Jorma Öster, der 1980 als erster Gleitschirmflieger von der Trollwand gestartet ist. Auch ein trauriges Kapitel wird angesprochen, nämlich die Todesfälle unter den Base-Jumpern, die dazu geführt haben, dass dieser Sport hier seit 1986 verboten ist.

Norsk Tindemuseum. 20. Juni–20. Aug. tgl. 13–17 Uhr, Strandgata 6, N-6300 Åndalsnes, Tel. 90 11 72 34, www.tindemuseet.no

und die bis zu 1700 Meter hohen Berge König, Königin und Bischof zum Schönsten, was Norwegen zu bieten hat. Wer einen Blick für die kleinen Dinge hat, wird sich über die bunten Flechten und grünen Moose auf den sonst kahlen Felsen freuen.

Weiter zum Trollveggen

Nicht weit vom Trollstigen entfernt liegt im Romsdal die Trollwand (Trollveggen) im Gebirgszug Trolltinden, dessen höchster Gipfel mit 1797 Meter der Breitinden ist. Vom Trollstigen ist die Trollwand leicht über den Rv 63 bis Åndalsnes und von dort über die E 136 Richtung Süden zu erreichen. Schon die Fahrt durch das enge Tal, in dem sich die Straße den Platz mit dem Fluss Rauma teilen muss, ist ein Erlebnis. Bis fast 1800 Meter ragen beidseits die Felswände auf. Während die Passhöhe des Trollstigen für jedermann besteig- oder befahrbar ist, kann das von der Trollwand nicht behauptet werden. 1000 Meter ragt sie nahezu senkrecht in die Höhe und besitzt dazu noch einen Überhang von 50 Metern. Damit ist sie die höchste freistehende Felswand Europas. Sie liegt an der Ostflanke des 1788 Meter hohen Store Trolltind. Eine Herausforderung für Bergsteiger – erst 1965 gelang es zwei Teams, die Wand zu durchklettern.

Oben und unten: Man muss schon fahrerisches Können beweisen, um diese Straßenzüge zu meistern. Wer es wagt, wird mit herrlichen Aussichten belohnt.

Infos und Adressen

In der Region um Åndalsnes wird eine Fülle von Aktivitäten angeboten, die von einfachen Wanderungen über Fahrrad-, Postkutschen- und Bootstouren bis hin zu Fahrten mit der Raumabahn, einer Bahnlinie, die durch das landschaftlich wunderschöne Romsdal führt, reichen.

Åndalsnes Touristinformation. Jernbanegata 1, N-6300 Åndalsnes, Tel. 71 22 16 22, info@visit andalsnes.com, www.visitandalsnes.com

Trollveggen Besucherzentrum. 12 km von Åndalsnes entfernt, am Fuße des Treollveggen, liegt dieses Informationszentrum mit spektakulärer Aussichtsplattform. Darüber hinaus bietet es Filmvorführungen und einen Souvenirshop. Horgheimseidet, N-6300 Åndalsnes, Tel. 95 89 80 45, www.visit-trollveggen.com

BAHNLINIE
Raumabanen – Åndalsnes-Bjorli. Hin- und Rückfahrt Åndalsnes–Bjorli. Preis: 230 NOK (Erw.), 115 NOK (Kinder). Jernbanegata 1, N-6300 Åndalsnes, Tel. 81 50 08 88, www.nsb.no

ÜBERNACHTEN
Åndalsnes Camping & Motell. 1,5 km von Åndalsnes, am Ufer des Flusses Rauma gelegener Campingplatz, auch mit Hüttenvermietung. Verkauf von Angellizenzen. Preise: 175 NOK (Wohnmobil), 130–150 NOK (Zelt nach Größe), 20 NOK/Pers. (bei mehr als einer Person und einem Alter über 12 J.), je 50 NOK/Tag (Kanu- und Fahrradverleih), N-6300 Åndalsnes, Tel. 71 22 16 29, www.andalsnes-camping.com

Grand Hotel Bellevue. Gutes Hotel im Zentrum von Åndalsnes mit herrlicher Aussicht auf das Romsdal-Gebirge und den Romsdal Fjord, Åndalgate 5, N-6300 Rauma, Tel. 71 22 75 00, www.grandhotel.no

ESSEN UND TRINKEN
Trollstigen Kafé. Restaurant mit guter norwegischer Küche und Kunsthandwerksläden, in einem großzügigen Holzpavillon direkt am Wasser, mit Rampen und Aussichtsplattform. Weltklassearchitektur von Reiulf Ramstad Architects AS. Trollstigen, N-6300 Åndalsnes, Tel. 94 84 97 55, www.trollstigen.no

Diese spektakulär freischwebende Aussichtsplattform liegt direkt am architektonisch reizvollen Besucherzentrum, das umfangreiches Informationsmaterial über die Umgebung bereithält.

38 Der Jotunheimen-Nationalpark
Im Heim der Riesen

Nach der nordischen Sage ist Jotunheimen die Heimat der Jøten, der Trolle, die diesen von Odin und seinen Brüdern während der Schöpfung zugewiesen wurde. Tatsächlich vermittelt Jotunheimen mit seinen schroffen Bergen, Gletschern, Seen und Flüssen den Eindruck einer urtümlichen, von Trollen und Fabelwesen bewohnten Landschaft. Nicht umsonst hat sich Edvard Grieg hier zu vielen Musikstücken inspirieren lassen.

Das Jotunheimen-Massiv erstreckt sich über eine Fläche von rund 3500 Quadratkilometern. Das entspricht etwa der eineinhalbfachen Größe des Saarlandes. Das Herzstück bildet der 1980 eingerichtete Jotunheimen-Nationalpark mit 1140 Quadratkilometern. Schon im Jahr 1904 kam vom DNT der Vorschlag, Jotunheimen nach dem Vorbild amerikanischer Nationalparks unter Schutz zu stellen. Weitere 300 Quadratkilometer im Utladalen wurden als Landschaftsschutzgebiet ausgewiesen.

Mit dem Galdhøppigen und dem Glittertind liegen nicht nur die beiden höchsten Berge Skandinaviens im Nationalpark, über 250 weitere Gipfel sind höher als 1900 Meter, 20 davon erreichen sogar mehr als 2300 Meter Höhe. Selbst einige der schönsten Seen Norwegens befinden sich im Nationalpark, darunter der Gjendesee, der im Spätsommer durch Gletschersedimente türkisgrün gefärbt ist. Der Bessvatnet liegt gleich daneben und bietet mit seinem tiefblauen Wasser einen wunderschönen Kontrast dazu.

Mitte und unten: Der Jotunheimen-Nationalpark ist eine weitgehend unberührte Gebirgslandschaft, die im unteren Bereich in Wälder und Flusslandschaften übergeht.

Durch Birkenwald und Tundra

Einfach gut!

Nur in den niedrigeren Lagen um den Gjendesee und im Utladalen, wo sich auch einige Kiefern hingewagt haben, gibt es in Jotunheimen dichtere Waldbestände mit Birkenwald. Der größte Teil des Nationalparks liegt oberhalb der Baumgrenze, die hier bei 1200 Metern zu finden ist. Nur noch Moorbirken und einzelne Nadelbäume sind in der Lage, unter diesen extremen Bedingungen zu überleben, noch höher hinauf schaffen sie es nicht. Gelegentlich finden sich unter den Bäumen noch größere Stauden wie der Nördliche Eisenhut oder die Echte Goldrute. Ein schmaler Gürtel aus kriechenden Zwergweiden und Zwergbirken folgt auf diese letzte Bastion des Waldes. Sie sind, gemeinsam mit kleinen Wacholderbüschen und Heidelbeeren, die letzten Gehölze, die hier noch zu finden sind. Noch weiter oberhalb beginnt die Bergtundra. Sie ist der Lebensraum für eine Vielzahl bunt blühender Kräuter und Blumen. Im Sommer überziehen bunte Teppiche von Frühlingsküchenschelle, Dickblattsteinbrech, Stengellosem Leimkraut oder Purpurenzian das Fjell. Noch höher hinauf gehen Alpenazalee, Silberwurz und Zwittrige Krähenbeere, die nur im Hochgebirge vorkommt. Den Höhenrekord hält der Gletscherhahnenfuß, der fast bis zum Gipfel des Glittertind hinaufklettert. In abflusslosen Senken sind im Laufe der Jahrtausende Moore entstanden; hier wachsen neben den charakteristischen Torfmoosen Lapplandläusekraut und Moltebeeren.

Zu Rentieren, Elchen und Alpenschneehühnern

So karg die Lebensbedingungen in Jotunheimen auch sind, eine ganze Reihe von Tieren findet hier doch ihr Auskommen. Rentiere sind die charakte-

ZU DEN ELCHFANGGRUBEN IN UPPNOSE/SKJÅG

Kurz nach der Zeitenwende, in der »Römischen Eisenzeit«, haben im Jotunheimen ansässige Jäger bei Dønfoss mehr als 40 Fanggruben für Elche angelegt. In einer 1993 durchgeführten archäologischen Grabung wurden die Gruben freigelegt. Es stellte sich heraus, dass es eine der größten Elchfanganlagen in Norwegen war, die fast 1500 Jahre lang, vom Jahr 200 bis 1665, genutzt wurde. Zehn Gruben sind entlang des Kulturpfades Uppnose für Besucher zugänglich. Der Pfad ist mit 500 Metern ein bequemer Spaziergang. Zu erreichen ist er vom Startpunkt Bismo auf dem Rv 15 bis zum Ortseingang von Dønfoss. Dort biegen Sie auf den Fv 486 Richtung Bråtå ab. Nach 2,2 Kilometern ist Åstri mølle, die Alte Mühle an der Nordre Aamodt Brücke, erreicht. 300 Meter weiter steht eine grasgedeckte, hölzerne Bushaltestelle auf der rechten Straßenseite. Hier beginnt der ausgeschilderte Kulturpfad.

Je höher man steigt, desto karger wird die Vegetation. Oberhalb der Waldgrenze wachsen noch niedere Pflanzen wie diese schmackhaften Heidelbeeren.

Oben und unten: Das Jotunheimen-Gebirge verfügt über die meisten Zweitausender in Nordeuropa und ist durch eindrucksvolle Wanderwege erschlossen. Wer die vielfältige, meist unberührte Landschaft erleben möchte, sollte sich mehr als einen Tag Zeit nehmen.

ristischen Fjell-Bewohner und einige wild lebende Herden streifen auch jetzt noch durch den westlichen Teil des Nationalparks, allerdings sind sie durch domestizierte Rene aus dem größten Teil Jotunheimens verdrängt worden. Die anderen großen Pflanzenfresser, Rothirsch und Elch, findet man heute noch im Utladalen. Mit etwas Glück bekommt man Luchse, Vielfraße und Schneehasen zu Gesicht. Gelegentlich kann man sogar einen Polarfuchs beobachten, der einem Alpenschneehuhn nachstellt, das noch relativ häufig zu finden ist. Klein, aber fein ist die Gemeinschaft der gefiederten Bewohner Jotunheimens. Selten sieht man kreisende Steinadler, aber unmöglich ist es nicht. Sie sind die Könige des *Fjells* mit riesigen Revieren, die je nach Beutedichte mehr als 100 Quadratkilometer groß sein können. Ihre kleineren Verwandten sind die Raufußbussarde, die man wesentlich häufiger antrifft. Goldregen- und Mornellregenpfeifer hört man eher, als dass man sie sieht. Schneeammern dagegen begegnet man in den höheren Lagen fast auf Schritt und Tritt. Die Männchen mit ihrem auffälligen, schwarz-weißen Gefieder sind während der Brutzeit weder zu übersehen noch zu überhören.

Wanderung über den Bessegen–Grat

Eine der bekanntesten und beliebtesten Wanderrouten Norwegens ist die über den Bessegen-Grat, die sowohl im Sommer als auch im Winter möglich ist. Im Winter sollte jedoch ein erfahrener Bergführer mitgehen, auch wenn die Wegeführung durch ein rotes T markiert ist. Sechs bis acht Stunden dauert die Wanderung im Sommer. Von **Gjendesheim** als Ausgangspunkt kann entweder der Fußweg am Nordufer des Gjende-Sees nach Westen oder ein Boot zur **Ⓐ Memurubu Turisthytte**, dem Anfangspunkt der Wanderung, benutzt werden. Memurubu war bis 1872 ein Bauernhof, der dann vom DNT übernommen und zur Wanderhütte umgebaut wurde. Heute ist diese in privater Hand. Dort erfolgt ein steiler Aufstieg bis auf etwa 1400 Meter **Ⓑ**, dann wird das Gelände wieder etwas flacher. Vorbei am **Ⓒ See Bjørnbøltjønne**, bis zu dem schon fast 600 Höhenmeter überwunden sind, wandert man auf dem leicht ansteigenden Kamm bis auf 1380 Meter mit dem **Ⓓ Gjendesee** zur Rechten und dem Bessvatnet zur Linken nach Osten. Weiter geht es über **Ⓔ Bessegen** nach **Ⓕ Veslefjellet**, dem mit 1743 Meter höchsten Punkt der Strecke. Ganz allmählich geht es nun etwa eine halbe Stunde bergab bis zu einem **Abzweig Ⓖ**, der nach Norden in Richtung Glitterheim führt. Der Bessegen-Grat verläuft jedoch weiter in Richtung Osten. Der Abstieg wird jetzt etwas steiler. Nach einer weiteren Stunde ist der Abzweig **Ⓗ Besenheim** erreicht. Von hier ab geht es etwas weniger steil bergab zurück zum Endpunkt **Ⓘ Gjendesheim**. Die Strecke ist 16 Kilometer lang und es sind 1000 Höhenmeter bergauf wie bergab zu überwinden.

In Gjendesheim startet die Fähre über den Gjendesee, der malerisch zwischen den steilen Berghängen liegt.

Auf Landschaftsrouten zum Jotunheimen

Geheimtipp

INS BLAUE EIS DES BØVERBREEN MIT DEN JOTUN- HEIMEN GLACIER GUIDES

Eine anspruchsvolle, gleichwohl selbst mit Kindern ab 12 Jahren mögliche Wanderung führt nicht nur auf den Gletscher, sondern erforscht auch dessen Innenleben. Speziell ausgebildete Gletscher-Guides bringen Sie in eine blaue, fantastische Eiswelt unter der Oberfläche. Sie wandern durch Kanäle, die das Schmelzwasser aus dem Eis gespült hat, in Klüfte und Spalten des mehrtausendjährigen Eises. Ausgangspunkt der Wanderung ist Lom. Nach einem etwa zweistündigen Anstieg von rund 500 Höhenmetern ist der Gletscher erreicht. Dort gibt es eine kurze Mittagspause und eine Sicherheitseinweisung in die Nutzung der speziellen Gletscherausrüstung. Anschließend beginnt die dreistündige Abenteuertour durch die »Märchenwelt des Gletschers«.

Jotunheimen Glacier Guides, Gjeisarbakken 11, Postboks 146, N-2688 Lom, Tel. 91 30 19 06, www.jotunheimenglacierguides.com

Die Anreise zum Jotunheimen ist recht bequem: von Ålesund über die E 136 und E 39 auf dem Rv 63 durch das Isterdalen bis nach Lom. Hier beginnt der 110 Kilometer lange Sognefjellveien, die höchste Passstraße Europas, die am Westrand des Nationalparks nach Gaupne führt. Sie darf sich mit dem Titel »Norwegische Landschaftsroute« schmücken. Ihr höchster Punkt liegt beim Fantesteinen auf 1434 Meter. Lange, bevor es die ausgebaute Straße gab, wurde die Trasse schon als Handelsweg genutzt. Darauf wurden von der Küste Salz und Fisch, insbesondere Hering, nach Ostnorwegen befördert, und von dort kamen Leder, Butter, Teer und Eisen zurück. Die Besiedelungsgeschichte reicht jedoch noch viel weiter zurück. Jäger und Fischer sind schon vor mehr als 5000 Jahren in Jotunheimen zu Hause gewesen. Am Gjendesee und am Russvatnet gibt es Siedlungsreste, die 3000 Jahre vor der Zeitenwende entstanden sind.

Zwar kein Geheimtipp mehr, doch wegen des immer noch mehr als zweistündigen Anmarsches vom Massentourismus bisher verschont, liegt der Vettisfossen im Utladalen. Er ist mit einer Fallhöhe von 275 Metern der höchste unregulierte Wasserfall Norwegens und wurde bereits 1924 unter Schutz gestellt. Neben dem Vettisfossen gibt es zwei weitere große – den Hjelledalsfossen und den Avdalsfossen – sowie eine Unzahl kleinerer Wasserfälle im Utladalen. Ein Besuch des Vettifossen ist unbedingt zu empfehlen. Die leichte Wanderung führt sechs bis sieben Kilometer zunächst auf einer Schotterstraße, später einem gut erkennbaren Pfad von Hjellen über Vetti zum Vetisfossen. Dabei sind etwa 250 Höhenmeter zu überwinden.

Infos und Adressen

SEHENSWÜRDIGKEITEN

Norwegisches Gebirgsmuseum – Norsk Fjellmuseum. Das Museum ist auch Informationszentrum für die drei benachbarten Nationalparks. Variierende Öffnungszeiten. N-2686 Lom, Zentrum, Tel. 61 21 16 00, post@fjell.museum.no, www.fjell.museum.no

ÜBERNACHTEN/ESSEN UND TRINKEN

Besseggen Fjellpark Maurvangen Sjodalen. Ganzjährig geöffneter Campingplatz mit Hüttenvermietung, etwa 2 km von Gjende und Besseggen in einem Birkenwald gelegen. Guter Ausgangspunkt für Wanderungen, Angel- und Raftingtouren am Fluss Sjoa. N-2680 Vågå, Tel. 61 23 89 22, post@maurvangen.no, www.maurvangen.no

Fossberg Hotel – Motel und Hütten. Hotelbetrieb mit weit gefächertem Wellness- und Sport-Angebot. N-2686 Lom, Tel. 61 21 22 50, booking@fossberg.no, www.fossberg.no

Gjendesheim Turisthytte. Eine der größten DNT-Hütten mit 100 Betten in 2- und 4-BZ und 70 Betten in Schlafsälen auf 1000 m Höhe. Der Standard ist einfach, mit Dusche und WC auf dem Flur. Gjendevegen 200, N-2684 Vågå, Tel. 61 23 89 10, gjendesheim@turistforeningen.no, www.gjendesheim.no

Jotunheimen Fjellstue. Gehobenes Restaurant mit internationaler Küche und gut sortiertem Weinkeller. 20. Juni–17. Aug. tgl. geöffnet, N-2687 Bøverdalen, Tel. 61 21 29 18, info@jotunheimen-fjellstue.no, www.jotunheimen-fjellstue.no

Memurubu Turisthytte AS. An der Mündung des Flusses Muru in den Gjendesee gelegene sehr gut ausgestattete Wanderhütte. Startpunkt für die Bessegengrat-Wanderung. N-2686 Lom, Tel. 61 23 89 99, post@memurubu.no, www.memurubu.no

Im Norwegischen Gebirgsmuseum gibt es eine Menge Information zu Landschaft und Geschichte der Region. Einst lebten im Gebiet sogar Mammuts.

Nordal Tourist Center. Hotel mit 18 Zimmern, 64 Hütten für 2–8 Pers. und Campingplatz mit 120 Stellplätzen. N-2686 Lom, Tel. 61 21 93 00, booking@nordalturistsenter.no, www.nordalturistsenter.no

Skjåk Turistheim. Hotel mit 13 Zimmern, 4 Ferienwohnungen mit Dusche/WC und Hütten mit einfacher Ausstattung. Restaurant mit regionaler Küche und eigener Bäckerei. Bismo, N-2690 Skjåk, Tel. 61 21 40 24, post@skeidkro.no, www.skeidkro.no

INFORMATION

Jotunheimen Reiseliv AS. Offizielle Tourismusorganisation für das Jotunheimen-Gebiet. Siehe auch die Büros in Lom und Skjåk, die unter der gleichen E-Mail- und Internet-Adresse erreichbar sind. Postboks 63, N-2686 Lom, Tel. 61 21 29 90, info@visitjotunheimen.com, www.visitjotunheimen.no

Touristeninformation Lom. Im Gebäude des Norsk Fjellmuseum. N-2686 Lom, Tel. 61 21 29 90.

Touristeninformation Skjåk. Im Bismo, dem Verwaltungszentrum der Gemeinde Skjåk. Hier gibt es auch Angelscheine. N-2690 Skjåk, Tel. 61 21 40 24.

39 Galdhøpiggen und Glittertind
Die höchsten Berge Skandinaviens

Die globale Klimaerwärmung macht auch vor den Eiskappen der norwegischen Berge nicht Halt. Der Glittertind, bei der Vermessung im Jahr 1931 mit 2481 Metern noch der höchste Berg Skandinaviens, hat auf diese Weise bis zum Jahr 2004 nicht nur 17 Meter seiner ursprünglich 30 Meter mächtigen Eiskappe, sondern auch den Titel verloren. Der Galdhøpiggen ist ohne Eiskappe und mit 2469 Meter Höhe inzwischen der höchste Berg Skandinaviens.

Ihre Namen haben die Berge zu Recht. Der Glittertind, die Glitzerzinne, ragt spitz in den Himmel und ihre Felsen glitzern in der Sonne aufgrund der in den Gneis eingelagerten Glimmerplättchen. Der Galdhøpiggen hat seinen Namen von dem steilen Anstieg (*gald*) und dem kompakten (*hø*) Bau des Gipfels (*piggen*).

Die Skanden – Resultat einer gewaltigen Kollision

Die beiden Gipfel und das gesamte Gebirge Jotunheimen haben eine lange geologische Geschichte. Vor etwa 420 bis 380 Millionen Jahren kollidierten hier drei Kontinentalplatten miteinander: die Laurasische Platte, die im Wesentlichen das heutige Nordamerika und Grönland umfasste, die Baltische Platte, die das heutige Baltikum umfasst, und die kleine Avalonische Platte, die heute noch in Teilen Südwestenglands nachweisbar ist. Bei dem Zusammenprall wurde ein gigantisches Gebirge aufge-

Mitte: Der Gipfel des schneebedeckten Glittertind im Jotunheimen-Gebirge
Unten: Blick von Raubergstulen auf Galdhøpiggen

Galdhøpiggen/Glittertind

schoben, die Kaledoniden. Als sich vor etwa 199 bis 145 Millionen Jahren die Kontinentalplatten wieder voneinander trennten und der Nordatlantik entstand, wurde das Gebirge regelrecht auseinandergerissen. Die Reste finden sich heute nicht nur in Skandinavien, sondern auch auf Spitzbergen, an der Ostküste Grönlands, in England, Schottland, Irland sowie Nordwestfrankreich und sie setzen sich an der Ostküste Nordamerikas, in den Appalachen und in Neufundland fort. Der Name Kaledoniden leitet sich übrigens aus dem lateinischen Begriff Caledonia für Nordschottland ab, wo ebenfalls Reste des Gebirges zu finden sind. Mindestens 10 000 Meter hoch war das Gebirge, das dann aber im Verlauf vieler Millionen Jahre durch Erosion bis auf die heutige Höhe abgetragen wurde.

Der skandinavische Teil dieses gewaltigen Gebirgszuges, der auch Skanden genannt wird und dem Skandinavien seinen Namen verdankt, hat heute noch eine Länge von etwa 1700 Kilometern und durchzieht die skandinavische Halbinsel von der norwegischen Skagerrakküste im Süden bis zum Nordkap. Die größte Breite beträgt 320 Kilometer. Neben Norwegen haben außerdem Schweden und Finnland einen Anteil an den Skanden. Im Jotunheimen erreichen sie mit dem Galdhøpiggen den höchsten Punkt nicht nur Norwegens, sondern ganz Nordeuropas. Die ebenfalls zu den Skanden zählende Kebnekaise ist mit 2111 Metern der höchste Berg Schwedens und der Haltinturi (1324 Meter) der höchste Berg Finnlands. Teile der Skanden sind heute noch, oder besser gesagt wieder, von Plateaugletschern bedeckt, deren Ausläufer bis fast an das Meer heranreichen. Eines ist an diesen Gletschern jedoch bemerkenswert. Sie sind keine Relikte der Eiszeiten, sondern entstanden erst vor ungefähr 2000 Jahren als Folge von Klimaveränderungen.

Nicht verpassen

MÍMISBRUNNR KLIMAPARK UND GALDHØPIGGEN SOMMERSKISENTER

Nicht nur die Wanderung auf den Gipfel des Galdhøpiggen ist attraktiv, auch der Mímisbrunnr Klimapark und das Galdhøpiggen Sommerskisenter (s. S. 225) sind einen Besuch wert. Im Mímisbrunnr Klimapark wurde ein 70 Meter langer Tunnel in das Eis des Gletschers gebohrt, von dem wiederum Nebengänge, Ausstellungsräume und sogar ein großer Vortragsraum abzweigen. Gezeigt werden Szenen aus dem Leben der eiszeitlichen Jäger, ein Film über den Klimawandel und Ausstellungen zur Natur des Jotunheimen. Ein Informationszentrum mitten im Eis! Von der Juvashytta werden geführte Touren zum Klimapark auf der gegenüberliegenden Seite des Juvatnet angeboten. Auf dem Weg kommt man am Galdhøpiggen Sommerskisenter vorbei. Alle Wintersportarten sind hier möglich, auch einen Lift nebst Skiverleih gibt es.

Klimapark 2469 AS. Preise: 300 NOK (Erw.), 150 NOK (Kinder bis 12 J.), 750 NOK (Familienticket). Postboks 5, N-2688 Lom, Tel. 61 21 16 00, www.mimisbrunnr.no

Der Galdhøpiggen ist einer der meistbesuchten Gipfel Norwegens. Das hat nicht zuletzt damit zu tun, dass die ersten 1841 Höhenmeter bequem mit dem Auto oder den regelmäßig von Lom aus startenden Bussen zu bewältigen sind und auch der Aufstieg selbst nur gute Wanderschuhe, etwas Kondition und je nach Wanderroute etwa drei bis fünf Stunden Zeit erfordert. Am Ende des Raubergstulsvegen steht am Ufer des Sees Juvatnet die Juvashytta, die höchstgelegene bewirtschaftete Hütte in Nordeuropa. Sie ist der hauptsächlich genutzte Ausgangspunkt für die Wanderungen zum Gipfel des Galdhøpiggen. Im Sommer starten hier täglich um 10.30 Uhr geführte Touren. Eine Alternative ist der Aufstieg vom Berggasthof Spiterstulen, der auf 1103 Meter Höhe liegt. Auch Spiterstulen ist mit dem Auto oder Bus von Lom aus erreichbar. Für den Aufstieg sind vier Stunden zu kalkulieren, für den Abstieg drei.

Oben: Blick auf die Hütte am See Juvatnet – hier starten viele Touren zum Galdhøpiggen.
Unten: Wanderer am Galdhøpiggen, dem höchsten Berg Norwegens

GUT ZU WISSEN

SOUVENIRS AUF DEM GIPFEL?

Man sollte es nicht glauben, aber es ist so. Auf anderen Bergen steht ein Gipfelkreuz, auf dem Galdhøpiggen die Galdhøpigghytta. Dort werden neben heißen und kalten Getränken T-Shirts, Aufkleber, Kühlschrankmagneten und Karten mit Sonderstempeln verkauft. Und das Geschäft floriert! Nichts gegen eine Schutzhütte, denn auch im Sommer kann es Wetterstürze geben, aber das geht zu weit.

Infos und Adressen

AKTIVITÄTEN

Der Galdhøpiggen ist von Lom über den Rv 55 und den ausgeschilderten Galdhøpiggvegen zu erreichen. Nach 20 km wird der Abzweig bei Galdestad erreicht. Von dort sind es noch 15 km zur Juvasshytta. Die Straße ist mautpflichtig. Die Mautgebühr beträgt 85 NOK und kann mit der Kreditkarte oder Bargeld am Automaten bezahlt werden.

Galdhøpiggen Sommerskisenter. Preise: Leihgebühren Ski (Alpin/Telemark) 300 NOK, Snowboard 300 NOK, Helm 30 NOK, Schneeschuhe 150 NOK, Sessellift 370 NOK/Tag. N-2687 Bøverdalen, Tel. 61 21 17 50, gpss@online.no, www.gpss.no

ÜBERNACHTEN/ESSEN UND TRINKEN

Juvasshytta. Mit Gastronomie, Souvenirladen und Ausrüstung für Touren auf eigene Faust. In der Sommersaison werden täglich um 10.30 Uhr 3-stündige geführte Touren ab der Hütte angeboten. Die Busse verkehren im Sommer tgl. um 8.30 Uhr und um 13.30 Uhr von Lom zur Juvasshytta und in der Gegenrichtung um 10.10 Uhr und um 15.45 Uhr. Galdhøpiggvegen, N-2687 Bøverdalen, Tel. 61 21 15 50, www.juvasshytta.no

Spiterstulen Berggasthof. Im landschaftlich wunderschönen Visdalen, mit Angeboten von komfortablen Hotelzimmern bis zu einfachen Sammelunterkünften und einem Campingplatz. Ausgangspunkt für Wanderungen zum Galdhøpiggen und zum Svellnosbreen. Die Busse nach Spiterstulen starten um 8.40 Uhr und 16.20 Uhr, in Gegenrichtung um 10.30 Uhr und 17.30 Uhr. N-2686 Lom, Tel. 61 21 94 00, www.spiterstulen.no

INFORMATION

Touristeninformation Lom. Im Gebäude des Norsk Fjellmuseum. N-2686 Lom, Tel. 61 21 29 90, www.visitjotunheimen.no

Den Gipfel des Galdhøpiggen kann man regelmäßig auf geführten Touren erreichen. Weniger trainierte Wanderer wählen die leichte Variante.

40 Rondane- und Dovrefjell-Sunndalsfjella Nationalparks
Refugium für seltene Tiere

Die beiden Nationalparks sind aus allen Richtungen gut erschlossen, die insgesamt 2656 Quadratkilometer großen Kernzonen gehören jedoch uneingeschränkt der Natur. Das ist eine Fläche, größer als das Saarland. Rentiere, Moschusochsen und Steinadler, sogar Bären leben hier in einer grandiosen Landschaft, in der schneebedeckte Gipfel, karge Fjelle, üppige Tundren, glasklare Seen und dunkle Moore ineinander übergehen.

Die Nationalparks sind für den Autoverkehr gesperrt, am Rande liegen aber die gut erreichbaren Ortschaften Dombås, Hjerkinn und Oppdal, die über ausreichende touristische Infrastruktur verfügen und daher als Basislager für Exkursionen in die Schutzgebiete genutzt werden können. Mit dem Auto oder dem NorWay Bussekspress erreicht man Dombås von Oslo über die E 6, auch eine direkte Zugverbindung besteht dorthin, die Bahn kann aber auch erst in Hjerkinn, unmittelbar am Nationalpark, verlassen werden. Von Bergen kommt man über die E 16, den Rv 5, Rv 55 und Rv 15 mit den Zwischenstationen Lærdal, Sogndal, Lom und Otta nach Dombås. Der NorWay Bussekspress braucht 11,5 Stunden von Bergen bis Hjerkinn. Von Trondheim ist Dombås nur über die E 6 zu erreichen, eine Zugverbindung besteht nicht. Das nördlich der Nationalparke gelegene Oppdal ist von Trondheim nicht nur über die E 6 in knapp zwei Stunden zu erreichen, sondern auch mit dem Zug. Von Bergen gelangt man nach Oppdal über

Mitte: Herbst im Dovrefjell-Nationalpark in Trøndelag
Unten: Dekorativ sind die Fruchtstände der Arktischen Weide.

Gämsheide im Rondane Nationalpark

die E 16, den Rv 51, den Fv 48 und die E 6.
Einmal angekommen, ist die Gegend aus-
schließlich zu Fuß, auf Skiern, mit dem
Fahrrad oder zu Pferde zu erschließen. In
Dalholen am Rv 29 liegt der Hof von Ann Marga-
rethe und Morten Sæterhaug. Hier werden ein-
bis mehrtägige Reittouren auf Islandpferden in
den Rondane-Nationalpark angeboten. In den
Nationalparks unterhält der DNT eine Reihe von
Wanderhütten, die ganzjährig verfügbar sind. Eine
Liste der Hütten, Kartenmaterial und Wandervor-
schläge sind beim DNT erhältlich.

Natur, so weit das Auge reicht

Die beiden Nationalparks erstrecken sich von Nor-
den nach Süden über die Provinzen Sør Trondelag,
Oppland und Hedmark und sind Teile der Gebirge
und Hochplateaus Dovrefjell und Rondane. Höchster Berg ist der Snøhetta mit 2286 Metern. Er ist
die höchste Erhebung außerhalb des Jotunheimen.
Aufgrund der Lage und Abgeschiedenheit ist das
Dovrefjell eines der wenigen intakten Hochge-
birgsökosysteme Nordeuropas mit seiner typischen
Tier- und Pflanzenwelt. Nach Südosten leitet das
Dovrefjell zum Rondanegebirge über, das Teil eines
Hochgebirgsrückens ist, der sich vom Dovrefjell bis
fast nach Lillehammer hinunter erstreckt. Der

Nicht verpassen

DAS DOVREFJELL-SUNNDALSFJELLA-NATIONALPARK-ZENTRUM

Was gibt es nicht alles im Nationalpark zu entdecken! Es ist nicht
nur die Großfauna mit Rentieren,
Moschusochsen, Elchen und Stein-
adlern, auch die kleinen, unschein-
baren Pflanzen, Moose und Flechten verdienen die Aufmerksamkeit
des Besuchers. Aber wie soll man
sie finden? Die Mitarbeiter des Dov-
refjell-Sunndalsfjella-Nationalpark-
zentrums können für Führungen gebucht werden. Mit wechselnden
Ausstellungen, Dioramen, in denen
die verschiedenen Lebensräume der
Fjelle lebensecht nachgestellt sind,
Informationstafeln und Karten werden die Besucher mit dem Nationalpark vertraut gemacht. Zu erreichen
über die E70 etwa 35 Kilometer in
Richtung Westen nach Gjøra.

Informationszentrum. Mo/Mi
14–19 Uhr, Di/Fr/Sa 11–14 Uhr,
Mitte Juni–Mitte Aug. auch So,
Nordre Stasjonsvegen, N-2660
Dombås. Tel. 61 24 14 44,
www.nasjonalparker.org

227

höchste Berg ist der Rondslottet mit 2178 Metern. Weitere neun Gipfel erreichen ebenfalls mehr als 2000 Meter. Wie ganz Skandinavien wurde auch dieses Gebirge durch die Gletscher der Eiszeit und das Schmelzwasser nach deren Abtauen geformt. Erste menschliche Spuren im Dovrefjell reichen fast 9000 Jahre zurück. Steinzeitliche Jäger waren den Rentieren hierher gefolgt. Im Rondanegebirge haben sie rund 3500 Jahre alte Rentierfallen hinterlassen: Umzäunungen aus Steinen oder Bäumen mit nur einer Öffnung, durch die sie die Rentiere hineintrieben. Hinter den Renen wurde die Öffnung geschlossen, sodass sie nicht mehr entkommen konnten. Es gilt als gesichert, dass die Fallen bis in das 14. Jahrhundert hinein benutzt wurden. Reste findet man heute bei Grayhø und Bløyvangen.

Überlebende der Eiszeit

Hohe Berge schirmen die Dovrefjell-Sunndals-fjella- und Rondane-Nationalparks gegen die von Westen heranziehenden Tiefdruckgebiete und deren Regenwolken ab. Nach Osten wird das Klima immer kontinentaler, mit kalten, trockenen Wintern und relativ warmen Sommern, in denen allerdings der Großteil der Niederschläge fällt. Durchschnittlich 500 Millimeter Niederschlag werden in Kongsvoll gemessen, nur etwas mehr als ein Fünftel dessen, was auf die Stadt Bergen niedergeht. Im Winter fällt das Thermometer bis auf minus 36 °C, kann aber im Sommer bis auf plus 28 °C klettern. Im Juli beträgt die Durchschnittstemperatur plus 10 °C. Im Winter fällt wenig Schnee, sodass sich hier während der »kleinen Eiszeit« keine neuen Gletscher bilden konnten. Der größte Teil der Nationalparke liegt oberhalb der Baumgrenze. Ob Pflanze oder Tier, wer hier überleben will, muss kälteresistent und genügsam sein. Es sind nicht viele Tiere, die hier während des ganzen Jahres bleiben, aber es gibt sie. Allen voran die Rentiere,

Oben: Im Städtchen Kongsvold
Mitte: Arktische Rentiere gehören hier zur typischen Tierwelt.
Unten: Der Arktische Mohn blüht nicht rot, sondern gelb.

die während der Eiszeit in ganz Europa weit verbreitet waren. Heute sind es nur noch einige ver-
sprengte Vorkommen südlich des Polarkreises, zu
denen auch die Tiere im Rondane-Nationalpark
zählen. Die Schätzungen schwanken zwischen
2000 und 4000 Tieren, die immer noch im Rhyth-
mus der Jahreszeiten ihre Wanderungen machen.
Dabei bleiben sie nicht nur im Rondane-Nationalpark, sondern gelangen auch in den Dovrefjell-
Sunndalsfjella-Nationalpark.

Reiche Tierwelt

Ein weiteres Eiszeitrelikt ist die Sumpfmaus, auch
nordische Wühlmaus genannt. Auch sie war einst
in Europa weit verbreitet, kommt jedoch heute nur
noch in den Hochgebirgsregionen Skandinaviens
und in einer kleinen Restpopulation in Mecklen-
burg-Vorpommern vor. Nicht auf Restvorkommen
beschränkt, aber doch in Europa selten geworden
sind Braunbären. Einige Exemplare sind im Rondane-
Nationalpark zu Hause, von wo aus sie regelmäßig
zu Wanderungen in den benachbarten Dovrefjell-

Oben: Im Rondane Nationalpark
leben noch zwischen 2000 und
4000 Rentiere.
Unten: Bizarre Felsformation im
Dovrefjell

Nicht verpassen

**VOGELBEOB-
ACHTUNG IM
FOKSTUMYRA
NATURSCHUTZ-
GEBIET**

Nicht nur im Nationalpark selbst, sondern auch in den Schutzgebieten, die den Dovrefjell-Sunndalsfjella-Nationalpark wie einen Puffergürtel umgeben, herrscht ein reiches Vogelleben. Die ausgedehnten Moore sind nicht nur Rastgebiete für die hochnordischen Zugvögel auf ihrem Weg in die Arktis, sondern auch Brutgebiete für Kranich, Odinshühnchen, Regenbrachvogel, Prachttaucher und Blaukehlchen. Ein Besuch im Naturschutzgebiet Fokstumyra im Süden des Nationalparks gehört daher zum »Pflichtprogramm« für jeden Besucher. Die besten Beobachtungsmöglichkeiten bestehen zur Brutzeit von April bis Juni, aber auch zu den anderen Zeiten lohnt sich ein Besuch. Zu erreichen ist das Naturschutzgebiet von Dombås über die E 6 in Richtung Oppdal. Nach zehn Kilometern zweigt nach links die Straße zur Bahnstation Fokstua ab. Von der Station führen Pfade in das Naturschutzgebiet.

... Sundalsfjella-Nationalpark aufbrechen. Braunbären sind übrigens besser als ihr Ruf. Sie sind Allesfresser und ernähren sich in erster Linie von pflanzlicher Nahrung. Das bedeutet jedoch nicht, dass sie ihren Speiseplan nicht auch gern mit bodenbrütenden Vögeln, Hasen, Lemmingen und Sumpfmäusen bereichern. Auch Aas wird nicht verschmäht. Größere Säuger werden nur angegriffen, wenn sie verletzt oder geschwächt sind. Gar keine Chance haben Bären gegen die wehrhaften Moschusochsen. Während der Eiszeit waren diese in Europa verbreitet, wurden aber ein Opfer der sich dann verändernden Umweltbedingungen und der Jagd. Schon kurz nach Ende der Eiszeit gab es sie nicht mehr. 1927 ausgewilderte Tiere überlebten den Zweiten Weltkrieg nicht, und erst ein erneuter Versuch im Jahr 1947 brachte den erhofften Erfolg. Heute leben wieder etwa 80 Moschusochsen im Dovrefjell.

Ein Mekka für Botaniker

Das Dovrefjell und das Rondanegebirge haben seit mehr als 250 Jahren die Botaniker beschäftigt, denn hier war die Einwanderungsgeschichte der Pflanzen nach der Eiszeit gut nachzuvollziehen. 420 verschiedene Pflanzenarten sind am Dovrefjell gefunden worden, darunter 170 von 250 skandinavischen Gebirgspflanzenarten. Sie gedeihen vor allem auf den kalkreichen Gesteinen östlich des Drivdalen, eines Flusses, der das Gebiet durchzieht. Einige Endemiten, also Arten, die auf eine bestimmte Region beschränkt sind, kommen ebenfalls vor. Dazu zählen der Dovre-Mohn, der Dovre-Löwenzahn und der norwegische Beifuß. Silberwurz, verschiedene Steinbrecharten, Frühlingsküchenschelle und Moltebeeren überziehen im Frühling und Sommer die Fjellflächen mit weißen, roten und violetten Teppichen.

Infos und Adressen

AKTIVITÄTEN

Kvistli Islandshester. Reittouren auf Islandpferden in den Rondane-Nationalpark unter Leitung von Anne Margrethe und Morten Sæterhaug. N-2584 Dalholen, Tel. 92 46 26 35 und 92 03 73 98, post@kvistli.no, www.kvistli.no

Sunndal National Parksenter. Mo–Fr 10–20 Uhr, Sa 10–18 Uhr, So 12–18 Uhr, Nisjamoen 6, N-6613 Gjøra, Tel. 90 56 64 08, sunndal@nasjonalparker.org, www.nasjonalparker.org

Musk Ox Safari. Geführte Touren zu den Moschusochsen und Elch-Safaris. Preise: 425 NOK (Erw.), 300 NOK (Kinder unter 15 J.). O. Skasliens vei 10, N-7340 Oppdal, Tel. 98 69 32 00, www.moskussafari.no

ÜBERNACHTEN/ESSEN UND TRINKEN

Dovrefjell Hotel. Auf mehrere Gebäude verteiltes Hotel mit großem Swimmingpool und Shop für Norwegerpullis. Preise: EZ 795 NOK, DZ 995 NOK (inkl. Frühstück). Svenskebakken, N-2660 Dombås, Tel. 61 24 10 05, www.dovrefjellhotell.no

Trolltun Guesthouse – Camping and Caravan Park. Hotel, Hüttenvermietung und kleiner Campingplatz 1,5 km nördlich des Stadtzentrums. Preise: EZ 895 NOK, DZ 1150 NOK (inkl. Frühstück), Hütten für 1–5 Pers. ab 995 NOK, Stellplatz für Zelt, Caravan und Wohnmobil ab 230 NOK. N-2660 Dombås, Tel. 61 24 09 60, www.trolltun.no

INFORMATION

DNT Den Norske Turistforening. Youngstorget 1, N-0101 Oslo, Tel. 22 82 28 00, www.turistforening.no

Dombås Fremdenverkehrsamt. Frichgården, N-2660 Dombås, Tel. 61 24 14 44, www.dovrenett.no

Oppdal kommune. Gemeindeverwaltung und Touristen-Informationsbüro der Kommune. Oppdal Rådhus, Inge Krokanns veg 2, N-7340 Oppdal, Tel. 72 40 10 00, www.oppdal.kommune.no

Sel-Rondane Reiselivslag. Ola Dahls gate 1, N-2671 Otta, Tel. 61 23 66 50, www.visitrondane.com

Sunndal Touristeninformation. Sunndal kulturhus, Auragt 2, N-6600 Sunndalsøra, Tel. 71 69 91 65, turistinfo@sunndal.kommune.no

Die Herberge »Fokstugu Fjellstue« für Pilger auf dem Weg nach Trondheim

MOSCHUSOCHSEN –
mit »dem Fell wie ein Bart«

Moschusochsen im Dovrefjell: Der Bestand ist wieder auf 300 Tiere angewachsen.

... werden die Oomingmak wegen ihres vor allem am Hals und Bauch lang herabhängenden Fells von den Inuit in Alaska, Kanada und Grönland genannt. Diese Beschreibung ist weit prägnanter als der deutsche Name Moschusochse oder der wissenschaftliche Gattungsname Ovibos, der am ehesten mit Schafsochse zu übersetzen ist. Moschusochsen sind nämlich sehr viel näher mit Ziegen als mit Rindern verwandt.

Die nächsten Verwandten sind Goral und Serau, zwei in Ostasien beheimatete Ziegenarten. Der Artname *Ovibos moschatus* ist auch noch in weiterer Hinsicht irreführend, denn die Tiere besitzen keine Drüse, aus der Moschus gewonnen werden könnte wie bei dem in China, Korea und der Mongolei lebenden Moschushirsch. Lediglich im Urin männlicher Tiere findet sich während der Paarungszeit eine süßlich nach Moschus riechende Substanz, auch falscher Moschus genannt.

Relikte der Eiszeit

Während der Eiszeit, wissenschaftlich Pleistozän genannt, die vor etwa 2,6 Millionen Jahren begann und vor rund 10 000 Jahren endete, bevölkerte eine ganze Reihe von *Ovibos*-Arten die Tundren und Steppen der Nordhalbkugel. Sie stellten einen Nebenzweig der sogenannten Ziegenartigen (*Caprini*) dar, zu denen die echten Ziegen, Schafe, Gämsen, Schneeziegen und die bereits erwähnten Gorale und Seraue gehören. Die Moschusochsen sind die letzten Überlebenden der Gattung *Ovibos*, alle anderen Arten sind am Ende der letzten Eiszeit ausgestorben. Sie überlebten, weil sie in idealer Weise an ihren Lebensraum, die trockenen nordischen Tundren Sibiriens, Alaskas, Kanadas und Nordostgrönlands, angepasst sind. Der ganze Körper ist mit einem dichten, an den Flanken, dem Bauch und am Hals bis fast auf den Boden reichenden Fell bedeckt. Es ist so warm, dass selbst größte Kälte den Tieren nichts anhaben kann. Die Unterwolle besteht aus feinsten, bis zu fünf Zentimeter langen Haaren. Darüber liegt eine dicke, schützende Schicht von Deckhaaren, die über 65 Zentimeter lang werden.

Die Bedrohung hält an

Bereits im 18. Jahrhundert begann die exzessive Jagd auf Moschusochsen, die sich bis in das 20. Jahrhundert fortsetzte. Als Kanada als erstes Land im Jahr 1917 die Tiere unter Schutz stellte, waren die Bestände in Alaska und weiten Bereichen Sibiriens bereits zusammengebrochen. Ab den 1930er-Jahren wurden dort erfolgreiche Wiederansiedlungsprojekte gestartet. In Norwegen unternahm man 1931 einen ersten Versuch. Zehn Moschusochsen aus Grönland wurden auf dem Dovrefjell ausgewildert. Zwischen 1947 und 1953 unternahm man den zweiten Versuch mit 27 Moschusochsen, von denen zunächst nur zehn überlebten. Die allerdings konnten sich erfolgreich etablieren. Der Bestand ist inzwischen zu einer stattlichen Population von 300 Tieren angewachsen. Die Bedrohung hält jedoch an. Der Klimawandel macht auch vor dem Lebensraum der Moschusochsen nicht halt, denen es schlicht zu warm wird.

41 Røros
Bergarbeiterstadt und Weltkulturerbe

In keiner Stadt Norwegens hat jahrhundertelange Ausbeutung von Bodenschätzen, Natur und Menschen so nachhaltige Spuren hinterlassen wie in Røros. Die grob gezimmerten Holzhäuser der Bergarbeiter, riesige Schlackenberge mitten in der Stadt, komfortable Villen der Minenbesitzer und eine prächtige Kirche sind Zeugen der frühen Industrialisierung der Region. All dies ist erhalten und macht die Stadt zu einem lebendigen Museum, das zu Recht als Weltkulturerbe anerkannt ist.

Zu erreichen ist Røros von Oslo mit dem Auto oder Bus über die E 6, den Rv 3 und Rv 30, auch eine direkte Zugverbindung besteht. Vom Flughafen Røros unterhält die Fluggesellschaft Widerøe mehrmals täglich Verbindungen nach Oslo. Das etwa 150 Kilometer entfernte Trondheim ist über die E 6 und mit dem Zug erreichbar.

Vom Kupferbergbau zum nachhaltigen Tourismus

Auch die touristische Infrastruktur mit Hotels, Restaurants, Campingplätzen, Museen, Informationszentren für die benachbarten Nationalparks und Freizeitangeboten, von Angeln über Wandern bis zum Reiten, ist vorhanden. Zentraler Anlaufpunkt für alle Aktivitäten ist die Touristeninformation in der Peder Hiorts gate 2. Die Bemühungen um den Tourismus zeigen große Erfolge. Die Tourismusgesellschaft Destination Røros bekam 2012 in Tokio den renommierten Preis Tourism for Tomorrow des World Travel & Tourism Council

Mitte: Blick über die Schlackenhalden, in denen Kupfererz abgebaut wurde
Unten: Die alte Bausubstanz der Bergstadt Røros steht unter dem Schutz der UNESCO.

Die Olavs-Grube liegt 50 Meter unter der Erde.

(WTTC). Destination Røros ist die Tourismusorganisation für die Urlaubsregion Røros, das die Kommunen Holtålen, Røros, Os, Tolga, Tynset und Alvdal in den Provinzen Hedmark und Sør-Trøndelag umfasst. Bereits in den Jahren zuvor war die Stadt mehrfach ausgezeichnet worden. 1991 war Røros der Kandidat Norwegens zur Auszeichnung des »Besterhaltenen Europäischen Dorfes«, 1995 belegte die Stadt den ersten Platz für Tourismus und Umweltschutz in Norwegen, und 2011 wurde sie als beste Destination bei den Virgin Holidays Responsible Tourism-Awards beim World Travel Market in London ausgezeichnet. Der Preis wird vergeben für Programme zur Entwicklung von nachhaltigem Tourismus, der die sozialen, kulturellen, ökologischen und wirtschaftlichen Aspekte der verschiedenen Akteure der Region einbezieht.

Geschichtliche Entwicklung

Genau betrachtet, ist der erste Aufschwung der Stadt als Bergbau- und Kupferhüttenzentrum einem Zufall zu verdanken. Es wird erzählt, dass der Bauer Hans Olsen Aasgen 1644 auf der Jagd einen Rentierbock erlegte, der im Todeskampf mit den Hufen einen in der Sonne glänzenden Stein frei-

Nicht verpassen

AUSFLUG IN DIE UNTERWELT

Wenn Sie die Stadt erkundet haben, sollten Sie eine Zeitreise durch 333 Jahre Bergbaugeschichte unternehmen. Bereits zwei Jahre nachdem mit der Olavs-Grube die letzte Kupfermine 13 Kilometer von Røros entfernt geschlossen worden war, wurde sie auch schon wieder von der Stiftung Rørosmuseet geöffnet. Diesmal nicht, um zu fördern, sondern um Besucher hindurchzuführen. Durch die Gruben Nyberget, die 1650 abgeteuft wurde, und die Olavs-Grube von 1937 gelangt man nun 50 Meter unter die Erde und 500 Meter weit in das Stollensystem hinein bis zur Bergmannshalle. Raffinierte Licht- und Toneffekte vermitteln den Eindruck, als sei die Grube noch in Betrieb. Die Temperatur in der Grube liegt das ganze Jahr bei 5 °C und die Luftfeuchtigkeit ist hoch. Sie brauchen also warme Kleidung und gutes Schuhwerk! Der Grube ist ein kleines Museum mit einem Shop und ein Café angeschlossen (s. S. 239).

**SCHLEMMEN
IN RØROS**

Geheimtipp

Wild, Fisch, Pilze, Beeren und Kräuter spielen in der traditionellen norwegischen Küche eine große Rolle, speziell in der Region um Røros. Solche regionalen Leckerbissen werden in vielen Lokalen serviert. Wer in die Geheimnisse der regionalen Küche eintauchen will, sollte sich die kulinarischen Rundtouren und Wanderungen nicht entgehen lassen, die zwischen Ende Juni und Mitte August täglich um 12 Uhr starten. Die fünfstündigen Exkursionen werden als »Rundtour in die Umgebung von Røros« mit Startpunkt bei der Touristeninformation und als »Spezialitätenwanderung und Bierverkostung in Røros« mit Startpunkt in der Stadtmitte angeboten. Geführt von einem Gourmet-Guide, werden nicht nur die besten Köche, sondern auch die Produzenten der Zutaten besucht. Dass dabei ausgiebig probiert wird, versteht sich von selbst. Die Touren schlagen mit 580 NOK zu Buche, Kinder zahlen die Hälfte. Buchung im Touristenbüro.

legte, der sich als ein Stück Kupfererz entpuppte. Das war die Geburtsstunde der Stadt Røros, deren Keimzelle der Aasen Gard, der »Aasen-Hof«, war, der heute noch neben der Kirche erhalten ist. Noch im gleichen Jahr nahm Lorenz Lossius, ein Bergmann aus Sachsen, die Förderung auf und bereits zwei Jahre später begann die Verhüttung in den dann fertiggestellten Schmelzöfen. Soweit die Erzählung. Vermutlich hatte Lossius aber bereits Jahre vorher illegal Kupfererz geschürft. Das Røros Kobberverk wurde nun gegründet und die Förderung begann.

Da der Bergbau als Wirtschaftszweig für Norwegen neu war und Fachkräfte daher nicht vorhanden waren, holte man Bergleute aus allen Teilen Europas zum Aufbau und Betrieb der Gruben und Schmelzhütten. Die Gewinnspannen waren hoch, und so avancierte Røros zu einer der wichtigsten Bergbaustädte Norwegens. Zwischen dem Beginn im Jahr 1644 und der Aufgabe der Förderung 1977 wurden hier mehr als 100 000 Tonnen Kupfer und 525 000 Tonnen Pyrit, eine Schwefelverbindung, produziert. Daneben wurden auch Eisenerz, Blei, Kobalt und Zink gefördert und – ebenfalls gut – vermarktet. Eisenerz war übrigens bereits im 1. Jahrhundert im nur etwa 35 Kilometer entfernten Ålen verhüttet worden. Vermutlich wurde es damals aber im Tagebau gewonnen.

Wohlstand mit Nachgeschmack

Der Bergbau brachte den Betreibern ein beträchtliches Vermögen ein, während die Arbeiter in den Gruben häufig am Existenzminimum lebten. Sie wohnten in kleinen, grasgedeckten Häusern am Fuße der Schlackenhalden, die sich in der Stadt auftürmten. Die Kupfergruben lagen zwar außerhalb der Stadt, die Schmelzöfen wurden jedoch im

Røros

Zentrum der Stadt errichtet und die Schlacken der Einfachheit halber direkt im Ort abgelagert, wo sie auch heute noch liegen. Viele Häuser für die Arbeiter wurden aus nur grob zugehauenen Stämmen zusammengefügt und haben im Laufe der Jahrhunderte die Farbe der Umgebung angenommen. Sie sind immer noch bewohnt und wurden bereits 1923 unter Denkmalschutz gestellt. Die Wohnhäuser der Ingenieure und Beamten dagegen sind wesentlich großzügiger und komfortabler. Sie sind zwar ebenfalls aus Holz, wurden aber verkleidet und regelmäßig gestrichen.

Der Bergbau hat aber nicht nur die Stadt geprägt. Die dichten Wälder, die bis Mitte des 17. Jahrhunderts in der Region wuchsen, sind dem Energiehunger der Schmelzöfen fast restlos zum Opfer gefallen. Heute findet sich um Røros eine offene Landschaft fast ohne Bäume. Selbst in entfernteren Gegenden wie der Femundsmarka wurden bis an die schwedische Grenze und darüber hinaus Bäume eingeschlagen, obwohl in dem rauen Klima und auf den armen Böden nur Krüppelkiefern wachsen, deren Energieausbeute gering ist. Dort war 1744 ebenfalls ein Schmelzofen errichtet worden, der bis 1822 in Betrieb war. Damals waren die ohnehin nur

GUT ZU WISSEN

ROMANTISCHES STÄDTCHEN?

Damit keine Missverständnisse auftreten: »Den Gamle Bergstad« hat es verdient, Weltkulturerbe zu sein, denn hier wird der Besucher in eindrucksvoller Weise mit der Geschichte der Stadt und dem Leben der damaligen Bewohner vertraut gemacht. Man sollte sich aber davor hüten, die Vergangenheit zu romantisieren. Hinter den groben Holzfassaden der Bergarbeiterhäuser haben Hunger und Elend geherrscht, während die Minenbesitzer im Überfluss lebten.

Oben: Idyllische Ecken gibt es in der alten Bergstadt Røros. **Unten:** Hübsches Städtchen Røros: Holzblockbauten mit Butzenscheiben und Grasdächern bestimmen das Stadtbild.

lückigen Waldbestände der Femundsmarka bereits weitgehend vernichtet. Erst 1860 wurde der Raubbau beendet, als endlich geregelter Forstbetrieb der weiteren Waldvernichtung ein Ende setzte.

Mit dem Konkurs kam der zweite Aufschwung

In den 1970er-Jahren waren die Kupfervorkommen erschöpft. Schon vorher, im Jahr 1953 war die Schmelzhütte zum dritten Mal niedergebrannt und nicht wieder in Betrieb genommen worden. 1977 musste die Kupferhütte Konkurs anmelden und wurde geschlossen. Zwei Jahre später wurde die Olavs-Grube aber für Besucher wieder geöffnet. Auch die Schmelzhütte ist seit 1990 ein Museum. In der Sommersaison wird dort zur Demonstration Kupfer geschmolzen und in Barren gegossen. Bereits 1980 war Den Gamle Bergstad, die alte Bergarbeiterstadt, in die Liste der UNESCO-Weltkulturerbe aufgenommen worden. Heute zählt Røros jährlich eine Million Besucher, die das Museum, die Bergwerke und die 1784 fertiggestellte Kirche der Stadt besuchen. Mit 1640 Sitzplätzen ist sie die drittgrößte Norwegens und für eine Stadt mit weniger als 6000 Einwohnern ein wenig überdimensioniert. Die Erbauer wollten damit wohl den Reichtum der Gemeinde demonstrieren.

Oben: In der Altstadt findet man nicht nur historische Häuser.
Unten: Interessant ist ein Besuch der alten Bergarbeitersiedlung.

Infos und Adressen

SEHENSWÜRDIGKEITEN

Museet Olavsgruva. Auf dem Malmplassen wird heute die Geschichte der Erzverhüttung erklärt. N-7374 Røros, Tel. 72 40 61 70, www.rorosmuseet.no

ESSEN UND TRINKEN

Kaffestuggu. Ältestes Café in Røros, das auch warme Gerichte serviert. Bergmanngata 18, N-7374 Røros, Tel. 72 41 10 33, www.kaffestuggu.no

Stensaas Reinsdyrslakteri AS. Auf Wild (Rentier, Elch, Rothirsch) spezialisiertes Restaurant 20 km außerhalb von Røros am Rv 31 in Richtung Brekken. Stensåsen, N-7374 Røros, Tel. 72 41 90 50, www.stensaas.no

ÜBERNACHTEN

Erzscheidergården Hotell og gjestegård. Kleines Hotel mit 24 Zimmern im Zentrum. Preise: EZ ab 990 NOK, DZ ab 1500 NOK (inkl. Frühstück). Spell Olaveien 6, N-7374 Røros, Tel. 72 41 11 94, www.erzscheidergaarden.no

Idrettsparken Hotell AS. Hotel, Hüttenvermietung und Campingplatz, 3 min Fußweg vom Zentrum gelegen. Preise auf Anfrage. Øra 25, N-7374 Røros, Tel. 72 41 10 89, www.idrettsparken.no

Vertshuset Røros. Sehr schönes zentrales Hotel mit 38 Zimmern in einem Gebäude aus dem Jahr 1844. Restaurant mit norwegischer Küche und eigener Brauerei. Kjerkgata 34, N-7374 Røros, Tel. 72 41 93 50, www.vertshusetroros.no

INFORMATION

Røros Reiseliv AS – Touristeninformation. Die Homepage der Touristeninformation bietet eine umfassende Übersicht über alle Sehenswürdigkeiten, Veranstaltungen und touristischen Angebote in der Region. 18. Juni–19. Aug. Mo–Sa 9–16 Uhr, So 10–16 Uhr, 20. Aug.–17. Juni Mo–Fr 9–15 Uhr, Sa 10.30–12.30 Uhr, Peder Hiorts gate 2, N-7361 Røros, Tel. 72 41 11 65, turistkontor@rorosinfo.com, www.roros.no

Das Hotel »Vertshuset Røros« ist bei Besuchern beliebt, auch wegen des selbst gebrauten Bieres.

42 Femundsmarka
Unbekannte Schönheit

Die Femundsmarka ist eine urwüchsige, dünn besiedelte und sehr abwechslungsreiche Landschaft. Landwirtschaftlich genutzte Flächen wechseln mit Kiefer- und Birkenwäldern, Mooren und kargen Fjellen mit bis zu 1400 Meter hohen Bergen ab. Herzstück der Femundsmarka ist der Femundsee, mit 203 Quadratkilometern der zweitgrößte See Norwegens, der aus einer Vielzahl von fischreichen Flüssen und Bächen gespeist wird. Rentiere, Elche, Biber und Luchse sind nicht selten.

Das Gebiet am Femundsee ist von Oslo gut 300 Kilometer entfernt. Zu erreichen ist Elgå an der Ostseite des Sees über den Rv 3, Rv 26, Fv 654 und Rv 221. Etwa 250 Kilometer sind es von Trondheim bis Synnervika. Von Trondheim geht es zunächst auf der E 6 bis Støren und auf dem Rv 30, dann Rv 26 bis zum Femundsee. Zugverbindungen bestehen lediglich bis Røros, von dort aus ist man auf regionale Busverbindungen angewiesen.

Mit dem Dampfer über den See

Vom Bahnhof Røros fährt ein Zubringerbus nach Synnervika. Dort wird auf die MS Fæmund II umgestiegen, eine über 100 Jahre alte Fähre, die nach Elgå und zurück fährt. Unterwegs legt sie in den Dörfern Røa, Femundshytta, Haugen, Jonasvolden und Revlingen an. Seit 1886 besteht die Schifffahrtsgesellschaft, die zunächst eingerichtet wurde, um Holzflöße über den See zu ziehen. Seit 1905 ist die Fæmund II in Betrieb. Die Holztransporte wurden 1970 eingestellt, seitdem dient das Schiff als Personenfähre. Gelegentlich werden

Mitte: Große Toteisformationen prägen den Femundsmarka-Nationalpark. Daneben gibt es Berge, Seen und Flüsse.
Unten: Besucher kommen hierher, um die Ruhe in unberührter Natur zu genießen – wie dieser Elch beim Fußbad.

auch Autos oder Kühe transportiert. Die Fahrt über den See ist eine sehr gute Gelegenheit, in Ruhe die schöne Landschaft und den See zu genießen. Erwachsene zahlen für die Tour von Synnervika nach Elgå 240 NOK, Kinder unter 15 Jahren fahren zum halben Preis. Von Mitte Juni bis Mitte September kann die Fæmund II auch komplett gechartert werden. Die Stunde schlägt mit 3000 NOK zu Buche.

Die Femunsmarka ist von einem dichten Netz markierter Wanderwege durchzogen, die von sehr leicht bis anspruchsvoll reichen. In den Touristeninformationen in Engerdal und Elgå sind Informationsmaterial und Wanderkarten verfügbar. Hier und in einigen Hotels und Camps sind auch Angelscheine erhältlich. Der Kauf einer Lizenz lohnt sich, denn der Femundsee ist fischreich. Der Angelschein kostet 235 NOK pro Woche und berechtigt zum Angeln mit einer Rute im Femundsee nordwärts bis zur Mündung des Flusses Røa sowie in allen kleineren Gewässern zwischen dem Femundsee und der schwedischen Grenze. Wer nur einen Tag angeln möchte, zahlt 70 NOK.

Allein, zu zweit, als Familie und in Gruppen werden halb-, ganz- und mehrtägige Kanutouren auf dem Femundsee angeboten – von der einfachen Ausleihe eines Kanus bis zur kompletten Ausstattung für eine mehrtägige Reise inkl. Verpflegung. Das Femund Canoe Camp in Sorken am Südostufer des Femundsees kann auf mehr als 40 Jahre Erfahrung in der Organisation solcher Touren zurückblicken. Inzwischen werden nicht mehr nur Kanus ausgeliehen. Das Camp verfügt über einen modernen Campingplatz mit kompletter Infrastruktur sowie einige Übernachtungshütten für mehrtägige Touren, etwa die Bibersafari zu den Biberburgen bei Røvollen an der Nordostseite des Femundsees.

AKTIVITÄTEN

Femund Canoe Camp. Basiscamp für Kanutouren auf einem 26 ha großen Waldgelände in Sorken, 11 km nördlich von Drevsjø am Fv 654. Sorken, N-2443 Drevsjø, Tel. 62 45 90 19, www.femundcanoecamp.com

MS Fæmund II. Postboks 58, N-2446 Elgå, Tel. 93 69 20 17, krisaa@online.no, www.femund.no

ÜBERNACHTEN/ ESSEN UND TRINKEN

Femundtunet AS. Hotel mit Restaurant. Hüttenvermietung und Campingplatz am Südende des Femundsees. Femundsenden, N-2443 Drevsjø, Tel. 62 45 90 66, resepsjon@femundtunet.no, www.femundtunet.no

Vestre Sorken Feriegård. Hüttenvermietung am Südostufer des Femundsees. N-2443 Drevsjø, Tel. 62 45 91 74, vestresorken@gmail.com, www.vestresorkenferiegard.no

TOURISTENINFORMATION

Engerdal Turistkontor. N-2440 Engerdal, Tel. 94 18 69 51, post@femundengerdal.no, www.femundengerdal.no

43 Bei den südlichsten Sámi Norwegens
Ein Leben mit Rentieren

Genau weiß niemand, wie viele Sámi es gibt. Die Schätzungen reichen von 90 000 bis 120 000, verteilt auf Norwegen, Schweden, Finnland und Russland. Mehr als die Hälfte davon lebt in Norwegen, der größte Teil in den nördlichen Provinzen Troms und Finnmark, aber auch weiter südlich, in der zu Hedmark und Sør Trøndelag gehörenden Femundsmarka. Und auch heute noch leben die Sámi von und mit ihren Rentieren.

Wer im Elgå Reibeitedisrikt, dem Gebiet der Rentierzuchtvereinigung Svahken Sijte, an der Ostseite des Femundsees die nomadisierenden, in Zelten lebenden und den langen Wanderungen halbwilder Rene folgenden Sámi sucht, wird enttäuscht. Die Sámi leben längst in festen Häusern mit Zentralheizung, fließendem Wasser, Fernsehen und Internetzugang. Mancher mag es bedauern, aber auf Touristen sind die Sámi in Elgå nicht eingerichtet. Es gibt also keine Zelte mit Souvenirs, Streichelrentiere oder Sámi in bunten Trachten. Authentisch wird das Leben der Sámi im Blokkodden Villmarksmuseum in Drevsjø gezeigt.

Moderne Sámi mit Tradition

Eva verkauft Sámi-Kunst und Rentierfleisch. Im Winter bietet sie Schlittenhund- und Rentierexkursionen an.

Sie gehen auch nicht mehr zu Fuß oder reiten auf Rentieren, sondern fahren in Geländewagen oder mit Geländemotorrädern, um die Herden zusammenzuhalten. Wenn der Herdenabtrieb zu den Rentierscheidungen erfolgt, sind auch schon einmal Hubschrauber im Einsatz, um die Tiere zusammenzutreiben. Erst wenn diese Arbeit erledigt ist, werden die alten Traditionen gepflegt. Bei den Festen wird der traditionelle samische Gesang, der Joijk angestimmt. Ohne Instrumentalbegleitung besingt der Sänger oder die Sängerin die Natur oder auch nur seine Stimmung, wobei keine feste Form vorgegeben ist, sondern sehr viel improvisiert wird. Diese Musik erfährt seit einigen Jahren eine Renaissance. Viele samische Musiker haben die traditionellen Gesänge aufgegriffen und begleiten sie mit modernen Instrumenten.

Spuren in der Landschaft

Man muss die Spuren der Sámi suchen. Wer mit offenen Augen durch die von ihnen geschaffene Kulturlandschaft wandert, wird dort nicht nur etliche der insgesamt 3000 Rentiere auf den Weiden sehen, sondern auch Spuren entdecken, die die Sámi seit ihrer Einwanderung aus dem Norden im 17. Jahrhundert hinterlassen haben. Mit Steinen ausgelegte Gruben können die Reste von Milchgruben sein. Diese wurden für Milchvorräte angelegt. Die Milch wurde in Holzfässer gefüllt und die Fässer wurden vergraben. Wenn die Sámi auf ihren Wanderungen wieder in das Gebiet kamen, hatte die Milch eine zähflüssige Konsistenz bekommen und wurde als Delikatesse verzehrt. Kreisrunde, nur wenige Quadratmeter umschließende flache Wälle können Reste von Torfhütten sein, die anstelle von Zelten errichtet wurden. Kleine, durch Steinmauern eingefriedete Flächen wurden als Melkplätze genutzt.

Als Ausgangspunkt für Wanderungen ins Sámi-Gebiet bietet sich der kleine Ort Elgå an. Hier existiert genügend touristische Infrastruktur mit Unterkunftsmöglichkeiten, Restaurants und dem Touristenbüro, das die Gäste mit Informationen und Wanderkarten versorgt. In Elgå befindet sich auch das Femundsmarka Nasjonalparksenter.

Infos und Adressen

AKTIVITÄTEN
Blokkodden Villmarksmuseum.
Die Fæmund II fährt während der Saison täglich von Synnervika nach Elgå und zurück. 2443 Drevsjø, Tel. 62 45 13 00, post@tryeng mus.no, www.tryengmus.no

ÜBERNACHTEN/ ESSEN UND TRINKEN
Femund Fjellstue. Wanderhütte mit Restaurant und Campingplatz. N-2446 Elgå, Tel. 62 45 95 41, ton-erik@online.no, www.femundfjellstue.no

Haugen Gård. Ferienhüttenvermietung. Haugen ist nur zu Fuß (ca. 7 km), per Boot oder mit dem Schiff Fæmund II von Elgå zu erreichen. Ein Boot kann gemietet werden. N-2446 Elgå, Tel. 62 45 98 60, wa-hauge@frisurf.no, www.femundsmarka.net/sider/ over_haugen

INFORMATION
Engerdal Turistkontor.
N-2440 Engerdal, Tel. 62 45 66 70, post@femundengerdal.no, www.femundengerdal.no

Kunstvoll gefertigte Sámi-Taschen sind ein tolles Souvenir.

44 Der Femundsmarka-Nationalpark
Auf den Spuren der Eiszeit

Der Femundsmarka-Nationalpark ist eine wilde Landschaft. Sie hat sich seit dem Ende der letzten Eiszeit nur wenig verändert. Jahrtausende lang haben sich Toteisblöcke im Boden erhalten, bis sie abgeschmolzen sind und sich an ihrer Stelle Seen, Tümpel und Moore gebildet haben. Unzählige Moränenfelder und Felsblockschüttungen lassen die Kräfte erahnen, mit denen die eiszeitlichen Gletscher diese bizarre Landschaft geformt haben.

Mitte: Beinahe unberührte Landschaften finden sich im Femundsmarka-Nationalpark.
Unten: An Seen und Flüssen des Parks gibt es eine außergewöhnliche biologische Vielfalt.

Zwar haben der Kupferabbau und der damit verbundene Raubbau am Wald auch im heutigen Nationalpark ihre Spuren hinterlassen, aber seit der Unterschutzstellung im Jahr 1931 erholen sich die Baumbestände langsam. Inzwischen ist die ursprünglich 390 Quadratkilometer große Fläche auf 597 Quadratkilometer erweitert worden. Der Nationalpark schließt grenzübergreifend an den Rogen-Nationalpark in Schweden an. Der Norden und Süden des Nationalparks sind gebirgig. Der höchste Berg ist der Storvigelen mit 1561 Metern an der Nordgrenze des Gebietes. In der Südhälfte erreichen der Stor-Svuku 1416, der Grøthogna 1401 und der Elgåhogna 1460 Meter. In den bewaldeten Tälern gibt es unzählige Seen, Wasserläufe und mit Waldkiefern spärlich bestandene Moränenrücken. Nur in geschützten Bereichen an den Flüssen Mugga und Røa wachsen die Bäume dichter und es mischen sich einige Birken und Erlen unter die Kiefern. Das Klima ist von langen, strengen Wintern und kurzen Sommern geprägt. Die Tiefsttemperaturen erreichen im Winter bis zu minus 50 °C.

Femundsmarka-Nationalpark

Diesen Bedingungen können nur wenige Spezialisten trotzen. Dazu gehören die schon erwähnten Bäume sowie Besenheide, Krähenbeere, Blaubeere und der seltene Krause Rollfarn. Es gibt nur wenige Ausnahmen. Bei Røvollen sind im Laufe der Jahrtausende nährstoffreiche Moore entstanden, in denen Orchideen und seltene Riedgräser wachsen. Auch im Grøtådalen und am See Muggsjøen ist die Vegetation üppiger. Im Juli werden hier die Moltebeeren reif und im Herbst können Pilze gesammelt werden. Einige Moschusochsen sind vom Rondane-Nationalpark zur Femundsmarka gewandert und haben dort eine eigene, überlebensfähige Population gebildet. An den Flussläufen bauen Biber ihre Dämme. Braunbär und Luchs sind gelegentlich hier, die Rolle der größeren Raubtiere hat aber meist der Vielfraß inne. Die Hirsche sind mit Elchen und Rentieren vertreten. Letzteren begegnet man häufig, doch handelt es sich um Hausrene samischer Rentierzüchter aus der Region um Elgå. Die Vogelwelt ist mit Steinadler, Auerhuhn und Sterntaucher vertreten.

Wandern im Nationalpark

Es führen keine Straßen in den Femundsmarka-Nationalpark, von den Orten Røa, Femundshytta, Haugen, Jonasvolden, Revlingen, Elgå und Valdalen gibt es jedoch markierte Wanderwege in den Park. Einer der schönsten Wege führt am Fluss Røa entlang nach Røvollen zu den Biberburgen am Fluss. Da die Flüsse in der Vergangenheit als Flößstrecken genutzt wurden, finden sich an den Ufern heute noch Hütten der Waldarbeiter und Köhler, die hier vor Ort Holzkohle produziert haben. Im Park darf nicht nur gewandert werden, auch Angeln und Sammeln von Beeren und Pilzen für den Eigenverbrauch sind erlaubt. Im Nationalpark-Informationszentrum gibt es alle notwendigen Informationen.

Infos und Adressen

INFORMATION

Das **Gränslandetprojekt** ist ein gemeinsames Unternehmen der Provinzialregierungen Jämtland und Dalarna und der Regierungspräsidenten der Provinzen Hedmark und Sør-Trøndelag, das den grenzüberschreitenden Naturschutz fördert. Neun Nationalparke und Naturschutzgebiete mit einer Gesamtfläche von mehr als 2000 Quadratkilometern sollen einerseits geschützt, andererseits aber auch für den Tourismus geöffnet werden. Das Projekt wird auf der sehr ausführlichen Internetseite www.gränslandet.se auch in Deutsch vorgestellt.

Die Nationalparkverwaltung unterhält zwei Informationszentren – in Elgå und Røros.

Femundsmarka Nasjonalparksenter. Elgå, N-2446 Elgå, Tel. 62 45 87 87, post@femunden.no www.femunden.no

Rørosmuseet Doktortjonna Erholungspark und Femundsmarka Nationalparkzentrum. Johan Falkbergets vei 16, N-7374 Røros, Tel. 72 40 61 70, museumspost@rorosmuseet.no, www.doktortjonna.no

Große Greifvögel wie dieser Steinadler leben im Nationalpark.

45 Der Gutulia-Nationalpark
Wildnis pur

Der Gutulia-Nationalpark ist mit 23 Quadratkilometern zwar mit Abstand der kleinste Nationalpark Norwegens, kann jedoch für sich in Anspruch nehmen, den letzten echten Urwald des Landes zu beherbergen. Bis auf ein kleines Areal im Süden, wo nach 1945 Holz eingeschlagen wurde, hat noch nie ein Förster Hand an diesen Wald gelegt. Die drei Bauernhöfe am Südwestabhang des Gutulivola haben die baumlose Alm bei Gutulisetra nur als Viehweide genutzt.

Entsprechend vielfältig ist der Nationalpark. Hier findet man über 300 Jahre alte, mächtige Fichten. Sie sind jedoch noch Jünglinge im Vergleich zu vielen Kiefern, die seit fast 500 Jahren hier wachsen. Begonnen hat alles nach der letzten Eiszeit. Als sich das Eis zurückzog, entwickelte sich zunächst eine Tundrenlandschaft, in der sich mit zunehmender Erwärmung Birken, später Kiefern ansiedelten. Noch sehr viel später erschienen Fichten, die sich auch nur auf den nährstoffreicheren Böden rings um den Gutuliasee durchsetzen konnten. Nicht Menschen, sondern Brände haben den Wald geprägt. Mehrmals haben Gewitter Waldbrände ausgelöst, zuletzt in den 1860er-Jahren. Bis heute kann man die Spuren der Flammen erkennen.

Mitte und unten: Der Wald im kleinen Gutulia-Nationalpark wird nicht bewirtschaftet, um die außergewöhnliche Flora und Fauna zu bewahren und diesen besonderen Lebensraum in seiner ursprünglichen Form zu erhalten.

Der Gutulia-Nationalpark liegt nur wenige Kilometer südlich des Femundsmarka-Nationalparks. Im Osten wird er durch die Grenze nach Schweden, nach Süden und Westen durch den Fluss Gutua und den See Gutulisjøen begrenzt. Die Nordgrenze wird durch eine nahezu parallel zur fünf Kilometer

Der Gutulia-Nationalpark

nördlich verlaufenden Grenze des Femundsmarka-Nationalparks markiert. Die nächstgelegene Ortschaft ist Sorken am Südostufer des Femundsees. Von dort führt der Fv 654 nach Nordosten. Nach etwa zehn Kilometern zweigt ein Weg nach rechts in Richtung auf den Gutulisjøen ab, der nach drei Kilometern erreicht wird. Am Parkplatz ist endgültig Schluss für alle Fahrzeuge.

Auf schmalen Pfaden

Ein schmaler, drei Kilometer langer Pfad führt von hier am Ufer des Gutulisjøen entlang zu den ehemaligen Almhöfen Nedpåvollen, Oppåvollen und Lillebovollen, die von 1755 bis 1949 bewirtschaftet wurden. Die Bauern der Höfe Lillebo und Sorken trieben ihr Vieh jeden Sommer auf die Almen. Dreizehn der alten Blockhäuser wurden im Auftrag des norwegischen Umweltministerium renoviert, eines davon, das Ostehuset, das ehemalige Käsehaus, ist während des Sommers geöffnet. Als einziges Zugeständnis an Touristen werden hier im Juli Kaffee und Waffeln angeboten. Im Park befinden sich zwei berühmte Bäume: die Kiefer Torfrau, etwa einen Kilometer südlich von Gutulisetra, und die Fichte Stergiani, ungefähr 500 Meter nördlich von Gutulisetra; kleine, unmarkierte Pfade führen hin.

Auf den ersten Blick scheint der Nationalpark nicht sehr belebt, was aber daran liegt, dass die großen Beutegreifer Wolf, Vielfraß und Bär sehr heimlich leben und Menschen meiden. Tatsächlich sind sie regelmäßig zu finden. Elche sind weniger scheu und können gelegentlich beobachtet werden, Rentiere dagegen häufig, allerdings handelt es sich um domestizierte Tiere der Sámi. Von den Bibern sind meist nur Spuren in Form abgenagter Bäume und aufgestauter Flüsse zu sehen. Steinadler, Auerhuhn und der seltene Dreizehenspecht sind die Charaktervögel des Nationalparks.

Infos und Adressen

INFORMATION

Auch der Gutulia-Nationalpark ist in das norwegisch-schwedische **Gränslandetprojekt** integriert, das den grenzübergreifenden Naturschutz in neun Schutzgebieten der Region gewährleisten soll (s. S. 245). Informationen: www.gränslandet.se

Gutulia-Nationalpark-Informationszentrum. Engerdal Turist Informasjon, Engerdal Næ, N-2440 Engerdal, Tel. 92 45 66 70, turistkontoret@engerdal.info, www.engerdal.info

Miljødirektoratet. Die Norwegische Umweltagentur ist die oberste Umweltschutzbehörde Norwegens. Sie wurde 2013 aus der Zusammenlegung der Naturschutzbehörde und der Klima- und Umweltschutzbehörde gebildet. Sie erstellt unter anderem Pflege- und Entwicklungspläne für Schutzgebiete und gibt regelmäßig Informationen über umweltrelevante Themen heraus. Strømsveien 96, N-7010 Trondheim, Tel. 73 58 05 00, post@miljodir.no, www.miljødirektoratet.no

Die scheuen Wölfe bekommt kaum jemand zu sehen.

DER NORD-WESTEN

46 Der Atlanterhavsveien
8274 Meter über dem Meer

»Schönste Straße der Welt«; »norwegisches Bauwerk des Jahrhunderts« – so wird der Atlanterhavsveien von den Norwegern selbst genannt. Auch mit dem Titel »Norwegische Landschaftsroute« darf sich die 8274 Meter lange Straße zwischen Vevang und Averøy schmücken. Dabei nehmen sich die Zahlen eher bescheiden aus: acht Brücken, von denen lediglich die Hulvågbrua und die Myrbærbrua einen eigenen Namen wert sind, schließen die Lücke zwischen Festland und Insel.

Der Reiz der Strecke erschließt sich jedoch schon auf den ersten Blick. Wie eine Seeschlange mitten im Ozean windet sich der Atlanterhavsveien zwischen den von Wogen glatt geschliffenen großen und kleinen Inseln hindurch. Wind und Wellen sind die hier bestimmenden Faktoren und bieten alles: vom tosenden Sturm mit Brechern, die über die Straße schlagen, bis zur nahezu spiegelglatten See. Nicht ohne Grund lassen mehrere große Autohersteller ihre Werbefilme auf dem Atlanterhavsveien drehen.

Der Atlanterhavsveien stammt aus sehr viel jüngerer Zeit als die schon seit Jahrhunderten genutzten Verbindungen auf dem Festland wie der Trondheim-Postweg oder der Strynefjellsvegen. Trotzdem lässt er sich mühelos in die Tradition dieser Wegeverbindungen einfügen. Mit ihm sollte bereits Anfang des 20. Jahrhunderts eine feste Verbindung vom Festland auf die Insel Averøy geschaffen werden. Beinahe wäre die Straße jedoch nie realisiert worden. Ursprünglich seit 1909 als Eisenbahntrasse geplant, war der Atlanterhavsvei-

Seite 248/249: Alter Fischerhafen am Atlanterhavsveien
Mitte und unten: Szenen von der Atlantikstraße mit ihren postkartenreifen Panoramen

Der Atlanterhavsveien

en 1935 bereits zu den Akten gelegt worden. Erst in den 1970er-Jahren wurde die Idee, diesmal als Straßentrasse, wieder aufgegriffen. Im Jahr 1983 begannen die Bauarbeiten, die Eröffnung folgte nach sechs Jahren Bauzeit am 7. Juli 1989. Heute verbinden Brücken und Dämme die Inseln und Holme, wie die größeren Schären auch genannt werden. Stromsholmen, Sør Skarvøya, Skarvøya, Hulvågen, Lyngholm, Eidhusøya, Geitøya, Storlauføya, Litllauføya und Roholmen heißen die Stationen auf der Strecke. Dazwischen liegen noch zwei unbenannte Schären.

Entlang des Atlanterhavsveien werden viele Aktivitäten angeboten. Angler haben die Möglichkeit, direkt an besonders eingerichteten Parkplätzen Köhler, einen Verwandten des Dorschs, zu fischen. Aufgrund der starken Tidenströmungen und der häufig auch die Straße überspülenden Brecher sind die Halte- und Aussichtsplätze zum Schutz der Angler und Touristen besonders gesichert. Auch Radwanderer fühlen sich wohl, denn die größte Steigung beträgt nicht mehr als acht Prozent und das auch nur an den acht Brücken, die über die Meeresarme führen. Der Atlanterhavsveien ist aber nicht nur auf Rädern erreichbar. Auf Geitøya liegt der Håholmen Gjestehavn, eine kleine Marina für Segel- und Motorboote. Taucher sollten nicht versäumen, zum Schiffsfriedhof von Hustadvika zu tauchen. Hier liegen viele Wracks, die in Stürmen gesunken sind. Unterkunft und Ausrüstung gibt es im Strømsholmen Seasportcenter.

Zu empfehlen ist auch ein Abstecher zu der aus dem 15. Jahrhundert stammenden Stabkirche von Kvernes. Sie liegt an der Südostspitze der Insel Averøy. Um dorthin zu kommen, verlassen Sie bei Bruhagen den Rv 64 und fahren auf dem Fv 247 weiter. Nach neun Kilometern ist die Stabkirche aus dem 15. Jahrhundert erreicht.

ÜBERNACHTEN

Atlanterhavsveien Sjøstuer – Atlantic Road Cabins. Die Ferienhausanlage wurde im Frühjahr 2007 eröffnet, mit moderner Ausstattung. Kårvåg, N-6530 Averøy, Tel. 98 85 66 28, www.atlanterhavsveien.org

Bergtun Hütten. Vermietung von Hütten und einem Ferienhaus für jeweils 5–7 Personen bei Atlanterhavsveien. Bootsverleih. N-6493 Lyngstad, Tel. 91 76 89 11, www.bergtunhytter.no

Håholmen Havstuer. Nur im Sommer geöffnetes Hotel auf der Insel Håholmen mit 49 Zimmern und renommiertem Fischrestaurant. Kårvåg, N-6530 Averøy, Tel. 71 51 72 50, www.haholmen.no

ESSEN UND TRINKEN

Bjartmars Favorittkro – Restaurant. Das Restaurant serviert norwegische Hausmannskost und betreibt auch einen Verleih von Fahrrädern und Angelausrüstungen. Atlanterhavsveien, N-6530 Averøy, Tel. 71 51 60 60, www.favorittkro.no

AKTIVITÄTEN

Atlanterhavsveien – Die Atlantikstraße. Kårvåg, N-6530 Averøy, Tel. 71 58 54 54, www.visitatlanticroad.com

Strømsholmen Seasportcenter. Vorwiegend auf Taucher ausgerichtetes Hotel mit Hütten, Zimmern und Campingplatz. Preise: EZ ab 375 NOK für Nichttaucher, 575 NOK für Taucher. Atlanterhavsveien. N-6494 Vevang, Tel. 71 29 81 74, www.stromsholmen.no

47 Kristiansund
Wohlstand durch Klippfisch

Im 17. und 18. Jahrhundert entwickelte sich aus einer kleinen, am heutigen Hafen gelegenen Fischersiedlung die Gemeinde Kristiansund. Sie wuchs sehr schnell und erlangte so große Bedeutung für den Holztransport entlang der Küste und als Handelshafen für Fisch, vorwiegend Hering, dass die Regierung dort eine Zollstation einrichtete. 1742 erhielt Kristiansund gleichzeitig mit Molde die Stadtrechte.

Die Geschichte Kristiansunds reicht jedoch Tausende Jahre weiter zurück. Unmittelbar nach dem Abschmelzen der eiszeitlichen Gletscher vor etwa 10 000 Jahren haben hier Menschen gelebt. Es waren Angehörige der Fosna- oder Hensbakka-Kultur, die in dieser Zeit bis etwa 7000 Jahre v. Chr. die Westküsten Skandinaviens besiedelten. Benannt wurde die Kultur nach Fosna, einer der drei Inseln, auf denen Kristiansund liegt und wo die ersten Funde gemacht wurden. Ursprünglich waren es nomadisierende Rentierjäger, die dem abschmelzenden Eis nach Norden folgten und an den Küsten ganzjährig Nahrung fanden. Statt von Rentieren ernährten sie sich nunmehr von Robben, die sie von Booten aus jagten. Die See bot Nahrung im Überfluss und das Klima war in diesen ersten eisfreien Gebieten vergleichsweise mild. Es hat dann aber mehrere Tausend Jahre gedauert, bis die verstreuten Hütten der Jäger und Fischer zu einer dauerhaften Siedlung zusammenwuchsen. Größere Bedeutung erlangte das Gebiet während der Wikingerzeit. In Rastarkalv auf der zur Gemeinde gehörenden Insel Frei kam es 955 zur Schlacht zwischen den Truppen König Håkons I.

Mitte: Der Hafen von Kristiansund – er wurde bereits in der Steinzeit genutzt.
Unten: Bei einem Spaziergang an der Hafenpromenade begegnet man dieser Frau mit Klippfisch.

Kristiansund

»Dem Guten« (920–961) und den Söhnen
von Erik Blodøks (910–987). Håkon gewann die Schlacht, wurde aber dabei so
schwer verletzt, dass er kurz darauf starb
und letztlich doch die Söhne Eriks vom dä-
nisch-norwegischen König als Fürsten seine Nach-
folge antraten. Ein Denkmal auf dem ehemaligen
Schlachtfeld erinnert daran.

Von Schotten lernen

Die Bedeutung Kristiansunds wurde noch gesteigert, als schottische Kaufleute zum Ende des
17. Jahrhunderts das Wissen um die Herstellung
von Klippfisch nach Norwegen brachten und damit den Kabeljau als Hauptfangfisch wirtschaft-
lich interessant machten. Über mehrere Jahrzehnte war Kristiansund danach der größte Exporteur
von Klippfisch, der vor allem in den Mittelmeer-
raum verschifft wurde. Dieser wirtschaftliche
Aufschwung war der Hauptgrund dafür, dass die
Gemeinde 1742 die Stadtrechte erhielt. Dessen
sind sich die Einwohner bis heute bewusst und
haben dem »Klippfischweib« Klippfiskkjerringa
1992 zum 250. Stadtgeburtstag ein Denkmal
gesetzt. Jedes Jahr findet übrigens im Juni das
Klippfischfestival mit dem Bacalao-Wettbewerb
statt. Damit nicht genug, wurde auch ein Klippfischmuseum (s. rechts) eingerichtet.

Der Schiffsbau hat in Kristiansund eine lange Tradition. Seetüchtige Boote wurden in der Region
bereits in der Steinzeit gebaut. 1856 begann mit
der Errichtung der Mellemværftet im Stadtteil
Vågen eine neue Ära. Bis in die 1950er-Jahre wurden dort Segelschiffe in der stark mechanisierten
Werft gebaut. Auch als Reparaturbetrieb machte
sich die Werft einen Namen. Die Mitarbeiter haben sich auf die Restaurierung historischer Schiffe
spezialisiert, die hier in alter handwerklicher Tra-

Nicht verpassen

DAS KLIPPFISCH-
MUSEUM

Das Klippfischmuseum
Milnbrygga liegt im Stadtteil Goma und ist, seiner Ziel-
setzung entsprechend, in einem
alten, aber sehr gut erhaltenen
Klippfischspeicher untergebracht,
dessen älteste Teile aus dem Jahr
1749 stammen. Noch immer atmet
der Speicher den Geruch von Klippfisch und Salz, der aus den Wänden
und Zwischenböden strömt. Das
ursprüngliche Inventar ist größten-
teils erhalten und wird auch immer
noch genutzt. Das Museum präsentiert den Besuchern anhand von Ar-
beitsgeräten, Zeichnungen und Fo-
tos die Geschichte des Klippfisches
vom Ende des 17. Jahrhunderts bis
heute. Es gibt zwei Möglichkeiten
von der Innenstadt aus, das Museum zu erreichen: entweder zu Fuß
über den Freiveien zum Dikselveien,
an dessen Ende das Museum steht,
oder mit dem Sundbåt, der Fähre,
die die einzelnen Stadtteile miteinander verbindet.

Klippfischmuseum.
16. Juni–19. Aug. tgl. 12–17 Uhr,
Dikselveien, N-6502 Kristiansund
Tel. 71 58 70 00,
www.nordmore.museum.no

dition instand gesetzt werden. Ob Klinkerboot oder Kraweel, alle Schiffstypen können repariert werden. Auch heute noch werden Lehrlinge in der zur Werft gehörenden Holzwerkstatt und Schmiede zu Holzbootbauern und Schiffsschmieden ausgebildet. Die Mitarbeiter der Werft sind gefragte Spezialisten. Oft werden sie von anderen Werften angefordert, um dort mit ihren Kenntnissen auszuhelfen. Die Werft arbeitet heute nicht mehr gewinnorientiert, sondern bildet eine Abteilung des Nordmøre Museums. Besucher können den Bootsbauern während der Arbeit ganzjährig über die Schulter schauen.

Kein Weg führte nach Kristiansund

Bis zum Jahr 1970 war Kristiansund einzig und allein über das Meer zu erreichen. Das änderte sich allerdings mit der Inbetriebnahme des Flughafens Kvernberget. Der Flughafen hat enorme Bedeutung für die Versorgung der Ölplattformen in der Nordsee. Auf eine direkte Straßenanbindung musste die Stadt weiter warten, bis 1990 schließlich der 5779 Meter lange Atlanterhavstunnel eröffnet wurde.

GUT ZU WISSEN

UND NOCH EIN DENKMAL (!), …

… wird sich mancher genervte Tourist insgeheim gesagt haben, wenn bei einer Führung die nächste Büste, das nächste bombastische Monument oder die nächste Gedenktafel angesteuert wird, deren Bedeutung sich dem Betrachter oft nicht sofort erschließt. Wer ist da verewigt und vor allem warum? Für die Einheimischen mag es wichtig sein, dass Håkon »Der Gute« gegen die dann selbstverständlich bösen Söhne Erik Blodøks gewonnen hat; dem Besucher bleibt es wohl kaum im Gedächtnis.

Oben: In der Mellemwerft werden seit dem 19. Jahrhundert Segelschiffe gebaut. Heute ist dort auch ein Museum untergebracht.
Unten: Der Handel mit Klippfisch hat in Kristiansund eine lange Tradition.

Infos und Adressen

SEHENSWÜRDIGKEITEN

Nordmøre Museum. Heimatmuseum, das die Geschichte der Region von der Fosna-Kultur bis heute darstellt. Ganzjährig Di–Fr 10–14 Uhr, Kongens Plas, N-6501 Kristiansund, Tel. 51 78 70 00, post@nordmore.museum.no, www.nordmore.museum.no

Segelschiffswerft Mellemværftet. E-Mail-Adresse, Homepage und Öffnungszeiten wie Klippfischmuseum (s. S. 253). Kranaveien 22, N-6509 Kristiansund, Tel. 71 67 71 95.

ESSEN UND TRINKEN

Café Onkel & vennene hans. Beliebtestes Kulturcafé und Restaurant am Hafen mit feiner Küche und Patisserie. Kaibakken 1, N-6509 Kristiansund, Tel. 71 67 58 10, onkel@onkel.no, www.onkel.no

Sjøstjerna Fish Restaurant. Das Sjøstjerna ist die erste Adresse für Klippfisch in Kristiansund. Skolegata 8, N-6509 Kristiansund, Tel. 71 67 87 78, restaurant.sjostjerna@online.no, www.sjostjerna.no

ÜBERNACHTEN

Atlanten Turistsenter. Campingplatz mit 60 Stellplätzen, ca. 1,8 km von der Stadtmitte entfernt. Dalaveien 22, N-6511 Kristiansund, Tel. 71 67 11 04, resepsjonen@atlanten.no, www.atlanten.no

Dalabergan Rorbuer. Ehemalige Fischerhütten am Meer, ca. 2 km von der Stadtmitte entfernt, die nun an Touristen vermietet werden. Dalabergveien 1, N-6511 Kristiansund, Tel. 90 59 10 03, post@havfiske-kristiansund.no, www.havfiske-kristiansund.no

Thon Hotel Kristiansund. Im Jahr 2009 eröffnetes Hotel auf der Insel Innlandet. Fiskergata 12, N-6507 Kristiansund, Tel. 71 57 30 00, kristiansund.resepsjon@thonhotels.no, www.thonhotels.no/kristiansund

INFORMATION

Destinasjon Kristiansund og Nordmøre AS. Kongens plass 1, N-6501 Kristiansund, Tel. 70 23 88 00, info@visitkristiansund.com, www.visitkristiansund.com

Kristiansund versteht es, seinen Klippfisch zu vermarkten – sogar als Souvenir, das während der Heimreise nicht verdirbt.

48 Molde
Rosen und Jazz

**Der Name Molde kommt nicht von unge-
fähr. Im 15. Jahrhundert entstand am
Moldefjord die erste dauerhafte Siedlung,
weil es hier den »mold«, den fruchtbaren
Mutterboden, gab, der im Zusammenspiel
mit dem milden Klima der Region Landwirtschaft erst ermöglichte. Sie spielt
auch heute noch eine Rolle, wenngleich
sie gegenüber Industrie, Handel und Tourismus an Bedeutung verloren hat.**

Molde ist eine junge Stadt. Erst 1742 erhielt sie
die Stadtrechte. Aus dieser Zeit sind aber keine
Gebäude mehr vorhanden. Was ein verheerendes
Feuer im Jahr 1916 an historischer Bausubstanz
verschont hatte, wurde von der deutschen Wehrmacht während des Zweiten Weltkrieges zerstört.
Trotzdem ist Molde einen Besuch wert. Die Stadt
hat gut 26 000 Einwohner, die heute im Wesentlichen von verschiedenen Industriebetrieben, Handel und Tourismus leben. Das war nicht immer so.
Ihren Aufschwung im 17. und 18. Jahrhundert
verdankte die Stadt vor allem dem Bootsbau (er
spielt heute keine Rolle mehr) und dem Herings-
handel. Außerdem ist Molde Bischofsstadt und
Verwaltungssitz der Provinz Møre og Romsdal.
Einen Namen hat sich die Stadt auch durch ihr
vielfältiges Bildungsangebot gemacht. Die 1994
gegründete staatliche Hochschule Molde bietet
den inzwischen 1500 Studenten 32 Studienfächer
an. Molde ist über die See, über Land und aus der
Luft erreichbar. Es gibt tägliche Express-Bus-Ver-
bindungen von und nach Trondheim, Bergen und
Oslo mit Nor-Way Busekspress, und auch der Flughafen Arø, nur wenige Kilometer außerhalb der
Stadt, verbindet Molde mit diesen Städten.

Mitte: Rosenzauber an der Domkirche von Romsdal.
Unten: Einmal im Jahr findet das
Molde-Jazzfestival im Freilichtmuseum von Romsdal statt.

Stadtansichten

Auch wenn Molde keine historischen Quartiere mehr besitzt, gibt es doch eine Reihe von sehenswerten Gebäuden, Einrichtungen und Denkmälern. Ausgangspunkt des Stadtbummels ist der Hafen mit dem **Ⓐ Hurtigrutenkai**, der eigentlich Kreuzfahrtterminal heißt, weil hier keineswegs nur die Hurtigrutenschiffe anlegen. Vom Terminal führt der Weg zunächst nach links über den Julsundvegen bis zum **Ⓑ Akerstadion**, einer der modernsten norwegischen Spielstätten für viele Sportarten. Das **Ⓒ Rica Hotel**, ein futuristischer, einem Segelboot nachempfundener Bau ist von dort aus besser zu erfassen als aus der Nähe, also geht es auf dem gleichen Weg zurück bis zum Sandvegen und dort nach links durch den **Ⓓ Røknes-Park** zum Romsdalmuseum. Das **Ⓔ Romsdalmuseum** ist eines der größten Heimatmuseen in Norwegen. 1912 gegründet, zeigt es mehr als 50 alte Gebäude aus der gesamten Region, die in einer Hofsiedlung zusammengestellt sind. Zu dem Museum gehört auch das Molde Fischereimuseum, das auf der Insel Hjertøya vor der Stadt liegt und nur mit Booten

zu erreichen ist. Vom Museum wendet man sich rechts zum Per Amdams veg und folgt ihm bis zum Museumsvegen, dem man nach rechts bis zum Parkvegen folgt, in den man nach links einbiegt. Dann wird schon bald die Kirkebakken erreicht. Dort steht die **Ⓕ Domkirche** aus dem Jahr 1957, deren hoher, frei stehender Turm schon von Weitem ein gutes Orientierungsmerkmal ist. Von dort werden bereits das **Ⓖ Rathaus** und der Rathausplatz sichtbar. Nicht weit davon befindet sich die **Ⓗ Touristeninformation**. Das Rathaus aus dem Jahr 1966 ist das Ergebnis eines Architekturwettbewerbes und nimmt den Titel als »Stadt der Rosen« auf. Auf dem Rathausdach wurde einer der schönsten Rosengärten in Molde angelegt. Vor dem Rathaus steht »Rosepiken«. Weiter in Richtung Hafen gehend, kommt man zum **Ⓘ Nedre Torget**, wo die Bronzeskulptur »Jazzgutten«, ein junger Saxophonspieler, steht. Das Symbol des alljährlichen Jazzfestivals war ein Geschenk der Bürger anlässlich des 250. Stadtjubiläums 1992. Am Hafen entlang geht es wieder zurück zur Pier.

DAS MOLDE-PANORAMA

Nicht entgehen lassen darf sich der Besucher der Stadt das beeindruckende Molde-Panorama: den Blick auf die Romsdalalpen. Nicht weniger als 222 zum Teil schneebedeckte Gipfel sind bei klarem Wetter sichtbar. Die beste Sicht bietet sich vom Hausberg der Stadt, dem Varden, 447 Meter über dem Meer. Eine Stunde muss für den Aufstieg zum Gipfel eingerechnet werden. Die Wanderung beginnt beim Romsdalmuseum. Auf einem Schotterweg geht es moderat bergan, an der Storlihütte vorbei zum Aussichtspunkt. Im Sommer ist der Gasthof »Vardestua« am Endpunkt der Wanderung geöffnet. Der Aussichtspunkt ist auch mit dem Auto von der Stadtmitte über die Straßen Fabrikvegen, Fjellbruvegen und Vardevegen erreichbar. Vom Varden führen viele Wanderwege in die Moldemarka, wie das Gebiet nördlich von Molde heißt. Im Winter sind einige der Wege als Loipen gespurt.

Einfach gut!

Molde wird auch »Stadt der Rosen« genannt, weil hier gegen alle Erwartungen Rosen üppig gedeihen. Überall in der Stadt wachsen sie in öffentlichen Grünanlagen und privaten Gärten. Sogar ein Denkmal ist ihnen gesetzt worden: Rosepiken, das Mädchen mit den Rosen, steht als Bronzeskulptur, umrahmt von einem Springbrunnen, auf dem Rathausplatz. Der warme Golfstrom und die geschützte Lage am Fjord machen die Blütenpracht möglich. Vom milden Klima profitieren auch andere Pflanzenarten wie Kastanien, Rotbuchen und Eschen. Die Esche spielt übrigens in der nordischen Mythologie eine wichtige Rolle als Weltenbaum Yggdrasil, der den Kosmos verkörpert. Kein Wunder also, dass sie auch heute noch angepflanzt wird.

»Jazz oder nie« …

… heißt es beim jährlichen internationalen Jazzfestival in Molde. Seit 1960 trifft sich beim ältesten Jazzfestival Europas die gesamte Jazz-Elite. An fünf Tagen im Juli verwandelt sich die kleine Stadt in einen riesigen Konzertsaal. Mehr als hundert Konzerte, viele im Freien und kostenlos, werden angeboten – und das nicht nur für Erwachsene; auch Konzerte für Kinder und Jugendliche stehen auf dem Programm. Die Liste der auftretenden Künstler beeindruckt mit Namen wie Lenny Kravitz, Sinéad O´Connor, John McLaughlin oder Dave Holland. Um das Festival herum werden Ausstellungen und Vorträge angeboten. Eine bunte Street Parade mit allen Musikern beschließt das Festival. Durchschnittlich 100 000 Besucher sprengen regelmäßig alle Übernachtungskapazitäten in den Hotels. Daher wird von den Pfadfindern der Stadt etwa drei Kilometer vom Stadtzentrum entfernt ein eigenes Jazzcamp eingerichtet – eine Zeltstadt voller Jazzbegeisterter, von denen viele ihre eigenen Instrumente mitbringen.

Infos und Adressen

SEHENSWÜRDIGKEITEN

Domkirche. Kirkebakken 2, N-6413 Molde,
Tel. 71 11 14 61, www.molde.kirken.no

Molde Fischereimuseum. Im Sommer kann
man mit einem Boot zur idyllischen Insel
Hjertøya übersetzen und eine kleine Fischersiedlung besuchen. N-6413 Molde,
Tel. 71 20 24 60, www.romsdalsmuseet.no

Romsdalmuseum. Freilichtmuseum mit 50
historischen Gebäuden. Per Amdamsvei 4,
N-6413 Molde, Tel. 71 20 24 60,
www.romsdalsmusset.no

ESSEN UND TRINKEN

Vardestua – Sommer Kafe. Ideales Wanderziel
mit dem schönsten Panoramablick über Molde
und typisch norwegischer Küche. N-6419 Molde,
Tel. 90 85 99 02, strandens@mimer.no

Eines der 50 historischen Gebäude im Romsdalmuseum

ÜBERNACHTEN

Hotell Molde Fjordstuer. Modern gestaltetes
Hotel am Wasser mit 44 Zimmern in unmittelbarer Nähe des Kreuzfahrtterminals. Julsund-
veien 6, N-6412 Molde, Tel. 71 20 10 60,
www.moldefjordstuer.no

Rica Seilet Hotel. Das zentral gelegene Konfe-
renzhotel bietet einen herrlichen Blick auf die
umliegenden Berge. In das Hotel integriert ist
auch Moldes Kulturzentrum Bjørnsonhuset.
Gideonvegen 2, N-6412 Molde, Tel. 71 11 40 00,
www.rica-hotels.com

CAMPEN

Kviltorp Camping. Campingplatz mit Hüttenver-
mietung an der E 39, 3 km östlich der Stadtmitte.
Fannestrandvegen 140, N-6419 Molde,
Tel. 71 21 17 42, www.kviltorpcamping.no

FESTE UND EVENTS

Molde Internasjonale Jazz Festival. Fünftägi-
ges Programm auf verschiedenen Bühnen, jedes
Jahr im Juli. Sandvegen 1 A, N-6412 Molde,
Tel. 71 20 31 50, www.moldejazz.no

INFORMATION

Destinasjon Molde og Romsdal. Das Touristenbüro bietet u. a. kostenlosen Internetzugang.
20. Juni–20. Aug. Mo–Fr 9–18 Uhr, Sa 9–15 Uhr,
So 12–17 Uhr, 21. Aug.–19. Juni Mo–Fr
8.30–16 Uhr, Torget 4, N-6412 Molde,
Tel. 71 20 10 00, www.visitmolde.com

Bei einem Architekturwettbewerb entstand der
Plan zur Domkirche von Molde.

49 Trondheim
Eine Stadt in vier Stunden

**Um Trondheim umfassend kennenzuler-
nen, braucht man Zeit. Zeit, die mancher
Besucher nicht hat, sei es, dass die nächste Fähre nach Kristiansand, das Flugzeug
nach Oslo oder der Zug nach Bodø erreicht
werden muss. So mancher möchte aber
auch einfach lieber mehr Zeit in der Natur
als in der Stadt verbringen. Ein Kurztrip
durch die Stadt in vier Stunden ist trotzdem möglich.**

Nidaros-Dom, Ringve-Museum und Botanischer
Garten stehen auf dem Programm. Der Nidaros-
Dom aus dem 11. Jahrhundert ist das älteste Gebäude der Stadt. An der Stelle hatte es vorher bereits eine Kapelle gegeben, die einige Jahre nach
dem Tod Olavs II. Haraldsson (995–1030) über dessen Grab errichtet worden war. Olav II. war im Jahr
1030 in der Schlacht von Stiklestad von aufständischen Bauern getötet und auf dem Schlachtfeld
begraben worden. Bereits kurze Zeit danach wurde
von Wundern berichtet, die seinem postmortalen
Wirken zugeschrieben wurden. Daraufhin wurde
sein Grab geöffnet, der Leichnam nach Trondheim
gebracht und dort in einem Schrein aufgebahrt.
Um das Jahr 1034 wurde er heiliggesprochen. Ein
regelrechter Olav-Kult setzte ein und Tausende
von Pilgern unternahmen Wallfahrten zum Grab
des Heiligen. Bereits 1040 sollen die ersten Olav-
Messen gelesen worden sein. König Olav III. Kyrre
(1050–1093) ließ daher 1070 die Kapelle durch eine
steinerne Kirche, den Nidaros-Dom, ersetzen.

Nach dem Brand 1531 wurde aufgrund fehlender
finanzieller Mittel nur noch die Apsis wieder aufgebaut. 1708 brannte die Kirche dann bis auf die

Mitte: Der Nidaros-Dom gilt in
Norwegen als Nationalheiligtum.
Die Glasmalereien sind franzö-
sisch inspiriert.
Unten: Blick in den Ausstellungs-
raum des Ringve-Museums, das
sich auf Musikinstrumente spezialisiert hat.

Grundmauern nieder. Noch bevor der Wiederaufbau beendet war, schlug 1719 der Blitz ein und der anschließende Brand verwüstete die Kirche erneut. Nur der Ostteil des Doms ist fast unverändert aus dem 12. Jahrhundert erhalten. Es dauerte weitere 150 Jahre, bis der Wiederaufbau erneut begann. Der berühmte norwegische Bildhauer Gustav Vigeland hat sich mehrere Jahre dem Wiederaufbau des Doms gewidmet. Bemerkenswert sind seine Steinmetzarbeiten an der Westfront und die Glasmalereien von Gabriel Kielland. Bis heute ist der Nidaros-Dom der größte und wichtigste Sakralbau Norwegens.

Das nächste Ziel ist das Ringve-Museum. Etwa fünf Kilometer vom Zentrum entfernt liegt das ehemalige Anwesen Ringve Gård, welches das weltweit einzigartige Musikmuseum beherbergt. Musikinstrumente aus aller Welt, aber auch norwegische Instrumente wie die Hardangerfiedel, sind hier in jeweils landestypisch eingerichteten Räumen zu sehen. Musikstudenten begleiten durch die Ausstellungen und führen die Instrumente auch vor. Im »Tordenskiold Kro«, dem Museums-Café, wird mit frischen Waffeln und Kaffee für das leibliche Wohl der Besucher gesorgt. Ein Spaziergang im Botanischen Garten rundet den Besuch ab. Auf 13 Hektar Fläche erstreckt sich der Garten, der nicht nur eine Sammlung von Pflanzen aus aller Welt darstellt. Vielmehr wird versucht, die Pflanzen in ihren Lebensräumen zu präsentieren. Ein Beispiel ist das Arboretum, die Sammlung von Bäumen und Sträuchern, die entsprechend ihrer Herkunft auf der nördlichen Halbkugel um einen See in der Mitte angeordnet sind, der das nördliche Eismeer symbolisiert. Weitere Schwerpunkte sind Etnobotanik und Gartengeschichte, anschaulich dargestellt im sogenannten »Romantischen Park« des 19. Jahrhunderts, dem »Blumenlabyrinth« und dem »Renaissance-Kräutergarten«.

Infos und Adressen

SEHENSWÜRDIGKEITEN

Botanischer Garten. Ganzjährig tgl., Eintritt frei. Lade Allé 60, N-7041 Trondheim, Tel. 73 59 22 69, ringve.botaniske@vm.ntnu.no, www.ntnu.no/vitenskapsmuseet

Nidaros-Dom. Mo–Sa 9–14 Uhr, So 9–16 Uhr, Tel. 73 89 08 00, postmottak.ndr@kirken.no, www.nidarosdomen.no

Ringve-Museum – Norwegens Nationalmuseum für Musik und Musikinstrumente. Eintritt: 110 NOK (Erw.), Kinder bis 15 J. frei, 90 NOK (Stud./Senioren). Di–So 11–16 Uhr, Lade Allé 60, N-7041 Trondheim, Tel. 73 87 02 80, post@ringve.no, www.ringve.no

ESSEN UND TRINKEN

Tordenskiold Café. Das Café befindet sich im ältesten Gebäude des Anwesens aus dem 18. Jh., heute beherbergt es das Ringve-Museum. Lade Allé 60, N-7041 Trondheim, Tel. 73 87 02 80, post@ringve.no, www.ringve.no

Oben: Blick in den Innenhof des Ringve Gård
Seite 270/271: Die Alte Strynefjellstraße R258 führt am Máráefluss beim Langvatnet vorbei.

50 Trondheim
Keimzelle der norwegischen Monarchie

Nicht ohne Grund errichtete König Olav I. Tryggvason (960–1000) im Jahr 997 seinen Königssitz bei einer alten Thingstätte auf der Halbinsel Øra in der Mündung des Flusses Nid. Von hier aus trieb er die Christianisierung Norwegens voran. Aus dem Königssitz erwuchs die Stadt Nidaros, die »Stadt in der Mündung des Flusses Nid«, die aber erst 1030, nach dem Tod seines Nachfolgers Olav II. Haraldsson (995–1030), Reichtum und Größe erlangte.

Olav II. war in einer Schlacht mit aufständischen Bauern ums Leben gekommen und auf dem Schlachtfeld begraben worden. Als kurze Zeit später Gerüchte aufkamen, dass in der Gegend um das Grab Wunder geschehen sein sollten, wurde der Leichnam nach einem Jahr wieder ausgegraben. Angeblich war der Körper nicht in Verwesung übergegangen, sondern völlig unversehrt. Daraufhin wurde Olav nach Nidaros zurückgebracht, in

Mitte: Die Lage Trondheims verschafft der Stadt eine besondere Atmosphäre.
Unten: Am Fluss Nidelv stehen die Häuser auf Stelzen – eine spannende Mischung aus traditioneller Bauweise und zeitgemäßer Architektur.

GUT ZU WISSEN

DIE REALITÄT NICHT VERGESSEN!
Wer kennt ihn nicht, den Gänsehaut erzeugenden Blick in die alten Gemäuer, die einstmals als Gefängnis gedient haben und heute der Öffentlichkeit präsentiert werden. Dabei wird viel zu leicht vergessen, wie viel Leid und Elend denen widerfahren ist, die hier unter erbärmlichen Bedingungen einem ungewissen Ende entgegensahen. Darüber geht der Besucher leicht hinweg, denn ein Teil der Anlagen ist zu luxuriösen Hotels und Restaurants umgebaut worden. Einmal dort, ist das Grauen vergessen.

der Sankt Klemenskirche aufgebahrt und wenig später als Märtyrer heiliggesprochen. Tausende von Wallfahrern pilgerten fortan zu seinem Grab. 1152 wurde Nidaros auch Bischofssitz. Dafür musste eine repräsentative Kirche geschaffen werden, der Nidaros-Dom, der eine kleinere Kirche ersetzte.

Auch die Stadt wuchs und wurde zur reichsten und größten Stadt Norwegens. Bis ins 14. Jahrhundert hinein war Nidaros' Vormachtstellung ungebrochen. Dann verlor sie an Bedeutung. Gründe dafür waren vor allem der Aufstieg Bergens zur Niederlassung der Hanse, die Union Norwegens mit Dänemark seit 1380, aber auch die Reformation, die zur Beendigung der lukrativen Wallfahrten führte. Pestepidemien und Brände taten ein Übriges, um den Niedergang Trondhjems, wie die Stadt seit der dänischen Herrschaft hieß, zu fördern.

Aufbruchsstimmung

Nach einem weiteren Brand 1681, der die gesamte Altstadt vernichtete, wurde Trondheim nach dem Vorbild von Versailles völlig neu errichtet. Johan Caspar de Cicignon (1625–1695) wurde mit der Planung beauftragt. Um bei weiteren Feuern das Übergreifen der Flammen auf andere Gebäude zu vermeiden, wurden breite Straßen angelegt. Etliche bereits aus dem Mittelalter stammende schmale Gassen blieben jedoch erhalten. Zugleich wurde die Festung Kristiansten gebaut. Der Holzhandel und die strategisch günstige Lage ließen die Stadt im 17. und 18. Jahrhundert wieder aufblühen. Trondheims Hafenanlagen wurden ausgebaut und die Stadt erhielt Anschluss an das Eisenbahnnetz. Es herrschte Aufbruchsstimmung, die sich nicht zuletzt darin äußerte, dass am 3. Juli 1767 erstmals die Tageszeitung *Adressavisen* erschien. Sie ist heute Norwegens älteste Zeitung. Im Zuge der In-

Geheimtipp

MIT DEM FAHRRADLIFT AUF DIE FESTUNG

Deutlich jünger als Dom und Bischofsresidenz ist die oberhalb der Altstadt gelegene Festung Kristiansten, die rund 300 Jahre »jung« ist. Als nach dem verheerenden Brand im Jahr 1681 ein neues Stadtkonzept umgesetzt wurde, musste auch die Frage nach der Verteidigung der Stadt neu beantwortet werden. Als 1718 die Schweden angriffen, bestand die Festung ihre Bewährungsprobe. 72 Höhenmeter sind zu überwinden, will man die Festung besichtigen. Kein Wunder also, dass hier der weltweit einzige Fahrradlift installiert wurde, mit dem Radfahrer ganz entspannt bergauf fahren können. Wer den Weg auf die Festung geschafft hat, kann sich nicht nur von deren solider Bauweise überzeugen, sondern genießt einen wunderbaren Blick auf die Stadt und ihre Umgebung. Aber Achtung: Die Tore sind nur geöffnet, wenn die Flagge aufgezogen ist.

Kristiansten Festning.
N-7450 Trondheim, Tel. 93 48 39 86, www.kristianstenfestning.no

Rundgang

Nahezu alle Sehenswürdigkeiten liegen auf der von einer Schleife des Flusses Nidelv gebildeten Halbinsel. Wer die Stadt erkunden will, beginnt am besten an der Ostseite der Altstadt an der Nidelv-Mündung direkt am **A Hurtigrutenkai**. Hier befinden sich die alten, auf Pfählen gegründeten **B Speicherhäuser**, deren älteste aus dem 18. Jahrhundert stammen. Die Trondheimer haben ein besonderes Verhältnis zu den Speicherhäusern und haben sie immer wieder aufgebaut, auch nach einem Angriff schwedischer Truppen 1658, als viele der Gebäude schwer beschädigt wurden. Selbst eine »Modernisierungswelle« in den 1930er-Jahren des letzten Jahrhunderts, als die Speicher modernen Gebäuden weichen sollten, haben sie überstanden. Auch wenn sich in ihnen heute Wohnungen, Büros, Restaurants und Läden befinden, haben sie doch ihren Charakter behalten. Auf der rechten Straßenseite befindet sich an der Einmündung der Kongensgata die **C Öffentliche Bibliothek**.

Nicht weit von den Speichern entfernt führt die **D Gamle Bybro**, die alte Stadtbrücke aus dem Jahr 1681, von der Kjøpmannsgata über den Fluss in den östlich gelegenen Stadtteil Bakklandet. Sie ist mit wunderschön geschnitzten Torbögen versehen und eines der Wahrzeichen Trondheims. Das westliche Tor wird als »Glückstor« bezeichnet. Ursprünglich hat auf jeder Seite der Brücke auch ein Wach- und Zollhaus gestanden, von denen aber nur das westliche erhalten ist. Die Brücke ist für schwere Fahrzeuge gesperrt, einem Bummel auf die andere Seite des Flusses mit den wunderschönen Holzhäusern des Stadtteiles Bakklandet steht also nichts im Wege. Von dort bietet sich auch ein phantastischer Blick auf die Speicherhäuser am anderen Ufer und die über der Stadt liegende **E Festung Kristiansten**.

Die ersten Gebäude wurden in Bakklandet bereits im 17. Jahrhundert errichtet. Ursprünglich haben dort Fischer, Seefahrer und Arbeiter gelebt. Die findet man heute nicht mehr hier. Der Stadtteil ist längst eine bevorzugte Wohngegend mit vielen Cafés und Läden geworden. Von Bakklandet über die Gamle Bybro zurück in die Altstadt gekommen, liegt der berühmte **F Nidaros-Dom** zur linken Hand im Herzen des historischen Trondheim. Unübersehbar sind die beiden mächtigen Türme der Kathedrale. Unmittelbar daneben befindet sich der Gebäudekomplex, in welchem der Erzbischof bis zur Reformation 1537 residierte. Der Palast ist das älteste säkulare Gebäude in ganz Skandinavien und eines der am besten erhaltenen. Seine ältesten Teile stammen aus dem 12. Jahrhundert. Nach der Reformation diente er als Residenz des dänischen Gouverneurs, später wurde er dem Militär übergeben. Die ältesten Gebäudeteile im Nordflügel werden heute von der Verwaltung als Büros genutzt. Auch das **G Erzbischöfliche Museum** residiert in den alten Gemäuern. Es hat zwei Schwerpunkte: sakrale Kunst aus dem Dom und weltliche Exponate wie die komplett erhaltene Münzwerkstatt des Erzbischofs.

Über die Munkegata an der **H Touristeninformation** vorbei geht es zum nächsten Ziel, dem **I Markt Torvet**. Er wird vom Denkmal für den Stadtgründer Olav Tryggvason beherrscht. Ihr Schöpfer, der Bildhauer Wilhelm Rasmussen (1879–1965), hat dem Denkmal noch eine praktische Komponente mitgegeben. Der Schatten der Säule fällt auf das durch Pflastersteine markierte Zifferblatt einer Sonnenuhr. Auf der Südostseite des Marktes bieten Obst- und Gemüsehändler ihre Waren an, auf der Südwestseite versuchen die Blumen-, Schmuck- und Souvenirhändler Kunden anzulocken.

Nur wenige Schritte vom Torvet entfernt liegt die **J Königliche Residenz**. Der hölzerne Prunkbau wurde Ende des 18. Jahrhunderts von einer wohlhabenden Witwe erbaut. Den Namen Stiftsgården trägt das Gebäude seit 1800, als es vom Staat als Residenz für den Gouverneur gekauft wurde. Es ist der größte aus Holz gebaute Palast Skandinaviens.

Wer Fisch sucht, muss die Munkegata noch ein Stück in Richtung Hafen hinuntergehen. Auf dem

Fischmarkt Ravnkloa gibt es alles, was das Meer zu bieten hat. Die Ware gelangt vom Kutter direkt zum Kunden und kann an Ständen auch gleich verkostet werden. Hier stehen das Denkmal »Der Letzte Wikinger« und die alte hölzerne Ravnkloa-Uhr, die zuverlässig daran erinnert, wie viel die Stunde geschlagen hat.

SKELETTE IN DER ÖFFENTLICHEN BIBLIOTHEK …

… sind eher ungewöhnlich und doch in Trondheim alltäglich, denn die Bibliothek wurde auf den Ruinen der alten St. Olavs-Kirche aus dem 12. Jahrhundert errichtet. Im frühen 13. Jahrhundert wurde hier auch ein Franziskanerkloster gegründet. Kirche und Kloster fielen 1531 einem Feuer zum Opfer. 1989 begann man mit Ausgrabungen im Atrium der Bibliothek just an der Stelle, wo sich das Kloster befand. Dabei entdeckte man die Gräber von 15 Kindern, acht Männern und acht Frauen aus der Zeit um 1500, als das Kloster noch existierte. Daher wird vermutet, dass es sich bei den Männern um Mönche, bei den Frauen um Damen der Gesellschaft gehandelt hat, die ihren Lebensabend im Kloster verbringen wollten. Vier der Skelette sind heute im Atrium ausgestellt.

Trondheim Folkebibliotek.
Tgl. geöffnet, Peter Egges plass 1, N-7011 Trondheim, Tel. 72 54 75 00, www.tfb.no

Die alte Stadtbrücke Gamle Bybro erstreckt sich über den Fluss Nidelva.

dustrialisierung wuchs die Stadt wieder und am Beginn des 19. Jahrhunderts lebten hier 10 000 Menschen. Heute ist Trondheim mit 180 000 Einwohnern die drittgrößte Stadt Norwegens.

Alle Wege führen nach Trondheim

Mit dem Flughafen Værnes, 30 Kilometer östlich von Trondheim, hat die Stadt neben den nationalen auch internationale Flugverbindungen, so nach Stockholm, Amsterdam, London, Berlin und Prag. Zugverbindungen bestehen nach Bodø und Kristiansand. Der Nabotåget verkehrt zweimal am Tag zwischen Trondheim und Östersund in Schweden. Auf dem Seeweg wird die Stadt täglich von den Schiffen der Hurtigruten angelaufen. Auch Kreuzfahrtschiffe machen hier Station. Die Schnellfähre Kystexpressen verkehrt mehrmals täglich zwischen Trondheim und Kristiansand. Mit dem Auto sind die 500 Kilometer von Oslo über die E 6 in knapp sieben Stunden zu bewältigen, 300 Kilometer sind von Ålesund über die E 39 zurückzulegen.

Die kleine Insel Munkholmen, zwei Kilometer vor der Stadt, hat eine wechselvolle Geschichte. Zunächst war sie Hinrichtungsstätte, bevor 1100 dort ein Benediktinerkloster errichtet wurde. Ab 1660 wurde mit dem Bau einer Festung gegen die Angriffe der Schweden begonnen, die man von 1680 bis 1850 als Gefängnis nutzte. 1883 wurde die Festung aufgelassen, im Zweiten Weltkrieg aber von der deutschen Wehrmacht noch einmal als Flakstellung genutzt. Heute hat die Festung ihren Schrecken verloren. Das Haus des Kommandanten und andere Gebäude sind restauriert und dienen als Restaurant und Hotel. Besucher können an Führungen teilnehmen. Erreichbar ist die Insel mit einem stündlich von Ravnkloa startenden Boot.

Die Häuser reicher Kaufmannsfamilien prägten damals wie heute das Stadtbild von Trondheim.

Infos und Adressen

Stiftsgården ist seit 1906 die Residenz des norwegischen Königs.

SEHENSWÜRDIGKEITEN

Königliche Residenz. Eintritt: 60 NOK (Erw.), 30 NOK (Kinder). Mo–Sa 10–16 Uhr, So 12–16 Uhr, Munkegata 23, N-7013 Trondheim, Tel. 73 84 28 80, www.kongehuset.no

Museum in der Bischofsresidenz – Museet i Erkebispegården. Eintritt: 90 NOK (Erw.), 40 NOK (Kinder). Di–Fr 11–14 Uhr, Sa 11–15 Uhr, So 12–16 Uhr, Bispegaten 11, N-7012 Trondheim, Tel. 73 53 91 60, www.nidarosdomen.no

Trøndelag Volkskundemuseum. Eines der größten Freilichtmuseen Norwegens, etwas außerhalb der Stadt gelegen. Das Museum umfasst gut 60 historische Gebäude, die aus allen Teilen Trøndelags zusammengetragen wurden. Von den Erdhütten der Sámi bis zu den herrschaftlichen Häusern des Großbürgertums sind alle Typen vertreten. Eintritt: 150 NOK (Erw.), Kinder unter 15 J. frei. 1. Juni–31. Aug. tgl. 11–18 Uhr, 1. Sept.–31. Mai Mo–Fr 11–15 Uhr, Sa/So 12–16 Uhr, Sverresborg Allé, N-7020 Trondheim, Tel. 73 89 01 00, post@sverresborg.no, www.sverresborg.no

ÜBERNACHTEN

Viele internationale Ketten unterhalten gute Hotels in Trondheim. Daneben gibt es eine Reihe von kleineren Häusern und Privatquartieren, die über die Touristeninformation gebucht werden können. Gute Campingplätze in der Umgebung Trondheims sind dünn gesät. Sie sind häufig überfüllt und laut.

Comfort Hotel Trondheim. Relativ neues Hotel im Zentrum von Trondheim mit 196 Zimmern. Zertifiziert als Hotel mit hohem Umweltstandard. Preise auf Anfrage. Krambugata 3, N-7011 Trondheim, Tel. 73 58 88 88, co.trondheim@choice.no, www.nordicchoicehotels.no

Sandmoen Bed & Breakfast AS. Kleines Hotel mit 29 Zimmern, ca. 10 km südlich von Trondheim an der E 6 gelegen. Das Hotel bietet auch Stellplätze für Wohnmobile und Caravans an. Preise: EZ ab 990 NOK, DZ ab 1190 NOK. Sandmoflata 6, N-7072 Heimdal, Tel. 72 59 61 50, post@sandmoen.no, www.sandmoen.no

Thon Hotel Gildevangen. 300 m vom Hauptbahnhof entferntes Hotel in einem historischen Jugendstilgebäude aus dem Jahr 1908. Im Übernachtungspreis ist von Mo–Do ein Abendbuffet enthalten. WLAN frei. Søndre gate 22 b, N-7010 Trondheim, Tel. 73 87 01 30, gildevangen@thonhotels.no, www.thonhotels.com

CAMPEN

Storsand Gård Camping. Sauberer und gut ausgestatteter Platz mit eigenem Sandstrand am Trondheimfjord, 17 km östlich von Trondheim am Fv 950 gelegen. Malvikvegen (Fv 950), Tel. 73 97 63 60, post@storsandcamping.no, www.storsandcamping.no

ESSEN UND TRINKEN

Baklandet Skydsstation AS. Rustikales, in einem schönen Holzhaus im Stadtteil Bakklandet untergebrachtes Restaurant, nicht weit von der

Gamle Bybro. Traditionelle norwegische Küche. Gerichte ab 160 NOK. Tgl. 12–1 Uhr, Øvre Baklandet 33, N-7013 Trondheim, Tel. 73 92 10 44, post@skydsstation.no, www.skydsstation.no

Olavs Pub & Restaurant. Szene-Restaurant auf zwei Etagen. Treffpunkt ist der lange Tresen im Erdgeschoss. Rustikales Ambiente. Sa Live-Musik. Internationale Speisen und Getränke zu moderaten Preisen. Mo–Do 11–23 Uhr (warme Küche bis 22 Uhr), Fr/Sa 11–2 Uhr, So geschl., Cicignons plass, N-7011 Trondheim, Tel. 73 80 63 11, booking@nova-trondheim.no, www.nova-trondheim.no/en/olavs-pub

Persilleriet. Vegetarisches Restaurant, das unter anderem auch das St. Olavs Hospital beliefert. Schmackhaftes Essen in einfacher Atmosphäre. Gerichte ab 110 NOK. Mo–Fr 10–20 Uhr, Sa 10–18 Uhr, Erling Skakkes gata 39, N-7012 Trondheim, Tel. 73 60 60 14, per@persilleriet.no, www.persilleriet.no

INFORMATION

Visit Trondheim AS – Visitors and Convention Bureau. In der Touristeninformation ist für 250 NOK die Trondheim-City-Card erhältlich. Sie gilt für zwei Personen und bietet zahlreiche Ermäßigungen. In den Läden Trondheims erhält man gegen Vorlage der Karte Rabatte zwischen 20 und 25 %, in Restaurants speisen zwei Personen zum Preis von einer und in den Hotels Norden und Europa wird ein Übernachtungsnachlass von 50 % gewährt. Postboks 2102, Munkegata 19, N-7411 Trondheim, Tel. 73 80 76 60, Tel. 73 80 76 70, touristinfo@visit-trondheim.no, www.visittrondheim.no; weitere Informationen dazu unter www.enjoy-trondheim.com

Viele Cafés und Restaurants laden zu einer kleinen Pause während der Stadtbesichtigung.

REISEINFOS

Alkohol

Die Preise für Spirituosen liegen in Norwegen mindestens doppelt so hoch wie in Deutschland. Die Einfuhr von Alkohol ist deshalb streng reglementiert und wird stichprobenartig überprüft. Zollfrei zulässig sind ein Liter Hochprozentiges bis 60 Prozent plus zwei Liter Bier oder Wein. Wer auf den Schnaps verzichtet, darf fünf Liter Bier oder Wein mitbringen. Darüber hinausgehende Mengen (bis zu vier Liter Bier oder Wein sind erlaubt) müssen angemeldet und verzollt werden. Wein und Spirituosen dürfen nur in den staatlich kontrollierten Alkoholläden Vinmonopolet AS verkauft werden. Sie sind von Montag bis Mittwoch und an Freitagen von 10 bis 16 Uhr geöffnet, donnerstags bis 17 Uhr und samstags von 9 bis 13 Uhr. Bier ist in den mit Øl-Utslag gekennzeichneten Geschäften erhältlich. Das Mindestalter für den Erwerb von Bier ist 18 Jahre. Spirituosen und Wein bekommt nur wer mindestens 20 Jahre alt ist. Restaurants und Pubs benötigen spezielle Lizenzen zum Ausschank von Alkohol. Die Alkoholobergrenze beim Führen von Fahrzeugen liegt bei 0,2 Promille.

Anreise

Alle großen Fluggesellschaften fliegen Oslo an. Von dort bestehen Verbindungen in nahezu alle Teile Norwegens mit SAS, Norwegian oder Widerøe. Die günstigsten Preise findet man bei www.fluege.de.

ICE-Züge fahren von Hamburg über Kopenhagen und Göteborg nach Oslo, die Reise dauert aber wegen zum Teil mehrstündiger Umsteigezeiten sehr lange. Von dort fährt dann die berühmte Bergenbahn nach Bergen. Informationen bei den norwegischen Staatsbahnen, www.nsb.no, oder der Deutschen Bahn unter www.bahn.de.

Von Kiel verkehrt eine Autofähre direkt nach Oslo. Auch auf der Vogelfluglinie gelangt man mit den Fähren von Puttgarden auf Fehmarn zum dänischen Rødby oder von Helsingør zum schwedischen Helsingborg und von dort aus über die gut ausgebaute, aber mit einem Tempolimit von 100 km/h versehene E 6 weiter nach Oslo.

Ärztliche Versorgung

Im Krankheitsfall oder nach Unfällen sollten Krankenhäuser (Sykehus) aufge-

Kreuzfahrtschiff am Skagenkaien von Stavanger – auf zur großen Fahrt!

sucht werden. Die europäische Versicherungskarte der Krankenkassen wird akzeptiert. Gelegentlich wird man jedoch gebeten, die Kosten vorzustrecken und die Rechnung bei der eigenen Krankenkasse einzureichen. Eine private Auslandskrankenversicherung ist nicht notwendig, kann aber bei notwendigen Rücktransporten in die Heimat nützlich sein. Bei Zahnschmerzen wird der Zahnarzt, der *Tannleger*, aufgesucht.

Ausrüstung und Kleidung

Nicht nur im Winter, sondern auch im Sommer ist es ratsam, sich bei Norwegen-Reisen, speziell an der See und auf den *Fjellen*, mit warmer und vor allen Dingen wind- und wasserdichter Kleidung auszurüsten. Schal, Handschuhe, Mütze, Pullover und feste Schuhe gehören für Touren ins Gebirge auf jeden Fall immer ins Gepäck. Sonnenschutzcreme mit einem Lichtschutzfaktor nicht unter 20 ist ebenfalls unverzichtbar. In Hotels spielt die Bettenfrage keine Rolle, für Übernachtungen in Wanderhütten sollten jedoch ein Schlafsack und ein Laken mit im Gepäck sein. In einigen Hütten kann man allerdings auch Schlafsäcke ausleihen.

Autofahren

Das Straßennetz in Norwegen ist sehr gut ausgebaut, nahezu jeder Ort ist mit dem Auto zumindest im Sommer bequem erreichbar. Im Winter sind die Bedingungen deutlich schwieriger als in Deutschland. Winterreifen sind Pflicht,

Kneipe in Flekkefjord, der weißen Stadt

wer längere Strecken außerhalb der Städte zurücklegen will, ist mit Spikes besser bedient, die von November bis Mitte April benutzt werden dürfen. Wegen der durch sie verursachten Straßenschäden wird für jeden Tag der Nutzung eine Gebühr erhoben. Nur selten wird Auftausalz verwendet, meist wird Splitt gestreut, der aber nach dem nächsten Schneefall schon nicht mehr wirksam sein kann. Vorsicht ist also geboten.

Das Tempolimit in Ortschaften beträgt 50 km/h, außerhalb in der Regel 80 km/h.

Der Fischmarkt in Bergen: täglich frische Delikatessen aus dem Meer

Nur auf wenigen Strecken sind höhere Geschwindigkeiten erlaubt, z. B. auf der E 6 mit 100 km/h. Geschwindigkeitsüberschreitungen werden mit hohen Geldbußen geahndet. Schon 20 km/h zu viel schlagen mit fast 400 Euro zu Buche. Überhaupt sind die Strafen für Verkehrsvergehen sehr hoch; Alkohol am Steuer über der zulässigen Grenze von 0,2 Promille kostet mindestens 615 Euro. Aber auch kleine Sünden wie Parken im Parkverbot sind mit 90 Euro nicht gerade günstig. Grundsätzlich muss auch am Tag mit Abblendlicht gefahren werden. Wer dagegen verstößt, muss zahlen. Das Telefonieren mit dem Handy ohne Freisprechanlage ist verboten.

Viele Straßen in Norwegen sind mautpflichtig, ebenso muss für die Fahrt in die Innenstädte von Oslo, Bergen, Stavanger und Kristiansund gezahlt werden.

Die Mautgebühren reichen von günstigen 10 NOK pro Streckenabschnitt bis zu spürbaren 160 NOK. Sie werden an den Bompenger, den Mautstellen, kassiert. Wer die Fjordlandschaften in voller Länge auskosten will, bleibt auf den Uferstraßen. Oft lohnt es sich aber, eine der vielen kleinen Autofähren zu nutzen, die auf kurzem Weg und für wenig Geld auf die andere Seite des Fjordes führen.

Banken

Banken haben Montag bis Freitag von 8.15 bis 15 Uhr geöffnet, am Donnerstag bis 17 Uhr. An manchen Flughäfen und Bahnhöfen sind Wechselstuben auch noch am Abend und an Wochenenden geöffnet. Bankautomaten gibt es in allen größeren, aber auch in vielen kleinen Städten. Scheck- und Kreditkarten werden in den meisten Fällen akzeptiert.

Norwegen gilt als eines der teuersten Urlaubsländer Europas. Das stimmt sicher, was Konsumgüter angeht, von der Tasse Kaffee bis zur Digitalkamera. Andere Dinge, z. B. Bahn- oder Taxifahrten, liegen auf dem gleichen Niveau wie im übrigen Europa. Für den Aufenthalt sollten 30 bis 40 NOK pro Tag und Person angesetzt werden.

Begrüßung

Nur beim ersten Treffen ist das Händeschütteln üblich, später begnügt man sich mit einem *god dag*, Guten Tag, oder nur *hei*. Alle Norweger duzen sich, selbst der König wird von seinen Untertanen mit Du angesprochen.

Essen und Trinken

Sie sollten so oft wie möglich regionale Speisen probieren. Insbesondere Fisch und andere Meeresfrüchte werden in 1000 schmackhaften Variationen angeboten. Wal- und Robbenfleisch wird von den Norwegern sehr geschätzt; es muss jeder für sich selbst entscheiden, ob er da zugreift oder aus Artenschutzgründen verzichtet. Rentierfleisch steht ebenfalls häufig auf der Karte, gelegentlich auch Elch. Beides schmeckt vorzüglich und jeder Norwegen-Besucher sollte es einmal probiert haben. Alkohol zum Essen ist sehr teuer, die Norweger trinken meist Kaffee, der sehr gut ist und auf der Beliebtheitsskala ganz oben steht. Selbstverpfleger finden in den Supermärkten in jedem Dorf ein breites Angebot an Lebensmitteln.

Feiertage

1. Januar (Neujahr)
Gründonnerstag
Karfreitag
Ostermontag
1. Mai. (Tag der Arbeit)
17. Mai (Nationalfeiertag)
Christi Himmelfahrt
Pfingstmontag
25./26. Dezember (Weihnachten)

Geld

Währung ist die norwegische Krone, kurz NOK, zu 100 Øre. Münzen gibt es zu 50 Øre, 1, 5, 10 und 20 NOK. Banknoten sind mit 50, 100, 200, 500 und 1000 NOK im Umlauf. Der Kurs unterliegt Schwankungen, pendelt jedoch meist zwischen 7,5 und 8 NOK im Vergleich zum Euro.

Haustiere

Für die Einreise nach Norwegen benötigen Haustiere einen gültigen Impfnach-

Kristiansunds Altstadt befindet sich auf der Insel Innlandet.

Der Jazzboy im Jazzgarten von Molde

weis und eine vom Tierarzt bestätigte Gesundheitsbescheinigung.

Internet

Das Internet ist nahezu überall verfügbar. Viele Hotels bieten kostenloses WLAN an. Fast alle öffentlichen Bibliotheken haben Internetzugang, der nach Eintrag in eine Liste bis zu 30 Minuten kostenlos ist. In allen größeren Städten gibt es darüber hinaus Internetcafés. In bestimmten öffentlichen Räumen ist das Internet per WLAN mit dem eigenen Laptop nutzbar.

Jedermannsrecht

Das Jedermannsrecht regelt das Verhalten des Einzelnen in der Natur. Es ist jedermann gestattet, in der freien Natur zu zelten (Mindestabstand zu Wohngebäuden 150 Meter), allerdings ist der Besitzer zu fragen, wenn auf Privatgelände gezeltet werden soll. In allen Seen ist das Baden erlaubt, Blumen dürfen gepflückt und Beeren gesammelt werden, soweit sie nicht unter Naturschutz stehen. Im Salzwasser darf kostenfrei geangelt werden. Nicht erlaubt ist es, mit Fahrzeugen die Straßen und Wege zu verlassen und querfeldein zu fahren. In der Zeit vom 15. April bis 15. September ist wegen der latenten Waldbrandgefahr das Anzünden von Feuern verboten. Grundsätzlich wichtig ist, dass bei Aufenthalten in der Natur Tiere und Pflanzen nicht beeinträchtigt werden!

Klima/Reisezeit

Südnorwegen ist jederzeit und bei jedem Wetter ein lohnenswertes Ziel. Dabei sind auch im Süden gleich mehrere Klimaregionen erlebbar. Demzufolge kann man alle möglichen Wettersituationen, von

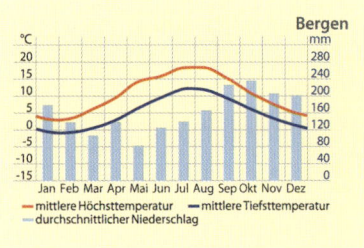

KALENDER

JANUAR

Aus der Fülle der Wintersportveranstaltungen verdient ein Spektakel besonders hervorgehoben zu werden: die Weltmeisterschaften im **Kick-Sledge-Fahren** in Geilo Ende Januar. In bunte Kostüme gehüllt schiebt ein Team von zwei oder drei Personen einen Tretschlitten über die Piste. Bewertet wird das schnellste und kreativste Team (www.visitnorway.de/event/world-championship-in-kick-sledge).

JANUAR/FEBRUAR

In Trondheim eröffnet das **Barokkfest** die internationale Konzertsaison mit Werken von Bach, Monteverdi, Händel und anderen (www.barokkfest.no).

MÄRZ

Gegensätzlicher kann die Musik nicht sein. Oslo ist Veranstaltungsort sowohl für das **Kirchenmusikfestival** (www.kirkemusik festivalen.no) als auch das **Black-Metal-Festival Inferno** (www.infernofestival.no).

APRIL

Blues-Enthusiasten treffen sich beim **Nidaros Bluesfestival**, während die Jazzfans das **Jazzforum** in Bergen besuchen (www.nidaros blues.no, www.bergenjazzforum.no).

MAI

Stavanger, Ålesund und Trondheim sind im Mai die Weltzentren des Jazz. **Mai-Jazz** (www.maijazz.no), **Midtsommer-Jazz** (www.momentium.no/festivaler/midt sommerjazz) und das **Jazzfest** (www.jazz fest.no) locken Besucher aus aller Welt.

JUNI

Norwegian Wood ist das größte Rockfestival Norwegens. Seit 1992 trifft sich hier alles, was national und international Rang und Namen in der Rockszene hat. Die Hauptbühne ist für die arrivierten Künstler reserviert, auf der zweiten Bühne, »Underwood« genannt, spielen die Stars von morgen (www.norwe gianwood.no).

JULI

In der 29. Woche findet in Molde das zweitälteste **Jazzfestival** Europas statt. Seit 1960 gibt es hier Jazz vom Feinsten. Über 100 Konzerte, viele davon bei freiem Eintritt, werden an acht verschiedenen Spielorten in der Stadt gegeben (www.moldejazz.no).

AUGUST

Im August ist Haugesund der cineastische Mittelpunkt Norwegens. Filmemacher aus aller Welt kommen zu **Den Norske Filmfestivalen** (www.filmfestivalen.no). Einige der Besucher sind dann schon seit zwei Wochen wegen des **Silda Jazz Festival** in der Stadt (www.sildajazz.no).

SEPTEMBER

Oslo hat sich im September den Gaumenfreuden verschrieben. Auf dem Rathausplatz kann beim **Matstreif** an mehr als 200 Ständen alles probiert werden, was die norwegische Küche hergibt (www.innovasjonnorge.no/matstreif).

OKTOBER

Das **Teaterfestival** zieht Besucher aus aller Welt in die Jugendstilstadt Ålesund (www.norwayfestivals.com).

NOVEMBER

Beim Filmfestival **Film fra Sør**, Filme aus dem Süden, werden in Oslo Filme aus Afrika, Asien und Lateinamerika gezeigt (www.filmfrasor.no).

DEZEMBER

Am 10. Dezember wird in Oslo seit 1901 der **Friedensnobelpreis** verliehen (www.nobel peaceprize.org).

hemdsärmelig warm bis bitterkalt, erleben. Bei der Wahl der Jahreszeit sollte man sich also von den Dingen leiten lassen, die man erleben will. Wer Fauna und Flora genießen will, fährt am besten in den Monaten von Mai bis September. Wer Wintersport betreiben will, ist gut beraten, in den Monaten von Februar bis März unterwegs zu sein.

Läden und Supermärkte

In jedem Ort gibt es einen Supermarkt oder mindestens einen Laden, wo man die Dinge des täglichen Bedarfs kaufen kann. Öffnungszeiten: Supermärkte Montag bis Freitag von 9/10 bis 20 Uhr, Samstag von 10 bis 18 Uhr. Läden Mon-

Die Bäckerei im Freilichtmuseum von Lillehammer

tag bis Samstag 9/10 bis 16/17 Uhr, Donnerstag bis 19 Uhr.

Mietwagen

Adressen von Autovermietungen sind in den Touristenbüros erhältlich. Anmietungen vor Ort sind jedoch teuer. Bei internationalen Autovermietern ist die Buchung über das Internet schon von zu Hause aus möglich und in der Regel erheblich günstiger. Die Fahrzeuge stehen dann bei Ankunft bereit. Der europäische Führerschein wird anerkannt.

Mücken

Am Meer ist wegen des ständig wehenden Windes kaum mit Mücken zu rechnen, an Land sind es jedoch nicht nur die bekannten Stechmücken, die dem Reisenden während der Sommermonate das Leben schwer machen, sondern auch Gnitzen und Kriebelmücken. Die Mitnahme eines wirkungsvollen Abwehrmittels (Repellent) ist daher dringend angeraten. Wer auf die chemische Keule verzichten will, ist mit einem Mückennetz gut bedient.

Notrufnummern

Polizei 112, Krankenwagen 113, Feuerwehr 110.

Post

Postämter sind gewöhnlich Montag bis Freitag von 8/8.30 bis 16 Uhr geöffnet, Samstag von 8/9 bis 13 Uhr. Briefmarken sind auch dort erhältlich, wo Postkarten verkauft werden. Ein Brief/eine Postkarte bis 20 Gramm wird innerhalb Europas mit 9 NOK (weltweit 10 NOK) frankiert.

Rauchen

In Norwegen gelten ähnliche Regeln wie in Deutschland. In Restaurants, Kneipen, Bahnen, Bussen und öffentlichen Gebäuden ist das Rauchen verboten. Eine zusätzliche Sonderregelung gilt für Autofahrer. Sie verbietet unter Strafandrohung das Rauchen am Steuer innerhalb geschlossener Ortschaften.

Sprache

In Norwegen sind zwei Schriftsprachen offiziell anerkannt: Bokmål, das von 80 bis 85 Prozent der Bevölkerung benutzt wird, und Nynorsk, das die restlichen 15 bis 20 Prozent sprechen. Die beiden Sprachen sind sehr ähnlich und alle Norweger verstehen sich untereinander.

Touristeninformation

Jede Stadt in Norwegen hat ein Touristenbüro, in dem es in der Regel kostenlose Stadtpläne, Veranstaltungskalender und Informationsbroschüren gibt. In einigen Büros können auch Zimmer in Hotels und Privatpensionen oder Leihwagen gebucht werden. Auch eine Wechselstube ist dort oft vorhanden. Allerdings ist der Wechselkurs bei den Banken und offiziellen Wechselstuben meist günstiger. Während der Hauptsaison (Juni bis August) sind die Büros täglich für viele Stunden geöffnet, die restlichen Monate

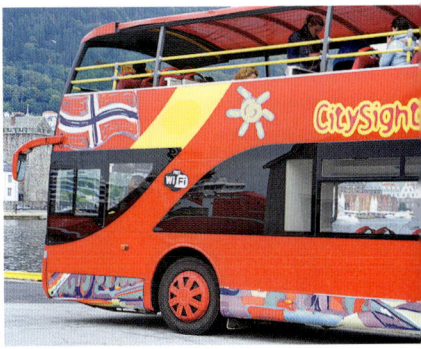

Sightseeing in Bergen mit dem Doppeldeckerbus

nur eingeschränkt, im Winter teilweise sogar geschlossen. Zur Vorbereitung auf eine Reise empfiehlt es sich, das Internet für Informationen zu nutzen. Die offizielle Tourismusseite ist unter www.visit norway.no erreichbar.

Trinkgeld

Die Bedienung ist bereits im Preis der Rechnung eingeschlossen. Wenn jedoch ein wenig aufgerundet wird, sind alle zufrieden.

Übernachten

Alle großen Hotelketten haben Häuser selbst in kleinen Städten. Daneben gibt es eine Fülle kleinerer Hotels und Pensionen, in denen man vergleichsweise günstig wohnt. An der Küste sind viele Rorbue, ehemalige Unterkünfte für Fischer, zu komfortablen Ferienhäusern umgebaut worden. In den Highlights dieses Buches sind empfehlenswerte Hotels und andere Unterkünfte aufgelistet.

SÜDNORWEGEN
für Kinder und Familien

Norwegen gilt als eines der kinderfreundlichsten Länder Europas. Nirgendwo sonst, heißt es, können Kinder unbeschwerter aufwachsen. Überall sind sie willkommen und jede Einrichtung, ob Museum, Theater, Hotel oder Restaurant, hält spezielle Angebote für sie bereit. Dass Kinder ermäßigte Preise zahlen oder oft ganz kostenlos dabei sein dürfen, ist in Norwegen eine Selbstverständlichkeit.

Bergen nimmt für sich in Anspruch, die »Kinderstadt« des Landes zu sein und Kinder aktiv in das urbane Leben einzubinden. Jedes Jahr im Mai wird dort *De unges festspill*, das Internationale Kinderfestival, mit Tanz-, Gesangs- und Theateraufführungen veranstaltet (www.fib.no). Die Kinderkirche Nykirken ist maßgeblich von Kindern gestaltet worden (www.bergendomkirke.no/om/kirkene-vare/nykirken) und das Bergener Freilichtmuseum zeigt eine umfassende Spielzeugausstellung, in der die Exponate nicht nur ausgestellt sind, sondern auch benutzt werden dürfen. Den Gaumengenüssen von Kindern ist ein eigener Bereich des im September stattfinden Gourmetfestivals Barnas Matfestival gewidmet (www.matfest.no/barnas-matfestival). Stavanger besitzt ein Kindertheater und darüber hinaus ein eigenes Kindermuseum. Fernab von verstaubten musealen Gepflogenheiten wird hier Geschichte in kindgerechter Form spielerisch vermittelt (www.museumstavanger.no). In Oslo zeigt das Kinderkunstmuseum Bilder und Skulpturen von Kindern und Jugendlichen aus 180 Ländern. Die Künstler von morgen können unter Anleitung ihre ersten Kunstwerke erstellen (www.barnekunst.no).

Abenteuer für einen Tag

Darüber hinaus gibt es eine Fülle von Freizeitangeboten nicht nur für Kinder, etwa den Freizeit- und Familienpark Hunderfossen bei **Lillehammer** mit dem 14 Meter großen Troll (www.hunderfossen.no) oder den Kongeparken bei **Stavanger** mit der längsten Bobbahn der Welt (www.kongeparken.no). Die großen Aquarien in **Bergen** und **Ålesund** (www.akvariet.no, www.atlanterhavsparken.no), der Wissenspark VilVite in **Bergen** (www.vilvite.no) oder das Vitensenteret in **Trondheim** sind gerade für Kinder nicht nur spannend, sondern auch lehrreich. Während der Sommerferien trifft sich im Vitensenteret die Barnesselskap, die Kindergesellschaft. Mit Experimenten aller Art werden die Kinder mit Themen wie Elektronik, erneuerbaren Energien oder Astronomie vertraut gemacht (www.viten

senteret.com). Das Wikingerschiffmuseum in **Oslo** (www.khm.uio.no) regt die Fantasie ebenso an wie der alljährliche Bjørgwin-marknad, das Mittelalter- und Wikingerfestival in **Fana** bei Bergen (www.bjorgvinmarknad.no). Dahinter will Oslo nicht zurückstehen und veranstaltet sein Middelalderfestival ebenfalls mit einem speziellen Kinderprogramm. Leben wie die Wikinger heißt es hier wie dort für die kleinen und großen Kinder. Mit Pfeil und Bogen schießen, Holz und Felle bearbeiten, Schwerter schmieden, Mahlzeiten nach Wikingerart zubereiten und vieles mehr wird bei diesen Veranstaltungen speziell für und mit Kindern geboten (www.oslomiddelalderfestival.no).

Naturerlebnisse

Das alles wird aber bei Weitem übertroffen durch das geheimnisvolle Land der Trolle, Huldren und Wikinger selbst. Ganz Norwegen ist für Kinder ein riesiger Abenteuerspielplatz. Klettern, baden, reiten, Kajak fahren, auf Gummiflößen reißende Flüsse hinabfahren, angeln und Beeren sammeln ist fast überall möglich und einem Besuch im Freizeitpark allemal vorzuziehen. Im Zelt oder einer Holzhütte zu übernachten, am Lagerfeuer Würstchen zu braten, eine Nachtwanderung durch den Wald zu organisieren oder an einer Elchsafari teilzunehmen, ist nicht nur für Kinder ein tolles Erlebnis. Solche Aktivitäten werden von vielen norwegischen Tourismusorganisationen mit großem und verdientem Erfolg angeboten. Übernachten unter freiem Himmel oder in Zeltcamps organisiert neben anderen die Firma Campwild in ihrem Camp Bjøntegaard in **Hanestad**, einem kleinen Ort an der E 3, 265 Kilometer nördlich von Oslo. Je nach

Einen Riesenspaß macht die Wanderung zur Nigardsbreen-Gletscherzunge.

Kult für Groß und Klein ist das Norwegische Kindermuseum im Stavanger Kulturhus.

Alter stehen unterschiedliche Aktivitäten auf dem Programm (www.bjontegaard.no). Campwild und viele andere Betriebe sind speziell für die Betreuung von Kindern und Jugendlichen zertifiziert wie zum Beispiel auch der Bauernhof Bergvang Gård von Erik Gullbekk und Eileen Strøm am Naturschutzgebiet Semsvatnet in der Gemeinde **Asker**. Sie bieten Unternehmungen für unterschiedliche Altersgruppen an, auf dem Programm stehen Kutschfahrten, Wanderungen und Zeltcamps. Die auf dem Hof gehaltenen Hochlandrinder, Schweine, Alpakas, Pferde, Hunde, Katzen, Kaninchen und Schafe gehören wie selbstverständlich zum Leben auch der Besucher und sind nicht nur für Kinder attraktiv. Dass mit den Tieren gespielt und auf den Pferden geritten werden kann, versteht sich von selbst (www.bergvang.no).

Mit Schlittenhunden ins Winterabenteuer

Auch in den Wintermonaten locken Abenteuer für Kinder. Neben Skifahren, Rodeln und Fahrten mit dem Pferdeschlitten stehen in **Bergvang Gård** ausgedehnte Schlittenhund-Touren ganz oben auf der Beliebtheitsskala. Dabei können sich die Kinder auch gern einmal selbst als Musher auf den Schlitten stellen und durch die verschneite Landschaft fahren (www.bergvang.no). Ein ähnliches Angebot macht die Sirdal-Husky-Farm in der Kommune **Sirdal** in Vest-Agder, 110 Kilometer östlich von Stavanger (www.sirdalhuskyfarm.no/de). Von der Farm ist es nicht weit zum **Dovrefjell-Sundalsfjella-Nationalpark**, wo die südlichsten wildlebenden Rentiere Norwegens zu finden sind (www.nasjonalparker.org).

Kleiner Sprachführer

Abendessen kveldsmat/
 aftensmat
Apfel eple
Apfelkuchen eplekake
Belegte Brote smørbrød
Bier øl
Birne pære
Bohnen bønner
Braten stek
Brot brød
Brot mit Fisch und
 Gemüse in Aspik
 fiskekabaret
Butter smør
Dorsch torsk
Ei, weichgekocht
 bløtkokt egg
Elch elg
Ente and
Erdbeere jordbær
Fischgerichte fiskeretter
Fischklöße fiskeboller
Fischsuppe fiskesuppe
Fladenbrot lefse
Fleisch kjøtt
Forelle ørret
Fruchtsaft fruktsaft
Frühstück frokost
Gebäck bakverk
Geflügel fjærfe
Gemüse grønnsaker
Gepökeltes Rentierfleisch
 speket reinsdyrkjøtt
Getränkekarte vinkart
Hammel fåre
Heilbutt kveite
Hering sild
Kaffee kaffe
Kalb kalve
Kartoffel potet
Käse ost
Keks kjeks
Köhler (Fisch) sei

Königskrabbe
 kongekrabbe
Krabbenbrot
 rekesmørbrød
Lachs laks
Marmelade syltetøy
Miesmuschel blåskjell
Milch melk
Mittagessen middag
Mohrrübe gulrot
Moltebeeren mit Schlag-
 sahne moltekrem
Muschel skjell/musling
Obst frukt
Orange appelsin
Rind okse
Rotwein rødvin
Rühreier eggerøre
Schinken skinke
Scholle rødspette
Schweinefleisch flesk
Seelachs pale
Speise/Essen mat
Speisekarte
 meny/spisekart
Steinbeißer steinbit
Suppen supper
Tintenfisch blekksprut
Tomate tomat
Torte blødkake
Vorspeisen foretter
Weißwein hvitvin
Wild vilt
Wurst pølse
Zwiebel løk

0	null
1	ett
2	to
3	tre
4	fire
5	fem
6	seks
7	syv
8	åtte
9	ni
10	ti
11	elleve
12	tolv
13	trette
14	fjorten
15	femten
16	seksten
17	sytten
18	atten
19	nitten
20	tjue
30	tretti
40	førti
50	femti
60	seksti
70	sytti
80	åtti
90	nitti
100	hundre
200	tohundre
1000	tusen
2000	totusen

Montag mandag
Dienstag tirsdag
Mittwoch onsdag
Donnerstag torsdag
Freitag fredag
Samstag lørdag
Sonntag søndag

Januar januar
Februar februar
März mars
April april
Mai ma
Juni juni
Juli juli
August august
September september
Oktober oktober

November november
Dezember desember

Abend kveld
Abfahrt avgang
Abschleppdienst
  servicebil
Angel fiskestang
Ankunft ankomst
Ansichtskarte
  prospektkort
Apotheke apotek
Aufführung/Vorstellung
  oppførelse
Autoreifen bildekk
Autowerkstatt
  biverksted
Bäckerei bakeri
Badestrand badestrand
Bahnhof
  jernbanestasjon
Briefmarke frimerke
Bus buss
Campingplatz
  campingplass
Denkmal minnesmerke
Deutsch tysk
Drogerie parfymeri og
  husholdningsartikler
Entfernung avstand
Fähre bilferje
Fahrrad sykkel
Fundbüro
  hittegodskontor
Gebühr gebyr
Geöffnet åpent
Geschlossen stengt
Haltestelle holdeplass
Hund bikkje
Jahr år
Katze katt
Kind barn
Kirche kirke
Konzert konsert

Liege campingseng
Linienbus rutebil
Markt torg
Mautgebühren
  bompenger
Metzgerei slaktery
Minute minutt
Mittag middagstid
Monat måned
Morgen morgen
Nachmittag
  ettermiddag
Nacht natt
Naturschutzgebiet
  naturvernområde
Optiker optiker
Parkplatz
  parkeringsplass
Polizei politi
Preis pris
Quittung kvittering
Reifenpanne punktering
Schnaps dram
Skigebiet skiområde
Strand strand
Straßenbahn trikk
Straßenkarte veikart
Stunde time
Tag dag
Tankstelle bensinstasjon
Taxi drosje
Toilette toalett
U-Bahn t-bane
Wald skog
Waschraum vaskerom
Werkzeug verktøy
Wetter vær
Wohnmobil bobil

Allergie allergi
Bluterguss bloduttre-
  delse
Durchfall diaré

Erbrechen (sich ~)
  kaste opp
Erkältung forkjølelse
Halsschmerzen
  halssmerter
Herzbeschwerden
  herteproblemer
Husten hoste
Impfung vaksinajon
Infektion infeksjon
Knochenbruch
  beinbrudd
Kopfschmerzen
  hodepinne
Kreislaufstörungen
  blodtrykksproblemer
Mückenstich myggstikk
Ohnmacht avmakt
Sonnenbrand solbrent
Übelkeit kvalme
Verband forbinding
Zahnschmerzen
  tannpinne

Guten Morgen
  god morgen
Guten Tag god dag
Guten Abend god aften
Gute Nacht god natt
Hallo hei
Auf Wiedersehen farvel
Sprechen Sie Deutsch?
  Snakker de tysk?
Vielen Dank Tusen takk
Wo ist ...? Hvor er ...?
Wie viel kostet ...?
  Hvor mange kostar ...?
Ich möchte gerne ...
  Jeg ville gjerne ha ...
**Kann ich die Rechnung
  bekommen?** Kann
  jeg få regningen?
Behalten Sie den Rest.
  Behold resten.

Register

Impressum

Verantwortlich: Claudia Hohdorf
Lektorat: Dr. Barbara Münch-Kienast
Korrektorat: Ann-Cathrin Schwarzenfels
Layout: Elke Mader
Umschlaggestaltung: ZERO Werbe-
agentur; Umsetzung: Frank Duffek
Repro: LUDWIG:media
Kartografie: Kartographie Huber,
Heike Block
Herstellung: Bettina Schippel
Printed in Slovenia by Florjancic

Sind Sie mit diesem Titel zufrieden?
Dann würden wir uns über Ihre
Weiterempfehlung freuen.

Erzählen Sie es im Freundeskreis,
berichten Sie Ihrem Buchhändler, oder
bewerten Sie bei Onlinekauf.

Und wenn Sie Kritik, Korrekturen oder
Aktualisierungen haben, freuen wir uns
über Ihre Nachricht an
Bruckmann Verlag,
Postfach 40 02 09,
D-80702 München
oder per E-Mail an
lektorat@verlagshaus.de.

Unser komplettes Programm finden Sie unter

 www.bruckmann.de

Alle Angaben dieses Werkes wurden von den
Autoren sorgfältig recherchiert und auf den
neuesten Stand gebracht sowie vom Verlag
geprüft. Für die Richtigkeit der Angaben kann
jedoch keine Haftung übernommen werden.

Bildnachweis:

Alle Bilder des Innenteils und des
Umschlags stammen von Petra Woebke,
außer:
beagle84, S. 262 o.; Bogomolov.PL, S. 194 u.;
Alexandre Buisse, S. 17; Chell Hill, S. 167;
Michael Hanisch, S. 134; Jörg Hempel, S. 184 o.;
Ivarne, S. 115; Islandmen, S. 158 u., 159; Ralf
Johann, S. 24.; Jotunheimen Glacier Guides,
S. 220; Dr. Mirko Junge, S. 241; karaian, S. 10;
Dr. Thomas Kliem, S. 185, 195, 215; mauritius
images/Brendan Donnely/Alay, S. 45; mauri-
tius images/H. Schmidbauer, S. 153; mauritius
images/Luis Dafos/Alamy, S. 197/198; mauritius
images/Grethe Ulgjell/Alamy, S. 198; mauritius
images/David Robertson/Alamy, S. 199; Norsk
Folkemuseum, S. 52; picture alliance/Hinrich
Bäsemann, S. 221; picture alliance/CITYPRESS24
S. 42/43; picture alliance/Nico Tondini/Robert
Harding, S. 236; picture alliance/Samfoto/NTB/
Scanpix, S. 222 o., 224 u.; picture alliance/
Bibliographisches Institut/Prof. Dr. H. Wilhelmy,
S. 207; picture alliance/ZB, S. 208 o.; Marianne
Rösler, S. 193 o., 225; Hans A. Rosbach, S. 48 o.;
Jan Schippers, S. 107 o.; Petr Šmerkl, S. 140 u.;
Shutterstock/wims-eye-d, S. 146; Shutterstock/
Mostovyi Sergii Igorevich, S. 282; Tajmahal
Tandoori Restaurant, S. 179 o.; Malene Thyssen,
S. 247; Andreas Trepte, S. 94 u., 230; Jarle Vines,
S. 283; Wikimedia Commons: allgemein, S. 49
M., 49 u., 59, 61, 179 M., 213

Umschlag:

Vorderseite: Oben: Detail aus Blaubeerenblättern;
Mitte rechts: Junge Norwegerin (Shutterstock/
Kichigin); unten: Eidfjord mit Blick in den Osaf-
jord bei Brimnes im Hordaland (huber-images.de/
Gräfenhain)
Klappe hinten: Blick auf Oslo mit dem markanten
Rathaus (Shutterstock/Nanisimova)
Rückseite: Links: Rentier; rechts: Landschaft an
der der Aurland-Passstraße

Die Deutsche Nationalbibliothek verzeichnet
diese Publikation in der Deutschen National-
bibliografie; detaillierte bibliografische Daten
sind im Internet über http://dnb.d-nb.de ab-
rufbar.

2. überarbeitete Auflage
© 2017, 2014 Bruckmann Verlag GmbH,
München
ISBN 978-3-7343-1107-9